한 권으로 읽는 정신분석

프로이트에서 신경과학까지

Alexis A. Johnson 저 | 강철민 역

Introduction to Key Concepts and Evolutions in Psychoanalysis
From Freud to Neuroscience

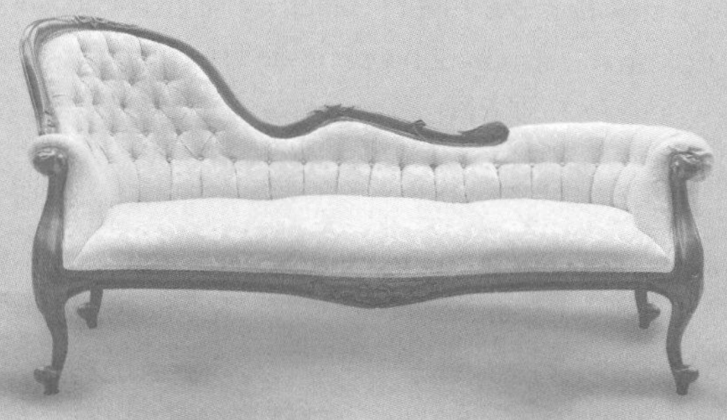

학지사

Introduction to Key Concepts and Evolutions in Psychoanalysis: From Freud to Neuroscience

by Alexis A. Johnson

도전적인 질문들을 하는, 치료적 면담의 선구자인 나의 소중한 학생들과
진리를 추구하는 전 세계의 모든 사람을 위하여……

역자 서문

정신분석에 대한 공부를 시작하게 되면 한동안은 너무 많은 이론과 이론가, 다양한 개념과 기법으로 인하여 혼란을 겪게 된다. '이 많은 이론을 다 알고 있어야 하나? 정답과도 같은 하나의 통일된 이론은 없을까? 이 학파에서는 의뢰인을 이렇게 보라고 하고, 저 학파에서는 정반대의 자세로 의뢰인을 보라고 하는데, 어느 장단에 맞춰야 하나? 발달한 신경과학이 이 모든 이론을 다 증명할 수는 없을까?'

이 책은 프로이트부터 신경과학까지의 다양한 이론이 객관적인 시각으로 일목요연하게 잘 정리되어 있기에 이러한 의문에 대해 많은 답변을 제시해 줄 수 있다. 각 이론에서의 어려운 개념들도 각 장의 마지막 부분에 정리를 해 두었으므로 이 또한 도움이 될 것이라 생각한다.

정신분석 발달의 역사를 현재 우리나라의 분단 상황에 비유하여 정리해 보자면, 원본능(id)심리학의 프로이트는 탈북자를 통해 북한의 존재를 알게 되었기 때문에 많은 사람이 탈북을 하게 만들어 북한의 실체를 알아야 한다고 주장한다. 자아심리학의 안나 프로이트는 실제 탈북자의 수가 많지 않은 것은 남북 경계선에 있는 경비병들 때문이므로 38선을 허물어야 탈북자가 늘어날 수 있다는 점을 강조한다. 대상관계학파의 클라인은 각자의 탐욕, 공격성, 질투, 선망으로 인해 한국 자체가 파괴되는 것을 방지하기 위해서는 한국이 남과 북으로 분리될 수밖에 없었으며, 잦은 교전과 다툼 이후에 서로 화해하는 과정을 거쳐야 한다고 주장한다. 중간학파인 위니캇은 한국의 우방국가가 우리를 전적으로 도와주어야 한국이 다른 국가의 눈치를 보지 않고 우리만의 진정한 발전을 할 수 있는 진짜 국가가 될 수 있다고 말한다. 자기심리학의 코헛은 한국은 그들을 지지해 주고, 이상적으로 닮아 갈 수 있으며, 그 그늘 밑에서 같은 힘을 느낄 수 있는 우방국이 필요한데, 한국의 완전한 독립이란 있을 수 없고 항상 우방국의 존재와 함께해야 한다고 주장한다. 여기까지가 모든 문제는 한국 자체에 있다고 보는 '한 사람 심리학'의 관점이다.

관계학파의 설리번은 한국이 불안을 다루고 성장·발달하기 위해서는 다른 나라들과의 관계가 가장 중요하다고 이야기하는데, 여기서부터는 한국과 다른 나라가 서로 영향을 주고받는다는 '두 사람 심리학'이 된다. 애착이론의 볼비는 우리를 돌봐 주는 우방국과의 애착을 강조한다. 우방국을 신뢰할 수 없거나 우방국이 지나치게 통제하거나 심지어 위협을 할 경우에 불안전한 애착을 가지게 되고 그것이 유지된다고 본다.

정신분석의 발전 과정을 요약하자면, 의뢰인이 하는 말의 내용 파악에서 전후관계를 파악하는 것으로, 해석을 통한 인지적인 통찰에서 감정적인 교감으로, 그리고 환자의 문제에 초점을 맞추는 것에서 치료자와의 상호작용을 고려하는 것으로 진행되어 왔다. 신경과학적으로는 의식적인 겉질 체계에서 무의식적인 겉질밑 체계로, 왼쪽 대뇌반구의 지적인 측면에서 오른쪽 대뇌반구의 감정적인 측면으로, 그리고 중추신경계의 반응에서 자율신경계의 반응으로의 이동이라고 할 수 있겠다.

이 많은 이론과 기법을 다 알고 있어야 하는지에 대해서는 약물치료에 비유할 수 있을 것이다. 주요우울장애 치료제로는 노르에피네프린, 세로토닌, 도파민 등 수용체에 작용하는 다양한 약이 있다. 비교적 최근에 출시된 렉사프로는 부작용이 없는 것은 아니지만 복용이 간편하고 효과가 좋다. 가장 고전적인 아미트립틸린이나 이미프라민도 부작용만 잘 조절하면 효과가 좋은 경우가 많다. 따라서 치료자는 우울장애의 유형과 환자의 특성 그리고 다양한 변수를 고려하여 종합적으로 결론을 내린 후 여러 유형의 약 중 하나를 선택하여 처방을 하거나 추가적으로 병합투여를 하게 된다.

정신분석이나 정신치료의 경우도 마찬가지이다. 특정 학파의 이론만을 고집하는 것보다는 다양한 학파의 이론들을 숙지하고, 내담자에 따라 다양한 사항을 고려한 후 치료를 하는 것이 가장 이상적일 것이다. 전공의 시기에 한 교수님께서 '치료자는 사용할 수 있는 무기가 많아야 좋다.'고 조언해 주신 것이 생각나는 부분이다.

정신분석을 처음 접하는 사람들이 이 책의 전반적인 내용, 즉 각 학파들의 발전 과정과 주요 개념들을 큰 그림으로 이해한 후에 개별적인 학파와 이론가의 이론 및 기법과 연관된 책을 추가로 공부한다면, 초심자가 겪을 수 있는 혼란의 시간을 많이 줄일 수 있으리라 생각한다.

이 책에 나온 용어들은 대한의사협회의 『의학용어집』(5판)을 기준으로 번역하였으며, 사전에 없는 용어는 가급적이면 함축적인 한자어는 피하고 우리말 위주로 이해하기 쉽도록 풀어 썼다. 아무쪼록 이 책이 정신분석을 공부하는 분들에게 많은 도움이 되었으면 하는 바람이다.

끝으로 이 책의 출판을 허락해 주신 학지사 김진환 사장님을 포함한 직원분들께 감사드리며, 항상 포근한 안전기지를 제공해 주는 아내 그리고 사랑하는 준혁, 채림에게도 고맙다는 말을 전하고 싶다.

보스턴에서

강철민

저자 서문

나는 오래전부터 나 자신이 에이브러햄 매슬로, 칼 로저스, 마르틴 부버의 생각과 사랑에 빠졌던 인간 중심적인 심리학자라고 생각한다. 이들은 성장과 변화를 이끄는 우리의 타고난 능력을 지지하였다. 매슬로는 우리에게 자기실현(self-actualization)과 최고의 경험(peak experience)을 알려 주었다. 로저스는 무조건적인 긍정적 존중을 가르쳐 주었으며, 부버는 모든 인간의 상호관계는 이상적인 '나'와 '당신'의 상태에까지 이를 필요가 있다고 말하였다. 나는 이러한 원칙들을 나의 내적인 기준으로 간직하고 있다. 이들은 나의 이상형이자 내가 되고자 하는 사람들이었다.

그러나 나는 나를 찾아온 사람들(환자 혹은 의뢰인으로 불리는)과 함께 앉아 있을 때 인간 중심적 전통이 마음과 동기, 변화와 치유에 대한 좀 더 깊은 이해가 필요하다는 것을 느꼈다. 지그문트 프로이트의 사상에 기초를 두고 있는 영국과 미국 정신분석의 전통은 나의 진료실에 들어오는 많은 이와 함께하는 데 필요한 기본적인 틀을 제공해 주었다. 나는 의뢰인들의 방어기제 및 문제들 기저에 있는 마음속 깊은 감정과 공상을 알기 위해 프로이트 및 다른 많은 이론가의 생각이 모두 필요하였다. 정신분석적 전통은 항상 변하고 있는 자기감(sense of self)을 사람들이 어떻게 경험하고 있는지뿐만 아니라 내가 그들이 하고 있는 여행의 동반자가 되기 위해 그들의 현실에 어떻게 들어갈 수 있는지에 관한 생생한 모델을 제공해 준다. 또한 이러한 지도는 나 자신의 복잡성, 반응, 느낌, 기분을 인식하고 이해할 수 있도록 돕는다. 나는 이러한 다양한 전통을 공부하고 사용하면서 유명한 이론가들이 흔히 서로의 의견에 동의하지 않는다는 것을 발견하였다. 나는 이러한 의견의 불일치를 심각하게 생각하지 않았고, 어떤 의뢰인에게 어떤 이론이 가장 잘 맞는지를 찾으려고 노력하였다. 그 결과, 이러한 모델들의 각 이론이 나의 머릿속에 정리되었다. 나는 이러한 분석가들을 비판하거나 그들이 제시한 것을 완벽한 방법으로 설명함을 시도하려는 것이 아니다. 그보다는 내가 가치가 있고 유용하다고 발견한 각 이론들의 개념에 초점을 맞출 것이다.

나는 지난 40년 동안 나처럼 절충하는 치료자들과 이에 관심이 있는 다른 전문가들에게 정신치료의 다양한 측면에 대해 가르쳐 왔고, 지난 18년 동안 영국에서 일 년에 2번씩 3일 동안 집중적으로 진행되는 세미나에 참석해 왔다. 이 집단에는 정신치료자, 실질적인 코치, 인력관리 전문가들이 포함되어 있었는데, 이들 모두는 너무나 바빠서 심리학에 대해 자신들이 알고 싶은 모든 것을 공부할 여유가 없었다. 따라서 우리는 6개월마다 공부할 주제를 정했고, 나는 내가 공부한 것을 그들과 나누는 즐거움을 누릴 수 있었다. 우리는 함께 토론하고, 발견하고, 성장하였다. 우리는 정신치료의 기본, 가족 체계, 아버지의 자격, 이별과 죽음, 배신과 욕정, 정신적 인식과 의식의 양상 등을 포함한 다양한 주제를 살펴보았다. 우리는 성욕(sexuality)과 오르곤 에너지(orgone energy; 역주—

우주에 충만해 있다고 하는 비물질적인 생명력)에 대한 빌헬름 라이히의 생각에서 도널드 위니컷의 이행대상(transitional objects)과 켄 윌버의 통합이론(integral theory), 그리고 현대 신경과학과 마음챙김(mindfulness)의 유용성까지 모든 것을 논의하였다.

이 책은 3일간의 세미나에서 논의한 내용들을 중심으로 만들어졌다. 나는 이 집단의 몇몇 구성원에게서 정신분석적 사고의 발전에 대한 인간적이고 철학적인 이야기를 들려 달라는 요청을 받았다. '우리는 어떻게 지금 우리가 있는 이곳에 도달하였는가?' 나는 나의 임상적 치료에 가장 많은 영향을 미친 이론가들을 선택하여, 그들이 어떻게 나의 마음에 들어오게 되었는지에 대한 이야기를 해 주었다. 이것은 어떤 면에서는 완벽하지 않으며, 사실은 빙산의 일각에 가까울 뿐일지도 모른다. 그러나 이러한 이론가와 이론들은 내가 나의 환자들과 하는 치료와 일반적인 사람들을 이해하는 데 있어 중요하다고 발견한 것들이었다. 또한 이 책은 정신분석에 호기심이 있는 사람들을 위한 소개서이자 안내서이기도 하다.

나는 이 책에서 프로이트의 이론이 어떻게 발전하였는지와 그것이 현대의 정신치료에 어떻게 영향을 미쳤는지를 이야기할 것이다. 결국 이것은 하나의 이야기로, 자신을 이해하고 다른 사람들을 돕는 것에 대한 지난 150여 년간의 심리학적 발달을 살펴보는 것이다. 내가 공부를 하는 방식은 세미나에서 나온 질문이나 임상적인 문제를 설명하기 위해 기본적인 출처와 부수적인 출처 모두를 살펴보는 것이다. 나는 오래전 이론가들이 개념화했던 문제들을 다른 이론가들은 어떻게 바라보는지에 대해 알아 가는 것을 즐긴다. 나는 핵심적인 개념들을 가능한 한 명확하게 표현하려고 노력하였다.

정신분석의 각 분야에 기여한 사람들은 저마다 자신이 살아온 인생과 시대에 영향을 받았기에 개인적인 취향을 가지고 있다. 따라서 프로이트는 그 당시에 중요했던 객관적인 자연과학에 기초를 두고 이론을 만들어 내기를 원하였다. 유럽에서 이주해 온 유대인이면서 시카고에 살았던 하인즈 코헛은 가치와 상황을 중요시하였다. 해리 스택 설리번은 모든 곳에서 불안을 볼 수 있었는데, 이것은 그의 개인적인 경험에서 기인한 것이었다. 이러한 개인적인 상황과 선호도는 이 역사를 이해하는 데 있어서 하나의 중요한 부분이었다.

다음에 설명하는 방식은 미국과 영국에서의 현대 정신분석의 주요 학파를 구별하는 나만의 방식이다. 나는 주요 학파를 여섯 개로 나누었으며, 오늘날 많은 개인치료자는 하나 이상의 학파에 소속되어 있다. 클라인 학파, 자아심리학파, 영국 중간학파는 모두 1930년대 런던에서 시작되었다. 자기심리학파와 관계학파는 그 이후에 미국에서 시작되었다. 흥미롭게도, 애착이론을 만들어 낸 볼비는 영국에서 거주하였지만 영국에서 알려지기 전에 미국에서 그 이론이 먼저 받아들여졌다. 이 여섯 개의 전통적인 학파는 함께 성장하고 발전하였으며, 그들의 이론은 프로이트가 개발한 최초의 큰 틀을 변화시키는 이론들로 발전하였다.

마지막으로 한 가지 중요한 언급을 하자면, 내가 여기서 제시하는 환자들의 이야기는 그들의 개인적인 비밀을 지키기 위해 내가 수년 동안 봐 왔던 여러 사람의 이야기를 섞어 놓은 것이다. 다만 나는 각각의 설명에서 이들 환자의 감정적인 진실성을 전달하려고 노력하였다.

프로이트의 계보

욕동 (drive)	자아 (ego)	중간학파 (middle school)	자기 (self)	대인관계 (interpersonal relationship)	애착 (attachment)
Klein (1882~1960)	A. Freud (1895~1982)	Fairbairn (1889~1964)	Kohut (1913~1981)	Sullivan (1982~1949)	Bowlby (1907~1990)
Bion (1897~1979)	Hartmann (1894~1970)	Balint (1896~1970)	Stolorow & Atwood	Fromm (1900~1980)	Ainsworth (1913~1999)
Kernberg	Spitz (1887~1974)	Winnicott (1896~1971)	Brandchaft (1916~2013)	Thompson (1893~1958)	Main
Ogden	Mahler (1897~1985)	Guntrip (1901~1975)	Stern (1932~2012)	Aron	Fonagy
	Erikson (1902~1994)	Bollas	Beebe & Lachmann	Mitchell (1946~2000)	Schore
			Orange	Bromberg	Siegel
					Porges

차례

1 Sigmund Freud

지그문트 프로이트

우리는 모두 내적 갈등을 가지고 있다.

Sigmund Freud

100년 이후의 관점에서 볼 때, 우리는 지그문트 프로이트(1856~1939)가 서양 문화와 감성을 변화시켰음을 관찰할 수 있다. 그는 우리가 다른 사람들 및 우리 자신에 대해서 어떻게 생각하는지를 영원히 변화시켰다. 그는 인간의 모든 것, 즉 성욕, 가학증, 피학증, 사랑, 질투, 잔인함, 호기심, 재치에 대한 글을 썼다(Bloom, 1986). 찰스 다윈(Charles Darwin, 1809~1882)은 이미 인간이 동물의 세계에 속해 있음을 밝혔고, 프로이트는 다윈의 이 의견에 동의하였다. 우리는 생물학적 창조물이고, 본능에 따라 움직이며, 우리 자신들 내부에 있는 알지 못하는 힘에 영향을 받는다. 그는 우리를 마음과 육체를 가진 생물학적인 존재로 간주하였고, 자신의 지적인 기여가 과학적인 영역 안에서 이루어지기를 원했다. 현대적인 기준으로 볼 때, 그는 과학자가 아니었고 이론가였으며 심지어 신화를 만들어 내는 사람이었다. 우리 각자와 마찬가지로, 그는 그가 살던 시대가 만들어 낸 존재였으며 정치적 · 사회적 · 과학적 맥락에 따라서 자신이 발견한 것들을 글로 썼다. 그는 신체와 마음을 분리되어 있는 인간의 부분들로 간주하였고, 신경학자로서 신체와 마음이 어떻게 상호작용하는지에 대해서 관심이 있었다. 뇌의 어떤 부분이 특별한 자기에 대한 감각이며, 우리 각자가 '나'라고 부르는 마음을 만들어 내는가? 프로이트는 뇌를 관찰하고 뇌가 어떻게 작동하는지를 살펴볼 도구들을 가지고 있지 않다는 것을 깨달았지만, 자세히 듣고 깊게 관찰하는 것을 통해 마음이 어떻게 작동하는지를 구별할 수 있다고 믿었다.

프로이트는 마음의 연구에 대해 우리에게 새로운 방향을 많이 제시해 주었다. 그는 보이지 않는 마음과 감정들의 작용이 중요하며, 이는 연구를 할 수 있는 대상이라는 관점을 유지하였다. 그는 직접적인 신체적 관찰 없이도 인간의 마음을 이해할 수 있다고 강하게 믿었다. 치료자로서 우리는 마음과 감정의 작용을 추론하기 위해 보이는 것과 들리는 것을 해석할 필요가 있다(Freud, 1900, 1917b). 간단히 말해서, 그는 우리가 내면에 존재하고 보이지 않는 것을 알 수 있다고 확신하고 있었다.

대부분의 치료자와 상담사가 이제 프로이트를 공부할 필요가 없다고 생각하고 있는 것처럼 보이는 오늘날, 인간의 마음과 질병,

불편함에 대한 우리의 이해는 다른 방향으로 발전되어 왔다. 우리는 생화학적 및 신경연결의 관점에서 생각하는 의학적 모델들을 가지고 있다. 우리는 대상관계이론과 애착이론을 가지고 있다. 우리는 학습이론과 체계이론을 배운다. 이 모든 것은 고전적인 프로이트 모델과 비교해 보았을 때 인간의 마음에 대해 매우 다른 이해를 제공해 준다.

그러나 나는 깊이와 복잡성에 관심이 있는 치료자이자 서양 문화의 한 구성원이라면 프로이트에 대해 최소한 조금은 알고 있어야 한다고 믿는다. 만약 우리가 일상생활에서 우리 스스로를 어떻게 약해지게 만드는지 또는 제대로 방어하지 않는 순간에 하게 되는 다른 사람의 행동을 이해하는 데 대한 약간의 통찰을 가지기를 원한다면 '프로이트 말실수(Freudian slip)'가 무엇을 의미하는지를 알 필요가 있다. 만약 우리가 '정신병 환자는 2 더하기 2가 5라고 생각하고, 신경증 환자는 2 더하기 2가 4인 것은 알지만 그것을 싫어한다.'는 잘 알려진 프로이트의 농담을 이해하지 못한다면 얼마나 큰 손실인가!(Freud, 1901; Freud, A., 1935)

해럴드 블룸(Harold Bloom, 1986)은 정신분석이 이제는 정신건강의학과 영역에서 아주 작은 부분이 되었지만, 프로이트는 지난 세기의 가장 위대한 신화 창조자였으며 역사에서 문학적 비평까지 적용되는 원칙들은 프로이트가 한 작업의 많은 부분을 이용하고 있다고 언급하였다. 프로이트의 영향으로 우리 모두는 서양 사회에서 자동적으로 심리학적인 생각을 하게 되었다. 즉, 우리는 인간이 복합적이고 갈등을 가지고 있으며 흔히 자신을 이해하지 못한다는 것을 알고 있다. 우리 각자는 내적으로 의견의 일치를 보지 못하고 있는 존재이다. 우리는 예술, 교육, 문화, 영화, 모든 사회과학 등에서 동기와 이해를 추구한다. 프로이트의 어휘는 우리가 일상생활에서 하는 대화의 일부가 되었다. 우리는 '항문기적(anal)' 인 사람은 물건을 쌓아 두거나 돈에 인색하다는 것을 알고 있다. 우리는 담배 피우는 사람을 '구강기적(oral)'이라거나 '구강기에 고착되어 있다(oral fixation)'고 한다. 우리는 '리비도(libido)'가 우리의 성에 대한 지속적인 관심과 모든 성적인 것을 말하는 것임을 알고 있다. 우리는 결국 우디 앨런(Woody Allen; 역주—미국 영화감독)이 스스로 자신이 신경증적(neurotic)이라고 말해서가 아니라 그냥 그가 신경증적이라는 것을 알고 있다. 우리는 남들이 알려 주지 않아도 '신경증적'이라는 것이 무엇을 뜻하는지 알고 있다. 이러한 단어들은 우리의 일상적인 언어의 한 부분이 되었다.

비록 프로이트 이론의 많은 부분이 현대 정신분석과 정신치료에서 제외되었지만, 또한 많은 부분이 그것이 프로이트에게서 유래된 것으로 인식되지 못한 채 현대적 생각에 통합되어 있다. 우리는 우리가 의식적 마음과 무의식적 마음을 가지고 있다는 것을 인정한다. 우리는 우리가 다양한 방어기제를 가지고 있다는 것을 인정한다. 우리는 '투사한다.' 우리는 '부정한다.' 우리는 '승화한다.' 우리는 성적인 본능과 공격적인 본능이 매우 강력하며, 합리적이지 않고, 흔히 우리에게서 많은 문제가 야기된다는 것을 받아들인다. 더욱이 모든 자조 모임(self-help group)은 감정적인 대화가 도움이 되고, 기분을 전환시켜 주며, 문제를 해결해 준다는 전제하에 운영되고 있다. 우리 대부분은 변화가 가능하며, 우리가 우리 자신을 이해할 수 있고, 따라서 우리 스스로를 돕는 것이 보다 충만한 삶을 살 수 있게 해 준다는 것을 믿는다. 프로이트 교수님, 감사합니다!

프로이트는 현대적 삶에 많은 영향을 미쳤고 오늘날의 지적인 삶에 지속적인 영향을 미치고 있다. 동시에 그가 했던 생각의 많은 부분이 변형되었고, 일부는 원래의 형태를 찾아볼 수 없을 정도가 되었다. 앞서 제시한 내용들은 프로이트가 마음 및 정신세계와 관련된 현대적 생각에 어떠한 영향을 미쳤고 인간으로 존재한다는 것이 무엇을 의미하는지에 대해 내가 이해한 것들이다. 프로이트의 개념들 중 일부는 현대적 정보에 의해 많이 수정되었기는 하지만, 나는 내가 실제로 사용하는 데 가장 많은 도움이 되었던 주요한 개념들을 강조하기 위해 다음 몇 가지를 선택하였다.

정신적 외상

프로이트는 '히스테리(hysteria)'라고 불렸던 심리적인 고통으로 힘들어하는 사람들을 돕는 데 깊은 관심이 있었던 요제프 브로이어(Josef Breuer, 1842~1925)와 장 마르탱 샤르코(Jean-Martin Charcot, 1825~1893)와 함께 연구하였다. 19세기 후반에, 일반적인 남성들 및 의사들은 여성들이 그들을 당황스럽게 만들고, 합리적이지 않게 만들며, 질서정연하고 체계적인 방식으로 도대체 무슨 일이 일어나고 있는지를 설명할 수 없는 희한한 감정적인 사건들을 유발한다는 것을 알고 있었다. '히스테리'라는 단어는 '자궁에서 유래된'이라는 뜻의 그리스어에서 나왔다. 히스테리는 비록 어떤 특별한 방식으로 정의되지는 않았지만 과학적인 조사의 초점이었다. 히스테리는 원인을 알 수 없는 발작, 말을 하지 못하는 것, 알려진 신경학적 지식으로는 알 수 없는 이상한 마비 그리고 때때로 발생하는 환각과 같은 다소 당황스러운 증상들의 집합으로 이루어져 있었다. 과학자들은 만약 그들이 고통받고 있는 사람들의 이야기를 시간을 거슬러 추적해 보면 고통의 원인이 되는 원래의 사건을 발견할 수 있을 것이라고 생각하였다. 하지만 단순히 그 원인을 아는 것만으로는 충분하지 않았다. 고통을 받고 있는 사람은 그 원인을 아는 것과 동시에 속 뚫림(abreaction)이라고 불리는 강력한 감정적 방출이 동시에 이루어질 필요가 있었다. 이렇게 원인을 인식하는 것과 그 사건이 유발한 고통, 흥분, 분노를 경험하는 것이 증상을 완화시키고 때때로 증상을 사라지게 만드는 것 같았다. (오늘날 성적인 정신적 외상이든 전쟁으로 인한 정신적 외상이든 외상후 스트레스 장애의 경우에 이런 조합은 일부의 경우에 여전히 도움이 된다.)

프로이트는 1896년에 「히스테리의 원인(The Aetiology of Hysteria)」을 발간하였다. 그는 이 논문에서 히스테리 증상은 너무 이른 성적 경험의 기억들이 갇혀서 유발되는 것이며, 이런 기억들은 변화된 의식의 상태로 저장되어 있기 때문에 기억되지 않거나 이해되지 않는 것이라고 주장하였다. 이러한 단절된 기억들은 의식적인 자기로부터 떨어져져서 저장되고 특히 성격의 형식으로 나타나기 때문에 일반적인 자기의 개념으로는 받아들여지지 않는 것이었다. 프로이트는 이런 방식으로 우리에게 '정신적 외상(trauma)'뿐만 아니라 '해리(dissociation)'와 '정신적 외상의 기억(traumatic memory)'에 대한 깊이 있는 이해를 제공하였다. 우리가 마음, 기억, 정신적 외상에 대한 완전하고도 더 깊은 이해를 하기 거의 100년 전에 이러한 이해가 이루어졌던 것이다(Herman, 1992).

히스테리의 원인에 대한 프로이트의 원래 이론은 우리가 현재 '관계적' 또는 '발달적' 또는 '성적' 외상이라고 부르는 정신적 외상을 포함하고 있었다. 이렇게 힘들고 스트레스를 주는 증상들로 인해 고통받고 있었던 여성들의 경우에는 그들의 과거에 나쁜 일들이 있었던 것이었다. 이러한 사건들은 최소한 부분적으로 잊히거나 또는 프로이트식 용어로 '억압(repression)'되었던 것이다. 이러한 사건들은 직면되거나 이야기되지 않았기 때문에 결과적으로 그들의 일상생활은 힘들고 스트레스를 주는 증상들에 영향을 받았다. 프로이트의 첫 번째 믿음은 히스테리 증상을 유발하는 것은 너무 이른 시기에 강요된 성적 경험이라는 것이었다. 젊은 여성들은 가족이나 친구들에 의한 성폭력이나 가족 구성원에 의한 강간의 경험을 보고하였다. 그러나 이런 일들이 항상 발생했다는 생각—젊은 소녀들이 성폭력을 당하거나 강간의 희생자가 된다—은 그에게나 그가 살았던 시대에서는 인정될 수 없는 것이었다. 그는 히스테리 증상의 원인에 대한 자신의 연구에서 밝혀낸 자료들을 포기하였다(Herman, 1992).

프로이트는 그다음 해에 히스테리가 정신적 외상, 특히 어린 시절이나 너무 이른 시기의 성적 외상에 의해 유발된다는 처음의 가설을 포기하였다. 프로이트는 이렇게 많은 성적 학대가 비엔나에서 발생한다는 생각을 유지할 수 없었으며, 만약 자신이 이러한 충격적인 정보를 계속 유지한다면 성공을 거둘 수 없으리라고 생각하였다. 이러한 갈등을 직면한 프로이트는 새로운 이론을 만들어냈다. 어떤 의미에서 그는 1896년에 조심스럽게 발표했던 여성들에 대한 이야기를 믿지 않게 되었다. 대신에 그는 문제의 원인이 환경이 아니라 여성들 자신에게 있다는 것을 지지하는 공상과 상상의 내적 세계에 기초를 둔 새로운 가설을 만들었다. 히스테리 여성들은 어른들에 의해 유혹을 받거나 망가진 것이라기보다는 억압

될 필요가 있는 성적이고 소원 성취적인 공상을 그들 스스로 만들어 낸 것이라고 보았다(Freud, 1905). 당시에는 남자들만 성적인 욕구가 있고 여성들은 보호될 필요가 있으며 만족스러운 삶을 살기 위해서 아이를 낳아야 하는 매우 섬세한 창조물로 간주되었음을 명심할 필요가 있다. 전반적으로 19세기의 비엔나 문화는 성적 학대의 가능성을 받아들이지 않았다.

이러한 갈등과 불일치 때문에 히스테리에 대한 전반적인 연구는 그다음 수십 년 동안 사라졌으며 정신분석의 내용과 초점은 변화되었다. 프로이트와 그의 추종자들은 정신분석의 다른 측면들에 관심을 가지게 되었다. 신경증적 증상의 다른 형태들, 꿈의 양상, '자유연상'의 기법, 의사-환자 사이의 '전이' 이론과 기법의 창조는 역설적이지만 서로 얽히고 단절되는 역사를 반복하였다.

욕동-갈등 모델

프로이트는 히스테리 환자들을 이해하려는 첫 번째 시도로 환자들이 이야기하는 것을 열심히 들으려고 노력하였다. 그가 들었던 내용들은 그를 놀라게 하였다. 그는 금지된 일들을 시도하게 만드는 충동들에 대한 이야기를 들었다. 그는 심신을 약화시키는 불안, 고통스러운 죄책감, 무기력하게 만드는 내적인 갈등에 대한 이야기들을 들었다. 그가 이러한 증상들의 원인으로서의 정신적 충격을 포기했을 때 상상으로 방향을 전환했고, 공상, 소망, 충동, 욕동, 갈등이 문제의 뿌리에 있다고 결론을 내렸다.

욕동-갈등 모델(drive-conflict model)은 감각적-성적 즐거움에 대한 타고난 힘에 기초를 두고 있다. 이 모델에 따르면, 우리 각자는 먹는 것, 안겨지는 것, 돌봄을 받는 것에 대한 즉각적인 욕구를 가지고 태어난다. 이러한 욕동들은 우리가 '원본능(id)'이라고 부르는 우리의 원초적인 동물적 성향의 한 부분이다. 프로이트에게 있어서 원본능은 우리의 무의식 속에 존재하고 있으며 삶이 시작하면서부터(일부 사람에게는 모든 삶을 통해서) 삶을 지배한다(Freud, 1905). 원본능의 요구는 즉각적이고 긴급한 것이다. 예를 들면, 나는 배가 고플 때 바로 음식을 먹을 필요가 있다. 원본능에게는 시간적 구속이 없다. 즉, 원본능은 시간의 흐름을 인식하지 못한다. 원초적인 원본능은 '나중에'라는 개념을 인식하지 못할뿐더러 견디지도 못하며 기다리지도 못한다.

이러한 강력한 본능은 삶을 긍정하는 측면과 부정하는 측면 모두를 가지고 있다. 프로이트는 이 본능을 두 가지 반대되는 힘으로 나누었다. 첫째는 '에로스(Eros)'로서 즐거움과 생존에 초점을 맞춘다. 에로스는 호흡, 소화, 성적인 충동과 같은 삶을 유지시키는 기전들을 통제한다. 에로스는 결합하는 에너지를 가지고 있는데, 이는 처음에 우리를 부모와, 나중에는 사랑하는 사람과, 궁극적으로는 삶 자체와 연결되도록 만들어 준다. 프로이트는 에로스에 의해 만들어지는 에너지를 '리비도(libido)'라고 불렀다. 리비도는 긍정적인 감각을 원하는 에너지이다. 음식, 즐거움, 성적인 연결을 원한다. 에로스는 삶을 부여해 주고, 삶을 증진시키고, 삶을 부유하게 만든다.

프로이트는 에로스에 반대되는 힘을 '타나토스(Thanatos)'라고 불렀는데, 이것은 우리의 파괴적인 능력을 의미한다(Freud, 1920). 인간의 공격성은 정신분석에 의해 억제될 수 있다는 그의 초기 신념은 인간은 공격적일 뿐만 아니라 잔인하고 폭력적이라는 신념으로 대체되었다. 프로이트는 나중에 알베르트 아인슈타인과의 서신 교환(1932; Einstein, Nathan, & Norden, 1960)을 통해서 인류의 전쟁에 대한 능력과 취향을 고려하여 인간에 대한 자신의 비관주의를 인정하였다. 많은 사람은 타나토스의 비관적인 생각—죽음에 대한 소망—은 서양 역사를 통틀어 가장 끔찍한 사건들 중의 하나인 제1차 세계대전을 거치면서 프로이트 자신의 절망으로 인해 생겨났다고 믿고 있다. 프로이트는 이 시기 동안에 집단적인 수준에서의 인간의 파괴적인 능력의 결과들을 견뎌 내고 있었다.

프로이트는 즐거움을 추구하는 에로스의 정의 내에서 아기들은 성적이라는 제안을 함으로써 그가 살던 사회를 충격에 빠뜨렸다(Mitchell & Black, 1995; Storr, 1989). 나는 프로이트가 사실은 아기들이 감각적이고 즐거움을 추구하며 그가 에로스라고 이름 붙인 삶에 대한 힘은 생명이 태어나면서부터 작동된다는 것을 말하려던 것이었다고 믿는다. 이러한 특별한 연결은 그 당시에는 다소 중요한 것이었는데, 프로이트는 정신치료와 정신분석이 자연과학의 영역에서 자리 잡기를 바랐기 때문이다. 그는 이를 위해서 성인의 성(sexuality)—다윈의 진화의 원동력—과 발달이론을 연결시킬 필요가 있었다. 프로이트는 사람들의 이야기를 들으면서 인간의 복잡성에 대해 점점 더 알게 되었고 정신분석이 과학의 영역에서 무엇을 밝히려고 하는지를 설명할 방법을 찾고 있었다.

프로이트의 생각에는 방출(discharge)이 궁극적인 즐거움이고 원본능 욕동의 목적이었다. 프로이트는 우리의 충동이 펄펄 끓고 있는 가마솥과 같은 것이기는 하지만 충동이 끓어넘쳐 우리를 파괴하지는 않는다는 것을 인식하고 있었다. 우리의 어떤 부분이 이러한 충동들을 조절하고 있어야 했다. 그는 이러한 조절하는 측면을 '자아(ego)'라고 불렀다. 우리 각자에게 자아는 원본능의 원초적인 요구와 외부 세계의 현실 사이에서 균형을 맞추는 힘든 일을 하고 있다.

프로이트는 나중에 세 번째 구조를 추가했는데, 이를 '초자아(superego)'라고 불렀다. 프로이트는 아이들이 어떻게 자신의 부모들이 행동하는 방식과 가치들을 내면화하는지를 설명할 필요가 있음을 깨달았고, 초자아를 또 다른 중요한 내적 구조물이라고 설명하였다. 아이는 성장하면서 가족이 가치 있다고 인식하는 기준과 가치를 통합하게 되는데, 프로이트는 이를 '자아이상(ego ideal)'이라고 불렀다. 원본능, 자아, 초자아의 이러한 조합은 무의식적인 내적 구조물이며 아이들은 이 구조물들을 성인이 될 때까지 가지고 가며 자신의 성격과 방어기제의 기초를 형성하게 된다.

프로이트의 초자아는 우리의 개별적인 가족과 우리의 문화를 형성하는 외부 세계로부터 유래된 일련의 규칙, 기준, 요구 상황이 내재화된 것이다. 이러한 구조물들은 생각, 느낌, 행동, 이상 등의 우리 삶의 모든 영역에 영향을 미친다. 동시에 자아만이 의식적인 부분이고, 원본능과 초자아는 닫힌 문 뒤에서 영향을 미친다(Brenner, 1955, 1974).

요약하자면, 인간에 대한 프로이트의 초기 모델에는 충동과 열정 그리고 이러한 충동들이 인식되거나 표현되지 않게 만드는 방어기제들과 억압을 포함하고 있다. 프로이트의 욕동 모델은 성적인 즐거움에 기초를 둔 충동으로 시작하였으며, 나중에는 보다 성숙된 성인적인 측면의 자아에 의해 조절되며 초자아에 의해 영향을 받는다.

기법

자유연상

프로이트가 감정적인 고통을 치료하는 자신의 기법(technique)에 집중하고 있을 때, 그의 첫 번째 기본적인 원칙은 자신의 환자들에게 치료시간에 마음속에 떠오르는 꿈이나 생각을 무엇이든지 자유롭게 연상하여 솔직하게 이야기하도록 요구하는 것이었다. 프로이트는 환자들에게 마음속에 떠오르는 것이 아무리 터무니없고, 사소하고, 이해가 되지 않는 것일지라도 연관시켜 보도록 격려하였다. 그는 만약 그가 개인적으로 중립적인 자세를 취한다면 환자는 의사—지금은 정신분석을 시행하는 '분석가'라고 불리는—의 말이나 이론보다는 환자 자신의 이야기를 발견할 수 있을 것이라는 바람이 있었다. 환자는 이러한 방식으로 자신의 마음을 검토하고 자신의 충동과 공상을 직면하기 시작할 수 있었다. 프로이트는 자신과 자신의 환자 모두가 환자의 마음에서 무슨 일이 일어나고 있는지를 탐색할 수 있는 중립적인 환경을 만들어 내기를 원했다. 이 방법은 시간이 지나면서 환자가 자신을 더 잘 발견하고 더 잘 직면하도록 격려하기 위해 분석가가 반응해 주는 것을 포함하게 된다. 그럼으로써 연결이 되기 시작하고 의미가 드러나기 시작하였다. 매우 서서히 갈등과 무의식적인 욕망들이 직면되고 이해되면서 보다 통합된 개인이 되기 시작한다(Mitchell & Black, 1995).

전이

프로이트는 또한 자신의 환자들이 흔히 그에 대해 무의식적인 가정(unconscious assumptions)—환자들의 어린 시절에 그들 자신의 부모들과의 관계에서 유래된 가정—을 만들어 낸다는 것을 발견하였다(Freud, 1912). 그는 이러한 무의식적인 과정이 누구에게나 발생한다는 것에 주목할 정도로 영리했으며, 처음에는 그것이 자유연상을 하는 데 방해가 되는 일종의 저항(resistance)이라고 생각하였다. 프로이트는 나중에 그것이 매우 유용한 현상이라는 것을 알아차렸는데, 이 현상은 환자가 다른 사람, 특히 밀접한 관계를 나누었던 사람들과 어떻게 관계했는지를 밝혀 주었기 때문이었다. '전이(transference)'라고 이름 붙여진 이 과정은 환자가 해결하려고 노력하고 있었던 기본적인 갈등이 현재 상황에서 드러나고 있음을 알려 주었다. 프로이트는 각각의 환자가 무의식적인 어린 시절의 기대들과 인식들을 자신에게 투사(projection)하고 있으며 자신이 실제 다른 사람—대개 그들의 부모—인 것처럼 연관시킨다는 것을 깨닫게 되었다.

오늘날 대부분의 정신분석가와 정신치료자는 전이를 인식하고 있다. 전이는 어떻게 다양하게 사용되고 있는가? 나의 경우에 전이는 도움이 된다고 생각될 때에만 이야기를 하게 되는 치료적인 관계의 한 측면이다. 나는 새로운 환자가 처음에 어떻게 나의 진료실에 들어오는지를 관심 있게 바라보는데, 이것은 환자가 세상으로부터 자신이 어떻게 받아들여지는지를 기대하는 하나의 지표가 된다. 환자들은 나의 진료실에 들어오는, 낯선 사람을 만나는 또는 새로운 대화를 시작하는 이러한 새로운 경험에서 어린 시절에 환내가 '제스'를 처음 만났을 때, 그녀는 나를 똑바로 쳐다보지 않았다. 그녀는 나의 진료실에 있는 소파의 가장자리에 앉았으며, 매우 불편하고 불안해 보였다. 나는 내가 그녀에게 무엇을 원하는지를 파악하려고 애쓰고 있었다. 제스의 어머니는 매우 변덕이 심하고 예측이 불가능했으며 때때로 감정을 폭발하기도 하였다. 결과적으로 제스는 다른 여자, 특히 권위 있는 인물이나 어떤 방식으로든 자신을 담당하고 있는 여자 주변에 있을 때면 항상 긴장하게 되었다.

'수지'는 매우 다르게 반응하였다. 그녀는 진료실에 들어오면서 자신의 윗옷을 벗어서 의자에 던졌으며 자신을 소개하고는 우리가 마치 이미 대화하고 있었던 사람들인 것처럼 이야기하기 시작했다. 그녀의 가족에게는 세상의 중심이 그녀의 아버지였고, 그녀는 그가 가장 사랑하는 아이였다. 수지는 항상 환영받고 사랑받을 것을 예상하고 있었으며, 그녀가 하는 모든 말과 생각은 그녀 주변의 사람들에게 중요한 것이었다.

이 두 여성은 우리 모두가 그러하듯이 그들의 어린 시절 경험을 현재에 보여 주고 있다. 제스와 수지는 나와 세상에 매우 다른 방식으로 자신들을 보여 주고 있지만, 그들은 모두 외로우며 자신들의 삶에서 더 많은 인간적인 연결을 바라고 있었다.

영받았거나 그렇지 못했던 느낌을 전달할 것이다.

프로이트는 자신의 환자들(남자와 여자 모두)이 자신과 사랑에 빠진다는 것을 경험하였다. 그는 이러한 경험을 '긍정적 전이(positive transference)'라고 불렀다. 나는 프로이트가 이런 경험을 어떤 방식으로든 자신의 위치를 높이려는 방식으로 사용하지는 않았을 것이라고 믿는다. 그러나 이러한 반복적인 긍정적 전이의 경험은 그의 호기심을 자극하였다. 그는 왜 환자들이 자신을 아주 강력한 아버지와 같은 인물로 이상화하고, 자신에게 많은 희망을 가지며, 그가 어떤 마술적인 방법으로 자신들의 고통을 해소하게 도울 수 있다고 믿는지가 궁금하였다. 프로이트의 환자들은 다른 사람들에게는 보이지 않는 매우 큰 스트레스와 함께 문제들을 가지고 있었다. 그들은 다른 사람들에게 객관적으로 증명할 수 있는 부러진 뼈가 아니라 마음속에 있는 고통을 가지고 있었다. 그들은 자신들의 이야기를 믿고, 자신들의 감정을 이해하며, 자신들이 세상에서 보다 통합되고 평화로운 방식으로 존재하도록 도와줄 수 있는 사람이 필요했다. 이러한 맥락에서 볼 때, 우리는 왜 많은 환자가 치료자의 현실적인 측면을 무시하고, 거의 마술사와 같은 사람으로 인식하며, 자신들의 스트레스에 대한 이해와 치료를 해 주기를 바라는지 이해할 수 있다.

프로이트는 또한 치료자가 천사보다는 악마처럼 보이는 정반대의 부정적인 현상을 인식하고 경험하였다. 그러나 이런 경험 역시 그 기원은 항상 환자의 어린 시절 경험이 치료적 관계의 한 부분으로서 현재의 순간에 전달된 것이었다. 이러한 정신분석의 초기 모델에서 의사/분석가는 자신이 치료받기를 원하는 감정적인 문제를 가져오는 환자들에게 중립적이고 개방적이며 호기심을 가지는 태도를 가질 것을 요구하였다. 치료시간 중에 발생하는 어떠한 일도 환자에게서 발생하는 것이었다. 전통적인 정신분석적 관점에서 보자면, 예를 들어 내가 환자와의 첫 만남에서 인사를 할 때 환자의 행동은 환자의 내적 세계와 개인적인 과거사 때문에 나오는 것이지, 나의 인사 방식 때문에 나오는 것은 아니다. 이것은 그릇된 가정이며, 우리는 7장에서 관계적 세계에 대해 보다 자세히 다루게 될 것이다.

틀

'틀(frame)'은 초기 치료 모델의 또 다른 측면이며 어떤 형태로든 치료자와 의뢰인 사이에서 오늘날까지 지속되고 있다. 틀은 치료자와 환자 사이의 동의와 분석가가 제시하는 경계의 조합으로 이루어진다(Langs, 1978). 따라서 전통적인 틀 안에서 당신—의뢰인이나 환자—은 일주일 중의 특정한 날과 시간에 진료실에 오는 것에 동의하게 된다. 치료시간에 오든 안 오든 당신은 치료시간에 해당하는 치료비를 지불해야 한다. 당신은 얼마를 지불하고 언제 치료비를 지불할지에 대해 동의하게 된다. 분석가가 제시하는 원칙들 중 전이에 영향을 줄 수 있기 때문에 치료적인 틀 이외의 접촉은 안 된다는 것이 포함되어 있다. 약속시간의 변경이나 치료비에 대한 논의는 치료시간에 다루어질 필요가 있는데, 이런 문제도 분석되고 이해될 수 있기 때문이다. 예를 들면, 당신은 그다음 날이 당신 아내의 생일이기 때문에 치료시간에 올 수 없다고 생각할 수도 있다. 그렇다면 논의를 하는 도중에 당신은 어제 치료시간에 했던 분석에 대해 당신이 실망했다는 것을 발견할 수도 있고, 또다시 실망하지 않기 위해 치료시간에 오지 않기를 원할 수도 있는 것이다. 그 상황에 대해 보다 깊이 살펴봄으로써 당신이 치료시간에 오지 않기로 한 결정은 보다 미묘한 차이가 드러날 수 있다. 그렇다. 내일은 당신 아내의 생일이기 때문에 당신은 당신의 아내를 실망시키고 싶지 않을 것이다. 이것이 바로 좋은 분석이 어떻게 우리 자신을 더 깊게 이해하도록 도울 수 있는지를 나타내 주는 것이다. 우리 자신에 대한 이러한 복잡한 이해는 프로이트가 우리에게 준 매우 중요한 선물들 중의 하나이다.

이러한 생각의 미묘한 차이에 더해서, 프로이트는 '정반대(negation)'라는 개념을 제안했는데, 이것은 환자들이 이야기하는 것은 흔히 반대되는 의미를 지니고 있음을 의미한다.(Freud, 1925). "나는 우리 엄마를 사랑하고 정말 멋진 어린 시절을 보냈어요."라는 말은 환자의 본능적인 욕동의 진실로부터 환자를 방어하는 명백하고도 아주 간단한 예인데, 이 말은 엄마를 사랑하면서도 동시에 싫어하는 본능에 대한 죄책감으로부터 환자를 숨겨 준다. 프로이트의 관점에 따르면, 이러한 기본적인 본능적 욕동들은 너무 가혹하여 간직할 수가 없기 때문에 부정되고 숨겨진다. 분석가들은 전통적으로 환자들은 자신과 자신이 처한 상황에 대한 완전한 진실을 말하지 않는다는 태도를 유지할 필요가 있다(Orange, 2011). 분석가는 환자의 말에 마음 깊이 조율하며, 모든 이야기에 주의를 집중하고, '숨겨진 진실'을 발견하기 위해 모든 이야기에 마음을 열어 둔다.

전통적인 분석가들은 또한 환자와 분석가 사이의 어떠한 신체적 접촉도 피한다. 어떤 분석가들은 환자와 악수하는 것조차 너무 많은 만족을 주거나 지지해 주는 것일 수 있기 때문에 환자를 직면시키고 환자의 욕구와 충동을 이해하는 작업을 약화시킬 수 있다고 말한다. 분석가는 중립적이고 환자를 반영해 주는 거울과 같은 역할을 하기 위해서 환자에게 어떠한 개인적인 정보도 주지 않는다.

프로이트는 사람들이 스스로를 있는 그대로 드러내지 않는다는 것을 확신하였다. 훌륭하고, 정직하고, 능력 있는 사람도 다른 사람에게는 보여 주지 않고 자신의 한 부분으로 인식하지 못하는 어둡고 숨겨진 측면을 가지고 있다. 프로이트는 우리 모두가 많은 비밀과 갈등—다른 사람에 대한 비밀이 아닌 자신에 대한 비밀, 그리고 다른 사람들과의 갈등이 아닌 자기 내부에 있는 갈등—을 가지고 있다고 믿게 되었다. 더욱이 이런 비밀과 갈등의 많은 부분은 무의식적인 것이었다. 프로이트는 심지어 환자를 처음 만났을 때조차도 환자 자신보다 환자에 대해 더 많이 알고 있다고 믿었다. 프로이트는 환자들이 성적인 욕구와 공격적인 충동을 가지고 있음을 알고 있었고, 이 두 가지 본능에 대해 죄책감을 가지고 있을 가능성이 많다는 것을 알았다. 프로이트는 환자들이 단절된 기억을 가지고 있고 강렬한 공상에 의해 혼란스러울 수 있다는 것을 알았다. 프로이트가 해야 했던 일은 치료적인 관계를 통해 형성되어 있는 이러한 숨겨진 측면들을 밝힘으로써 환자가 보다 균형 잡히고 통합된 상태가 될 수 있도록 해 주는 것이었다. 최소한 이것이 그의 이론이었다(Orange, 2011).

반복강박

프로이트가 우리에게 준 또 다른 선물은 '반복강박(repetition compulsion)'이라는 개념이다(Freud, 1914). 그는 자신의 환자들이 억압한 내용들을 의식적으로 기억하지 못할 때 무의식적으로 자신들의 과거를 재현한다는 것을 발견하였다. 이러한 반복은 익숙한 것을 다시 하는 것 이상의 현상이었다.

제스는 나의 진료실에서 만성적으로 자신 없는 모습을 보임으로써 자신의 불안을 재현했다. 어린 시절의 경험을 무의식적으로 현재의 상황에서 반복하고 있는 것이다. 프로이트는 신경증 환자의 경우 반복강박이 쾌락원칙보다 더 중요시되어 불행과 고통을 쾌락 대신 만들어 낼 수 있다고 제안하였다. 프로이트는 처음에 반복강박의 의도는 어린 시절에 외부 세상에 대해서 했던 행동을 반복하여 익숙한 상황을 만드는 것이라고 믿었다. 이것은 똑같은 요구를 계속 반복함으로써 자신의 요구를 만족시키려고 노력하는 것과 같다. 제스의 경우에 그녀는 어떤 특정한 상황에서 자신이 안전하지 못하다는 것을 의식적으로 인식하지 못한 채 '나를 안심시켜 주세요, 나를 안전하게 만들어 주세요.'라는 뜻을 전달하고 있는 것이다. 프로이트는 나중에 이러한 반복강박은 숙련되는 과정의 한 부분이라고 제안하였다. 즉, 혼란스럽고 힘든 상황에서 수동적으로 있는 것보다 능동적으로 되는 법을 배우는 것이다. 반복강박이 정신적인 충격을 주었던 사건 때문에 새로운 것을 학습할 수 없었던 과거를 나타내 주는 것이기도 하다. 의심의 여지없이 이 모든 각본에는 진실이 들어 있다. 만족스럽지 않았던 관계와 사건을 다시 만들어 내는 우리 인간의 행동은 환자들이 진료실을 계속 찾게 만드는데, 슬프게도 이러한 양상은 변화시키기가 힘들다. 프로이트의 관찰력은 엄청나게 영리한 것이었지만, 오늘날 우리는 이러한 과정을 유발시키는 힘에 대해 다르게 이해하고 있다.

전통적인 기법

프로이트는 수년에 걸쳐 자신의 환자들에 대한 이야기를 듣고 이론을 만들어 나가면서 전통적인 정신분석적 기법(classic technique)이라고 알려진 방법들을 만들어 내었다(Greenson, 1967). 프로이트는 환자를 베개가 딸린 침상(couch)에 눕게 하고 자신은 환자가 볼 수 없는 곳에 앉아 환자의 이야기를 주의 깊게 들었다. 그는 환자에게 마음속에 떠오르는 것은 어떤 것이든 이야기하고 떠오른 생각에 대해 자유롭게 연상하도록 하였다. 프로이트는 이러한 '중립성(neutrality)'과 방향을 제시해 주지 않는 방법이 환자에게 자율성을 주면서 환자 자신의 갈등이 드러날 수 있게 만들어 준다고 믿었다. 프로이트는 이러한 방법의 조합이 고통의 원인을 밝힐 수 있는 가장 빠른 길이라고 믿었다. 그는 필요하다고 생각되는 순간에 현재의 갈등과 과거의 갈등 사이를 연결해 주는 해석(interpretation)을 해 주었다. 해석은 무의식과 갈등을 드러나게 해 주는 출입구 같은 역할을 하였다. 게다가 해석은 어떤 방식으로도 만족시켜 주지 않았던 환자의 관계를 맺고 싶어 하는 욕구를 어느 정도 보장해 주었다.

프로이트는 환자의 자유연상을 분석하면서 문제의 두 가지 측면을 발견하였다. 하나는 고통의 원인이 되었던 비밀이나 기억이었고, 다른 하나는 이러한 비밀이나 기억을 알게 되는 고통으로부터 환자를 보호하는 방어였다. 분석가는 치료시간에 의사와 환자 사이에 무슨 일이 일어나는지에 초점을 맞추면서 전이를 설명하고, 다양한 방어기제를 밝히며, 궁극적으로는 개인적이고 비밀스러운 충동을 알 수 있도록 해 준다(Storr, 1989).

제스의 갈등은 다른 사람들과 함께 있을 때 항상 겁에 질려 있으면서도 사람들과의 친밀한 관계를 바란다는 것이었다. 제스의 이러한 갈등은 우리가 만날 때마다 재현되었다. 그녀는 부정적인 전이를 통해 내가 그녀를 싫어하기 때문에 자신은 최소한 만큼만 자신을 밝혀야 했고, 나와 함께 있는 것이 위험하다고 느꼈기 때문에 우리는 함께 치료시간에 그녀의 과거와 내가 그녀를 해치지 않는다는 것을 밝혀야 했다. 나는 치료가 끝날 때마다 직접적으로 “내가 어떤 방식으로든 당신에게 해가 되는 이야기나 행동을 했나요?”라고 물어보았다. 수년 동안, 그녀의 방어 체계는 더 이상의 피해를 입지 않도록 그녀를 보호하기 위해 최상의 각성 상태를 유지하고 있었다. 그녀는 치료시간이 끝나면 소파에서 일어나 머리를 흔들면서 “당신이 나에 대해서 더 알게 되면 당신도 나를 싫어하게 될 거예요.”라는 말을 반복했다.

수지와의 치료는 다르게 전개되었다. 그녀의 긍정적인 전이는 내가 그녀를 중요하고 가치 있는 사람으로 보는 것으로 인식하게 만들었다. 그녀의 방어기제는 ‘완벽하지 못한’ 것을 피하기 위해 고안된 것이었다. 만약 내가 나를 포함하여 그녀의 인생에서 다른 사람들에게 미친 영향에 대해 물어보면 그녀는 힘들어하였다. 그녀는 사람들이 자신을 긍정적으로 바라봐 주기를 원하였다. 결과적으로는 다른 사람들을 다소 색깔도 없고 평면적인 사람들로 보았다. 그녀의 내적 세계에서 그녀는 총천연색이고 다른 사람은 흑백인 상태에 있었다. 수지는 자신이 오직 빛나고 긍정적일 때만 다른 친구들과 사람들에게 관심을 받을 수 있다고 확신하고 있었기 때문에 자신의 긍정적인 모습에 대한 어떠한 부정적인 평가도 거부하였다.

프로이트의 전통적인 기법은 오랫동안 마음이나 감정의 문제에 대해 사용할 수 있는 치료의 유일한 형태였다. 전통적인 방식에 따라 환자는 분석가와 일주일에 여러 번 만나게 된다. 정신분석을 경험해 보지 못한 사람들은 일주일에 3~5시간씩 자신의 이야기를 들어주는 사람에게 자신의 이야기를 하는 것을 통해 어떻게 치료가 되는지를 상상하는 것이 힘들 수 있다. 당신은 당신이 하는 이야기를 듣고, 당신을 가장 힘들게 했던 주제와 문제들이 반복해서 나온다는 것을 알아차리면서 당신 자신에 대해 많은 것을 배우게 된다. 정신분석은 올바른 정신분석가와 함께 '검토된 삶(examined life)'—살 만한 가치가 있는 삶—에 접근할 수 있는 강력한 방법이다. 그러나 우울증이 가벼워지지 않거나, 이별의 상처가 아물지 않거나, 불안이 진정되지 않거나, 해석이 정확하지 않거나 의미가 없을 때 문제가 해결되지 않을 때도 있다. 그렇게 되면 분석은 충분한 의식화와 통합 없이 막다른 길에 부딪히기도 한다.

꿈

프로이트는 정신분석을 만들어 내고 연습을 하는 동안 자신의 갈등을 발견하기 위해 자기분석을 시도하였다. 또한 그는 엄청나게 많은 글을 썼다. 프로이트는 긴 편지들, 과학적 논문들, 그리고 두껍고도 중요한 책들을 출판하였다. 『꿈의 해석(The Interpretation of Dreams)』(1900)은 그의 가장 유명한 책들 중의 하나로, 꿈(dreams)과 그것의 의미에 대한 책이자 고전이 된 첫 번째 책이었다. 프로이트는 자기분석을 통해서 꿈이 자신의 내적인 비밀이 작동하는 방식을 설명하는 데 매우 중요한 근원이라는 것을 발견하였다. 예를 들면, 그는 초기의 꿈에서 자신의 환자를 검진하다가 그가 바라는 대로 환자가 좋아지지 않았던 이유를 발견했는데, 그 원인은 다른 의사가 주사기를 환자의 몸속에 남겨 놓았기 때문이었다. 그 꿈에서 프로이트는 환자가 좋아지지 않는 것이 자신의 잘못이 아니라 다른 사람의 잘못이라는 것을 알고 안도하였다. 그는 이 꿈에 대해서 생각하면서 그것이 자신이 환자를 치료하는 데 실패한 것에 대한 죄책감을 없애 주는 소원 성취적인 내용을 담고 있다는 것을 깨달았다. 이러한 경험에 기초해서 그는 밤에 꾸는 꿈과 낮에 꾸는 백일몽(daydream) 모두 항상 현재의 소망이든 어린 시절부터 해결되지 않았던 소원이든 그것이 이루어지기를 바라는 내용을 포함하고 있다는 결론을 내렸다(Storr, 1989). 이러한 생각은 치료적으로 성공적인 해석의 중심이 되었다. 시간이 지나면서, 프로이트는 꿈과 꿈의 해석이 매우 중요하다는 것을 강조하였는데, 이것은 그가 한 유명한 말에 포함되어 있다. “꿈은 무의식에 이르는 왕도이다.”

프로이트와 전통적인 분석가들에게는 꿈이 항상 두 가지 단계로 존재한다. ‘발현내용(manifest content)’은 기억이 되고 말로 표현할 수 있는 장면을 말하며, ‘잠재내용(latent content)’은 꿈이 드러내고 있는 소망에 대한 실제적인 내용을 말한다. 그는 꿈을 꾸는 것이 계속 잠을 잘 수 있게 만들어 준다고 이해하였다. 결과적으로 꿈은 현재의 문제를 위협적이지 않은 장면으로 바꿈으로써 꿈꾸는 사람이 계속 잠들 수 있게 만들어 준다.

프로이트는 처음에 꿈에서 발견되는 공통적인 언어를 발견하려고 하였지만, 곧 이러한 생각을 중단하고 꿈에서 나타나는 상징들이 보편적인 것이라기보다는 개인적인 것이라고 결론내렸다. 그럼에도 불구하고 그의 마음속에는 꿈에서 나타나는 상징들이 성적이고 공격적인 주제를 가지고 있는 경향이 있으며, 자아와 초자아가 휴식을 취하는 동안 자신을 표현하려는 것이라는 생각을 가지고 있었다.

발달 모델

프로이트는 어린아이들이 일반적인 원본능 이외에 욕동(drives)을 가지고 태어난다는 가설을 세웠다(Storr, 1989). 첫 번째 원초적인 욕동을 그는 '구강기적(oral)'이라고 불렀는데, 이것은 생존을 위해 음식을 필요로 하는 것이다. 아이가 느끼는 삶에 대한 감각은 입 주변에서 느끼는 감각과 입으로 제공되는 음식으로 인한 만족감이다. 배고픔은 긴장을 유발하고 배부름은 편안함을 제공해 준다.

두 번째 원초적인 욕동은 두 살 끝 무렵에 나타나는 것으로 어떻게 소변과 대변을 다루는지에 대한 것이다. 프로이트는 이것을 첫 번째 큰 사회화 과정이자 첫 번째 권력 다툼으로 보았다. 그는 이것을 '항문기적 욕동(anal drive)'이라고 불렀다. 이 시기에는 아이의 내적인 갈등과 돌보는 사람과의 갈등이 함께 나타난다. 아이는 자신에게 '중요한 사람'을 만족시켜 주기를 바라는 동시에 만족시켜 주지 않기를 바란다. 아이는 자신의 자율성을 주장할 필요성도 있고 가족과 조화를 이룰 필요성도 있다. 우리는 또한 소변과 대변을 참으면서 느끼는 불편함과 배출을 한 이후에 느끼는 편안함에 대한 경험을 알고 있다. 이러한 문제를 정신적 및 신체적 자기통제를 통해 다루는 것은 아이에게 있어서 중요한 발달적 과제인 것이다.

프로이트의 모델에 있어서 그다음 단계의 신체적 초점은 아이가 자신의 생식기를 발견하고 그것을 통해서 얻게 되는 즐거움에 관심을 가지게 될 때 발생하게 된다. 이러한 단계는 여아보다는 남아에게서 더 분명하게 드러나지만, 대부분의 아이는 생식기가 신체의 다른 부분과 뭔가 다르며 특별한 부분이라는 것을 깨닫게 된다. 생식기 단계는 이 모델에서 통합의 단계이다. 아이는 구강기와 항문기의 즐거움을 중단하고 자신을 하나의 성적인 존재로 발달시키기 시작한다. 프로이트식 생각에 따르면, 우리가 건강하고 신경증적이지 않으면 새로운 것이 오래된 것을 대체하고 성숙함이 유아적인 욕구와 소망을 대체한다.

오이디푸스 콤플렉스

'오이디푸스 갈등(Oedipal conflict)'은 프로이트의 발달이론에서 최고의 부분이며, 그에게 있어서 죄책감의 형성과 함께 성적 및 공격적 욕동을 이해하게 해 주는 핵심적인 부분이다(Mitchell & Black, 1995). 프로이트는 아이가 5~6세가 되면 반대쪽 성별의 부모를 성적으로 원하게 되고, 결과적으로 똑같은 성별의 부모는 경쟁자가 된다고 믿었다. 이때 특히 남자아이는 강력한 소망—엄마가 전적으로 자신의 것이기를 바라는—과 끔찍한 두려움—만약 아빠가 이 사실을 알게 되면 자신에게 보복을 할 것이라는—을 포함하는 갈등을 가지게 된다. 프로이트는 오이디푸스 갈등이 '거세불안(castration anxiety)'에 의해 해결되는데, 거세불안이 아이로 하여금 자신이 생존하고 가족의 구성원으로 남아 있기 위해서는 자신의 성적인 욕구를 포기해야 한다는 것을 깨닫게 만든다는 가설을 세웠다. 프로이트가 살았던 시기의 성별에 대한 편향은 특히 여기에서 뚜렷하게 나타난다. 분명히 거세에 대한 공포는 어린 소녀들에게 동기를 부여할 가능성이 떨어진다. 이러한 한계와 우려에도 불구하고, 오이디푸스 콤플렉스에 대한 생각은 마음속 깊이 자리잡고 있는 죄책감(나는 내가 가질 수 없는 것을 바라고 있고, 나는 내가 그것을 원했다는 것만으로도 처벌을 받을 수 있어)에 대한 최초의 정신적-생물학적 이해를 제공해 주었으며, 일부 환자의 경우에는 여전히 이러한 부분을 고려하게 해 준다.

프로이트를 포함해서 어떤 누구도 아이들이 실제로 자신들의 부모와 성관계를 원한다고 믿지 않는다. 그러나 많은 아이가 이 발달단계에서 반대쪽 성별의 부모를 좋아한다는 사실은 명백하다. 어린 소녀들은 '아빠와 결혼하는 것'에 대한 공상을 하거나 때때로 공개적으로 밝히며, 어린 소년들은 엄마의 시간과 엄마 자체를 차지하기 위해 아빠와 경쟁한다. 나는 한 가족과 치료를 한 적이 있는데, 가족 구성원 중 네 살 정도 된 남자아이는 저녁에 아빠가 퇴근해서 집에 올 때마다 엄마에게 매달리며 "내 엄마야. 아빠는 엄마를 가질 수 없어."라고 말한다고 하였다. 저녁마다 일어났던 이 일은 자연스럽게 사라지기 전까지 6개월 동안 지속되었다고 한다. 우리는 다른 관점에서 아이들이 자신들의 '좋은 부모'와 '나쁜 부모'를 구별하며, 좋은 부모에게서 무조건적인 시간, 관심, 사랑을 받기를 원하는 공상을 가지고 있다는 것을 알고 있다. 이러한 경험

때문에 나는 오이디푸스 콤플렉스에 대한 생각은 일부 성인이 가지고 있는 무의식적인 두려움과 죄책감을 유발할 수 있는 발달 문제를 설명해 줄 수 있다고 믿는다.

나는 오이디푸스 갈등의 시각으로 수지를 볼 수 있었는데, 그녀는 엄마에게서 아빠를 빼앗은 아이였다. 우리가 처음 만났을 때 이렇게 아빠를 뺏은 것에 대해 가지는 그녀의 죄책감은 완전히 무의식적인 것이었다. 그녀는 자신이 좋아하는 것을 빼앗은 것에 대해 자랑스러워하였고 기뻐하고 있었다. 그녀는 자신의 형제들이나 자신의 어머니에 대해서 조금의 공감도 가지고 있지 않았다. 그녀의 내적인 세계는 자신과 자신의 아버지로만 구성되어 있었고, 다른 사람들이 있을 자리는 없었다. 우리가 서서히 가장 사랑하는 딸이 된 결과를 밝혀 나감에 따라, 수지가 자신의 죄책감이 드러나도록 허락을 하면서 슬픔의 느낌과 공감을 느낄 수 있다는 것을 발견하였다. 이러한 감정의 발견은 그녀가 다른 사람과 관계를 맺을 수 있는 능력을 충만하게 해 주었고 발전시켰다.

애도

프로이트는 또한 애도에 대한 이야기도 시작하였다(Freud, 1917a). 애도(mourning)는 항상 어떠한 분석이나 심도 깊은 심리학에서도 중요하다고 간주되어 왔다. 내가 여기서 말하고 싶은 것은 프로이트가 처음에 애도에 대해서 생각했던 부분인데, 그는 애도

(우울증이 아닌)가 건강한 의식적인 과정이며 해결될 수 있는 것이라고 보았다. 즉, 애도 과정을 거치는 사람은 자신이 누구를 잃었든 서서히 그 연결을 끊고, 자신의 에너지와 리비도를 자유롭게 하여 새로운 다른 사람에게 애착을 보이게 된다. 의심할 여지 없이, 애도 과정을 거친 사람은 이러한 상실의 경험을 통해 변화하며 이러한 변화는 개인적인 통제를 넘어서는 것이다. 프로이트의 딸인 안나 프로이트를 포함한 많은 사람은 그의 이론에 대한 부연설명을 하였다. 나는 개인적인 경험을 통해서 중요한 사람과의 연결을 완전하게 끊는다는 것은 실제로 가능하지 않다는 것을 알고 있다. 애도 과정은 무섭게 몰려오며 흔히 수년 넘게 지속될 수도 있다. 그러나 나는 프로이트가 애도에 대한 주제를 우리가 고려하고 논의할 수 있도록 만드는 기회를 제공했다는 것을 언급하고 싶다.

후기 이론

인간의 정신세계에 대한 프로이트의 지도는 1920년대까지 매우 복잡한 것이었다. 그는 '지형학적 모델(topographical model)'이라 불리는 모델에서 시작하였는데, 이 모델에서는 자기의 '받아들여질 수 있는' 감각들이 성적 및 공격적 충동, 억압된 소망 그리고 알지 못하는 기억들을 포함하는 보다 큰 자기의 무의식적이고 받아들여질 수 없는 감각들 위에 존재한다고 설명하였다. 프로이트는 그다음에 '구조적 모델(structural model)'을 제시하였다. 우리가 가지고 있는 세 가지 구조물—원본능, 자아, 초자아—은 다른 방식으로 존재하며 세상에 대해 활동을 하고 있다. 원본능은 신체적 홍

분, 우리의 열정, 우리의 충동을 포함하고 있다. 자아는 우리의 현실을 검증하는 역할을 한다. 자아는 '나의 원본능이 원하는 것을 내가 실제로 가질 수 있을까?'라고 묻는다. 우리의 초자아는 우리가 맞춰서 살려고 노력하지만 흔히 실패하는 일련의 가치를 나타낸다. 우리의 초자아는 우리의 목표 및 포부와 우리의 비판적인 목소리 및 자기의심을 모두 포함하고 있다. 프로이트는 우리의 원초적인 욕동에 뿌리를 두고 있는 원본능이 문명화된 자아로 변형될 수 있다고 믿었다. 그는 "원본능이 있는 곳에는 항상 자아가 있다."라는 유명한 말을 남겼으며 자신의 환자들 역시 이렇게 변화될 수 있기를 바랐다. 그의 모델은 매우 경제적인 것이었는데, 정신세계의 세 가지 영역 사이를 움직이는 에너지의 양이 일정하다고 보았기 때문이다.

프로이트의 발달 모델은 '인격형성기(formative years)'라고 알려진 시기를 밝히기 위한 것이었다. 프로이트는 아기가 구강기, 항문기, 남근기라는 성감대기를 거치면서 발달한다고 상상하였다. 어른은 발달적으로 어떤 단계든 너무 많은 리비도를 투자함으로써 고착될 수가 있는데, 탐욕스러운 구강기, 강박적이거나 죄책감을 느끼는 항문기, 남근기의 오이디푸스적 삼각관계에 대한 두려움 등으로 표현될 수 있다. 리비도가 고착되고 발달이 정지되는 성인은 현재의 상황에서 자신만을 위한 선택이나 창조 활동을 하지 못하게 된다. 그리하여 과거의 문제에 고착되어 정신분석 상황에서 이러한 문제를 전이를 통해 재현한다.

프로이트는 처음에 자신의 환자들을 위해 자신이 변화하기를 희망했다. 그는 신경학자로 그의 경력을 시작했는데, 그 당시에는 과학이 인간의 모든 문제를 해결해 줄 수 있을 것이라고 믿었다. 그는 또한 최소한 표면적으로는 통제와 다양성으로 가득했던 오스트리아의 비엔나에서 살았다. 프로이트는 제1차 세계대전에 대한 경험, 자신의 삶의 후반기에 비엔나에서 런던으로 이주하게 만든 나치주의에 대한 경험, 사랑하는 딸 소피의 죽음에 대한 경험을 하면서, 인간은 원본능의 충동을 다룰 수 있으며 그가 생각했던 사랑하고 일하는 두 가지의 목표를 만족시킬 수 있는 의미 있는 삶을 누릴 수 있다고 믿었던 초기의 긍정주의에 그림자를 드리우게 된다.

프로이트는 앞으로 나올 장들에서 설명하게 될 많은 이론가와의 긴 토론에서 첫 부분을 담당하였다. 그는 우리에게 마음에 대한 첫 번째 구조를 제공해 주었다. 그가 남긴 깊이 있고 넓은 범위의 지적인 유산은 우리의 기본적인 양상과 욕구, 우리의 동기, 우리의 갈등에 대한 질문들을 하였으며, 우리의 감정적인 고통과 감정적인 치유의 기전에 대한 해답을 추구하였다. 그는 나중에 정신치료가 된 마음에 대한 연구 이상의 영향을 미쳤다. 지금까지도, 여기서 이야기할 모든 사상가는 그들의 이론이 어떻게 다르든 간에 자신들이 프로이트 계보의 한 부분이라고 간주한다.

오늘날 그의 이론들 중 많은 세세한 부분은 인정되지 않고 있다. 그러나 기본적인 틀은 여전히 활기 넘치게 남아 있다. 현대의 신경과학은 우리가 매우 복잡한 뇌를 가지고 태어나며, 태어날 때 완성되지 않고 가족과의 관계를 통해서 완성된다는 것을 확인해 주었다. 뇌 기능의 많은 부분은 무의식적으로 일어난다. 우리는 반드시 충족되어야 되고 충족되지 않으면 죽게 되는 많은 욕구와 충동을 가지고 태어난다. 인격의 형성기는 성인으로서의 안녕에 매우 중요하다. 우리 모두는 우리에게 도움이 되지 않는 방식으로 고착되어 있다. 프로이트는 이러한 인간의 삶에 대한 전체 큰 그림을 제시해 주었으며 현대적 삶에 대한 기본적인 연구와 토론을 시작한 사람이었다.

1장의 주요 개념

거세불안castration anxiety 어린 남자아이가 자신의 엄마와 독점적인 관계를 가지기 위해 자신의 아빠를 제거하려는 공상으로 인해 느끼는 불안

구조적 모델structural model 프로이트가 분석가로서 경험했던 것을 설명하기 위해 만든 정신적 구조물들인 원본능, 자아, 초자아 사이의 상호작용

긍정적 전이positive transference 자동적으로 분석가/치료자를 긍정적으로, 심지어는 이상화하여 경험하는 것

리비도libido 에로스와 성적인 것의 에너지이며 긍정적인 삶의 힘

반복강박repetition compulsion 꿈이나 행동을 통해 정신적 충격이나 스트레스를 주는 행동 양상을 끊임없이 반복하는 능력

발현내용manifest content 꿈을 꾸고 나서 기억나는 장면과 이야기들

방어defenses 정신적인 고통과 취약성을 회피하기 위해 우리 각자가 만들어 내는 양상들

부정적 전이negative transference 자동적으로 분석가/치료자를 부정적으로 경험하는 것

소원성취wish fulfillment 꿈은 꿈꾸는 사람이 실제로 원하는 것을 나타내 준다는 생각에서 유래된 것

애도mourning 상실을 슬퍼하고 자신의 정신적 구조에 통합하는 과정

억압repression 프로이트가 말한 기본적인 방어들 중의 하나로 고통스러운 감정이나 경험을 알지 못하게 하는 인간의 능력

에로스Eros 성적인 것과 감각적인 것을 포함하는 긍정적인 삶의 원동력에

대해 프로이트가 정의한 용어

오이디푸스 콤플렉스Oedipal complex 발달단계에서 어린아이가 반대쪽 성별의 부모와 독점적인 관계를 갖기를 원하면서 같은 성별의 부모에게 보복을 당하게 될까 봐 두려워하는 것

욕동-갈등 모델drive-conflict model 프로이트에 따르면, 성적인 욕동과 공격적인 욕동은 본능적인 삶의 기본적인 요소이며, 공상이나 실제를 통해 방출될 필요가 있는데 이것이 다른 사람들과의 갈등을 유발하게 된다.

원본능id 원본능, 자아, 초자아로 이루어진 구조적 모델에서 원본능은 무의식적이고 본능적인 삶의 기본적인 원동력이다.

자아ego 원본능, 자아, 초자아의 구조적 모델에서 자아는 원본능의 욕동과 가족 및 문화의 초자아 이상 사이에서 중재자 역할을 한다.

자아이상ego ideal 내가 어떻게 행동해야 하거나 어떤 사람이 되고 싶은지에 대해 성장하는 자아가 만들어 내는 공상인데, 항상 비현실적이기는 하지만 인간의 생활에는 중요한 것이다.

자유연상free association 마음속에 떠오르는 것을 검열하지 않고 자유롭게 이야기하는 것

잠재내용latent content 자유연상과 해석을 통해 더 깊이 이해하고 나서야 꿈이 알려 주는 내용

전이transference 우리가 어린아이였을 때 했던 경험이 미래의 다른 사람들, 특히 중요한 사람이나 권위적인 인물과 관계를 맺는 방식을 무의식적으로 결정한다는 것을 프로이트가 발견하고 사용한 용어

정반대negation 실제와 정반대의 것을 이야기하는 것으로 프로이트식 방어라고 한다.

죄책감guilt 죄책감은 오이디푸스 이론에 의해서도 설명되고, 초자아 이상과 초자아 이상에 맞추어 살 수 있는 자아의 능력 사이에 존재하는 차이에 의해서도 설명된다.

지형학적 모델topographical model 의식은 우리의 정신적 구조에서 아주 작은 부분이며, 무의식이 우리가 상상하는 것보다 더 크고 우리를 통제한다는

생각

초자아superego 원본능, 자아, 초자아의 구조적 모델에서 초자아는 부모와 문화로부터 유래된 이상과 명령을 가지고 있다.

타나토스Thanatos 우리의 자기파괴적인 성향을 포함하는 죽음의 본능

틀frame 치료시간과 치료비를 포함해서 분석가/치료자와 환자 사이에 의식적으로 합의하는 것

히스테리hysteria 흔히 여성들에게서 발견되는데 지나치게 감정적이 되는 것, 관심을 요구하는 행동, 기억 상실과 같은 애매모호하고 설명할 수 없는 증상들로 이루어진 현상

참고문헌

Bloom, H. (1986) Freud, the greatest modern writer. *New York Times Book Review*, March 23, pp. 1, 26-27.

Brenner, C. (1955, 1974) *An Elementary Textbook of Psychoanalysis*. Garden City, NY: Anchor Press/Doubleday.

Einstein, A., Nathan, O., & Norden, H. (1960) *Einstein on Peace*. New York: Simon & Schuster.

Freud, A. (1935) *Psychoanalysis for Teacher and Parents*. Boston: Beacon Press.

Freud, S. (1896) *The aetiology of hysteria. Standard Edition*, vol. 3. London: Hogarth.

Freud, S. (1900) *The Interpretation of Dreams. Standard Edition*, vols 4-5. London: Hogarth.

Freud, S. (1901, 1990) *The Psychopathology of Everyday Life*. New York: Norton.

Freud, S. (1905) *Three Essays on the Theory of Sexuality. Standard*

Edition, vol. 7. London: Hogarth.

Freud, S. (1912) *The dynamics of transference. Standard Edition*, vol. 12. London: Hogarth.

Freud, S. (1914) *Remembering, repeating and working through. Standard Edition*, vol. 12. London: Hogarth.

Freud, S. (1917a) *Mourning and melancholia. Standard Edition*, vol. 14. London: Hogarth.

Freud, S. (1917b) *Introductory Lectures on Psychoanalysis. Standard Edition*, vols 15-16. London: Hogarth.

Freud, S. (1920) *Beyond the Pleasure Principle. Standard Edition*, vol. 18. London: Hogarth.

Freud, S. (1925) Negation. *International Journal of Psychoanalysis*, 6, 235-239.

Greenson, R. R. (1967) *The Technique and Practice of Psychoanalysis*, vol. 1. New York: International Universities Press.

Herman, J. (1992) *Trauma and Recovery*. New York: Basic Books.

Langs, R. (1978) *The Listening Project*. New York: Aronson.

Mitchell, S., & Black, M. (1995) *Freud and Beyond*. New York: Basic Books.

Orange, D. (2011) *The Suffering Stranger*. New York: Routledge.

Storr, A. (1989) *Freud: A Very Short Introduction*. Oxford: Oxford University Press.

2 The Bridge Between Freud and Modern Psychoanalysis

프로이트와 현대 정신분석 사이의 연결 다리

프로이트는 명백한 유산을 남기기를 바랐다. 그는 자신의 의도를 따라 자신의 작업을 계속해 줄 후계자를 지명하기를 원했다. 이 과정에서 그는 카를 융(Carl Jung, 1875~1961)과 산도르 페렌치(Sándor Ferenczi, 1873~1933)를 포함한 몇몇 가능한 후계자를 선택했다가 포기하였는데, 이 두 사람은 당연히 중요한 인물이지만 내가 말하는 계보에는 포함되지 않았다. 프로이트는 자신의 바람을 결코 이룰 수 없었다. 비록 일부 분석가가 여전히 원래의 모델과 가까운 색깔을 지니고 있지만 진정한 프로이트 학파는 없었으며 명백한 유산도 없었다. 따라서 나는 그의 유산을 오늘날 영어권 정신분석의 세계에서 활동하고 있는 6개의 학파로 나누었다. 이 모든 학파는 매우 다른 방식이기는 하지만 프로이트가 시작한 대화를 지속시키고 있다.

제2차 세계대전 때문에 프로이트와 대부분의 그의 추종자는 유럽을 떠났고, 많은 사람이 런던에 정착하였다. 따라서 그 당시의 런던은 정통 정신분석의 중심지가 되었으며, 안나 프로이트(Anna Freud), 멜라닌 클라인(Melanie Klein), 도널드 위니컷(Donald Winnicott), 존 볼비(John Bowlby)를 포함하여 내가 앞으로 이 책에서 이야기할 많은 사람이 런던에서 살았다.

비엔나에서의 프로이트, 융, 페렌치

프로이트는 마음이 작동하는 방식에 대한 자신의 지식과 흥분을 나누기 위해 오스트리아 비엔나에 있는 자신의 정신분석 연구소에 가입하도록 의사들을 초대하였다. 카를 융과 산도르 페렌치는 한동안 그 모임의 회원이었으나 두 사람 모두 떠났고, 자신들만의 학파를 형성하였다. 두 사람 모두는 매우 다른 이유로 프로이트의 욕동이론을 거부하였다. 융은 인간에 대해 덜 생물학적이고 더 영적인 관점을 유지하였다. 그는 인간이 독립해 가는 과정을 안내하는, 개인을 초월하는 자기가 있다고 믿었다. 그의 학파는 유럽과 미국에서 오늘날까지 유지되고 있다. 융과는 매우 다르게, 페렌치는 프로이트의 원래 생각인 성적 외상이 실제이며, 심리적 장애의 원인이라고 생각하였다. 놀랍게도, 페렌치는 프로이트의 중립성과는 완전히 다르게 적극적이고 대인관계적인 형태의 정신분석을 주장하였다. 그는 수년 동안 모든 정신분석 학파로부터 외면당하고 배척당했다. 그러나 오늘날, 특히 미국 관계학파(relational school)로부터 그가 이론과 실제 모두에서 중요한 선구자였음이 인정되고 있으며, 그의 평판과 중요성이 알려졌다(Mitchell & Black, 1995).

프로이트의 딸인 안나 프로이트가 그의 후계자가 된 것은 합리적인 결과일 것이다. 결국 그는 자신의 딸을 분석했고 (오늘날의 세계에서는 상상도 할 수 없는 일이지만) 그녀는 인정받는 분석가가 되었으며 프로이트가 런던에서 죽을 때 그의 옆에서 혼자 간호를 하였다. 그러나 그녀와 그녀의 아버지가 제2차 세계대전이 시작하기 직전에 런던으로 왔을 때, 그들은 이미 런던에 강력하고도 활동적인 정신분석 전통이 있음을 발견하였다. 멜라니 클라인과 마찬가지로 안나는 어린아이들을 대상으로 정신분석을 했는데, 무엇이 어린 환자들의 발달을 지연시켰는지를 결정하고 해석하기 위해 말과 행동(인형으로 구성된 집, 그림 그리기, 모래, 장난감 등을 이용한)을 모두 사용하였다. 안나와 멜라니는 협조적이기보다는 항상 경쟁적인 상태에 있었다. 자아심리학(ego psychology)이라고 불렸던 안나의 학파는 현대적인 이론에도 여전히 영향을 미치고 있다. 전쟁이 끝난 후, 그녀는 미국으로 자주 건너왔고 미국에 강력한 영향을 미치게 된다(Young-Bruehl, 1988).

멜라니 클라인은 1926년 그녀의 나이 44세 때에 베를린에서 런던으로 왔다. 그녀는 런던에서 가장 총명하고, 거침없이 말하며, 강력한 힘을 가지고 있었던 분석가들 중의 한 명이었다. 비록 그녀는 정규 정신분석 교육을 받지 않았지만, 두 명의 유명한 분석가에게 분석을 받은 인상적인 정신분석 내력을 가지고 있었는데, 제1차 세계대전 동안에는 페렌치에게서, 그 이후에는 칼 아브라함(Karl Abraham)에게서 분석을 받았다. 그녀와 그녀의 동료들은 현재 대상관계이론(object-relation theory)이라 불리는 이론의 기초를 만들었는데, 이 이론은 프로이트의 발달에 대한 초점을 오이디푸스 삼각관계에서 더 어린 시절의 문제로 이동시켰다. 대상관계이론은 초점을 죄책감에 두지 않고, 자기분열(fragmentation of self)의 문제에 두었다. 이러한 부분을 지금은 적절하게 오이디푸스 이전 문제(pre-Oedipal issues)라고 말한다. 프로이트는 자신의 기법들이 어린 시절에 정신적인 충격을 받은 사람들에게는 적합하지 않다는 것을 알았는데, 그들은 욕동에 대한 직면을 견딜 수 있을 만한 자아의 힘이 약하기 때문이었다. 클라인은 이러한 관점에 동의하지 않았고 이렇게 어린 시절의 문제 때문에 고통받고 있었던 어린아이들과 성인들 모두를 분석할 수 있는 방법을 만들어 내었다(Grosskurth, 1986).

내가 나중에 이야기할 제3의 학파 중심에는 도널드 위니컷이 있었는데 그 역시 두 명의 영향력 있는 분석가들에게서 분석을 받았다. 처음은 1920년대에 제임스 스트레이치(James Strachey)에게서 받았고, 두 번째는 1930년대에 조안 리비에르(Joan Riviere)에게서 받았다(Rodman, 2003). 그는 클라인 학파의 한 사람으로 알려져 있었고, 실제로 그의 직업적 삶의 초기에는 클라인 학파의 영향을 많이 받았다. 그러나 그가 정신분석 분야에 한 기여는 매우 다른 것이었는데, 그와 그의 동료들은 프로이트 계보와는 매우 다른 제3의 학파를 형성하였다. 제2차 세계대전 동안에 영국의 정신분석 학파는 클라인 학파와 안나 프로이트 학파로 분열되었으며, 위니컷, 마이클 발린트(Michael Balint), 로널드 페어베언(Ronald Fairbairn), 해리 건트립(Harry Guntrip) 등은 제3의 학파로 중간 또는 독립적인 집단을 형성하였다. 이러한 학파의 구별은 현재까지 계속되고 있다.

비록 존 볼비 역시 비슷한 시기에 정신분석가로서의 수련을 받았지만, 그의 주된 관심은 어린아이들과 그들의 일차적인 욕구를 연구하는 것이었고, 이러한 이론적 위치를 그는 애착이론(attachment theory)이라고 불렀다. 그는 인종학에서 사용하는 것과 비슷한 연구 방식을 사용함으로써 어린아이들이 완전한 발달을 이루기 위해서는 일차적인 양육자와의 밀접한 접촉이 필요하다는 이론을 발표하였다. 따라서 그의 관심은 프로이트가 말한 내적인 갈등과 투쟁보다는 부모와 자식들 사이의 관찰 가능한 실제적인 관계를 연구하는 것에 있었다. 관계에 대한 그의 확실하고 실제적인 주장은 제2차 세계대전 이후의 보편적인 분석단체들로부터 외면을 당했고, 이러한 외면은 그 이후로도 수십 년간 지속되었다(Fonagy, 2001). 현재 그의 애착이론은 대부분의 분석적 전통 내의 심리치료에서 매우 중요한 부분으로 간주되고 있다. 나의 계보에서 볼비는 여섯 번째 학파로 간주된다.

미국 정신분석학은 매우 복잡한 역사를 가지고 있다. 나는 현재에도 활동하고 있는 두 가지 학파에 관심이 있다. 하나는 코헛(Kohut)의 자기심리학(self psychology)이고, 다른 하나는 설리번(Sullivan)의 관계정신분석(relational psychoanalysis)이다. 원래 프로이트의 모델과 내용에 충실한 모든 영국적 전통과 '전통적인' 정신분석은 미국에도 존재하고 있지만, 이 두 미국 학파는 미국의 정신분석과 정신치료에 매우 강력한 영향을 미쳤으며, 나의 생각하는 방식과 진료 방식에도 많은 영향을 미쳤다.

프로이트처럼 코헛도 1939년 비엔나에서 도망쳐 나왔다. 그는 시카고에서 의과대학을 졸업하고 분석을 마친 후 전통적인 분석가가 되었다. 1950년대까지 그의 관심은 공감(empathy), 공감적 몰입(empathic immersion), 발달 결핍(developmental deficits)과 자기애(narcissism)에 있었다. 그는 전통적인 기법을 자신이 강조하는 방식에 맞게 수정하였는데, 이것은 프로이트의 완전한 중립성과는 매우 다른 것이었다(Strozier, 2001). 그의 학파는 나의 계보에서 네 번째에 속한다.

나의 다섯 번째 계보에 속하는 설리번은 정신분석과 정신치료를 매우 극적으로 변화시킨 미국인이었다. 설리번은 자기 스스로를 신프로이트 학파(neo-Freudian)라고 불렀지만, 그의 이론과 실제는 전통적인 분석가들로부터 인정받지 못하였다. 근본적으로 설리번의 이론은 생물학적인 것도 아니었고 욕동에 기초를 둔 것도 아니었다. 그는 사람들이 살고 있는 대인관계적 세계에 초점을 두었다. 그의 관점에 따르면, 우리는 항상 전후관계 속에서 살고 있고 항상 불안을 차단할 방법을 찾고 있다. 설리번과 그의 동료들은 치료는 하나의 대인관계이지 한 권위적인 인물이 환자를 치료하는 것이 아니라고 보았다(Perry, 1982).

이 책의 나머지 부분은 프로이트 계보의 여섯 가지 학파에 대한 나의 이해와 이들이 현재에 어떤 영향을 미쳤는지, 그리고 이들 이론과 마음챙김(mindfulness), 신경과학이 어떻게 상호 연관성이 있는지에 대한 설명으로 채워져 있다. 이것은 나의 임상적인 작업에 가장 도움이 되었고 가장 영향을 많이 미친 대표적이지만 선택적인 목록에 의해 이루어져 있다. 각각의 선구자들은 내가 설명한 것보다 더 많은 생각을 제공하고 있으며 각각의 학파에는 내가 언급한 것보다 더 많은 기여자가 있었다. 이것은 내가 개인적으로 선택한 계보임과 동시에 정신분석적 세계의 발달에 대한 정확한 역사이기도 하다.

두 가지 더 언급할 사항이 있다. 1950년대까지 유럽에서 분석가가 되는 것은 자신이 분석을 받았는지에 전적으로 달려 있었다. 이것이 수련생을 훈련하는 모델이었고, 여기서 논의하고 있는 많은 사람이 이런 방식으로 훈련을 받았다. 자신이 훈련을 받고 있는 분석가임을 공식적으로 알리고 싶은 대부분의 사람은 특정한 시기에 자신이 살고 있는 도시의 단체에 서류를 제출하여야 했다. 이러한 단체가 없는 곳에 사는 사람들은 분석을 받은 후 자신들만의 이론과 기법을 사용하였다. 유럽에서는 정해진 공식적인 교육적 기준이 없었다. 그러나 수십 년 동안 미국에서는 분석가가 되기 위해 의사 면허가 반드시 있어야 했고, 정신분석을 정신건강의학과 영역에 국한시켰다. 나중에서야 미국과 유럽에 수련을 위한 기관들이 생겼고 정신분석가가 되기 위해서는 의학, 사회복지, 심리학과 관련된 수련을 받아야 하며, 정규 분석, 임상적 감독 그리고 프로이트와 관련된 책을 읽는 것으로 시작하는 학습 과정을 거쳐야 한다.

세계대전의 영향에 대해서 앞에서 언급했지만, 나는 이러한 정신적 충격의 경험이 인간의 정신세계에 상당한 영향을 미쳤다고 믿는다. 나중에 분석가가 된 많은 남자는 군대에서 복무하였다. 전쟁을 직접 목격하는 것은 한 사람을 영원히 변화시킬 수 있다. 더욱이 프로이트를 포함해서 초기의 정신분석가들은 유대인들이 압도적으로 많았다. 유대인을 모두 없애려고 했던 제2차 세계대전의 의도는 인간의 본성에 대한 유대인들의 생각에 많은 영향을 미쳤다. 이러한 사건들은 프로이트의 삶과 그의 책 『문명과 불만(Civilization and Its Discontents)』의 한 부분이었으며, 이러한 세계대전이 미친 영향을 설명하려는 그의 노력을 포함하고 있다.

2장의 주요 개념

공감empathy 다른 사람들을 감정적으로 이해함으로써 그들과 연결될 수 있는 타고난 능력. 자기심리학 용어들 중 매우 중요한 치료적 용어

공감적 몰입empathic immersion 분석가에게 환자의 욕구와 느낌을 통해 세상을 바라보도록 권장했던 코헛의 분석 기법

관계정신분석relational psychoanalysis 설리번이 만든 학파로 감정적인 병리의 원인으로 삶의 초기의 실제적 및 상상적 관계 모두가 중요하다는 점을 강조한다.

대상관계이론object-relations theory 어린아이의 다른 사람들, 특히 가족과의 첫 번째 경험에 기초를 두고 정신적 삶을 깊게 이해하려는 이론

발달 결핍developmental deficits 어린 시절에 돌봄을 잘 받지 못한 결과로 발생한 발달적 지연이 회복탄력성이나 자아 강도를 약화시킨다는 것

신프로이트 학파neo-Freudian 프로이트에서 유래되었지만 이론과 기법을 수정한 학파

애착이론attachment theory 어린아이가 신체적 · 심리적으로 발달하기 위해서는 지속적인 돌봄이 필요하다는 볼비의 주장

오이디푸스 이전 문제pre-Oedipal issues 대상관계 이론가들에 의해 설명된 생후 첫 5년 동안 형성되는 정신적 삶의 내적인 역동. 이 시기에 아이는 자신과 엄마가 모두 좋고 훌륭하거나 아니면 모두 나쁘고 끔찍한 것으로 경험한다.

자기심리학self psychology 코헛이 만든 학파로 처음에는 가족에게, 그다음에는 다른 사람들에게 감정적으로 가치가 있다고 평가받고 이해받으려고 하는 투쟁에 중점을 두고 있으며, 이러한 인정은 평생 동안의 삶의 의미와 성장을 만들어 낸다.

자기애narcissism 건강한 형태에서 병적으로 자기중심적인 것까지를 포함하는 연속선상의 성격적 특성을 설명하는 용어

자아 강도ego strength 내적 충동과 욕구뿐만 아니라 외적인 스트레스를 다룰 수 있는 자아 또는 자기(정신분석 학파에 따라)의 능력

자아심리학ego psychology 프로이트의 원래 이론에서 원초적인 욕동들보다 자아와 자아 강도에 더 중점을 두면서 발달한 정신분석의 한 학파

중간학파 또는 독립학파middle or independent school 안나 프로이트나 멜라니 클라인의 편에 속하지 않았던 분석가들의 단체로서 어린아이는 대상을 찾는 것이지 욕동이 방출되는 것을 찾는 것이 아니며 분석가와의 관계에서도 돌봄이 필요하다고 주장한 학파

참고문헌

Fonagy, P. (2001) *Attachment Theory and Psychoanalysis*. New York: Other Press.

Grosskurth, P. (1986) *Melanie Klein: Her World and Her Work*. New York: Knopf.

Mitchell, S., & Black, M. (1995) *Freud and Beyond*. New York: Basic Books.

Perry, H. S. (1982) *Psychiatrist of America: The Life of Harry Stack Sullivan*. Cambridge, MA: Harvard University Press.

Rodman, F. R. (2003) *Winnicott: Life and Work*. Cambridge, MA: Perseus.

Strozier, C. B. (2001) *Heinz Kohut: The Making of a Psychoanalyst*. New York: Farrar, Straus & Giroux.

Young-Bruehl, E. (1988) *Anna Freud: A Biography*. New York: Norton.

3 *Melanie Klein*

멜라니 클라인

삶은 끔찍한 것이다. 그리고 우리는 반드시 살아남아야 한다.

Melanie Klein

멜라니 클라인(1882~1960)은 프로이트와 안나가 런던으로 오기 훨씬 전인 1926년에 베를린에서 런던으로 왔다. 그녀는 반유대주의를 피해서 왔는데, 불행한 결혼 생활을 하다가 이혼했고 돌봐야 할 자녀가 셋이나 있었다. 그녀는 놀이치료를 통해서 어린아이들을 치료했고, 어린아이, 놀이, 무의식에 대한 그녀만의 이론을 고안하였다. 그녀는 금방 영국 정신분석 사회에서 지도적인 자리에 오르게 되었다. 클라인은 스스로 자신이 진정한 프로이트 학파이며 자신이 이룬 작업은 프로이트의 이론을 정교화하고 확대한 것이라고 주장하였다. 그러나 그녀는 프로이트가 말한 욕동들을 단지 욕동 방출의 즐거움만 추구하는 것이 아니라 대상(가장 흔히 젖가슴이나 어머니)을 추구하는 것으로 보았다. 게다가 그녀는 자신이 부분대상들(part-objects)이라고 부른 것에 대한 이론도 세웠는데, 출생 후 첫해 동안 영아의 마음은 자신이 필요로 하는 기능을 이해할 정도로 충분히 발달되지 않았기 때문이다(Grosskurth, 1986). 비록 그녀는 욕동이론의 용어들과 프로이트의 개념들을 사용했지만 그녀가 쓴 글들과 실제로 했던 실행들은 분명히 프로이트와는 다른 것들이었으며, 발달학적으로 훨씬 이전의 과정에 초점을 맞추고 있었다. 시간이 지나면서 그녀는 발달 과정에서 중요한 시점은 5~6세 때의 오이디푸스 시기가 아니라 출생 첫해의 후반부에 나타나는 우울위치(depressive position)라고 결론을 내렸다(Mitchell & Black, 1995).

프로이트는 어린아이가 발달단계—구강기, 항문기, 생식기—를 거쳐 오이디푸스 삼각관계에 집약되게 되는 마음의 구조에 대해 이해하고 이를 정교화하는 데 관심이 있었으며, 이러한 과정이 그의 치료적 작업의 초점이었다. 이와는 반대로, 클라인은 원초적인 극도의 고통, 어린 시절의 삶 및 죽음과 연관된 사건들 그리고 어떻게 이런 부분들이 어른의 심리적 투쟁과 연관되어 있는지에 관심이 있었다(Segal, 1979). 그녀는 항상 어린아이들과 치료를 했으며 프로이트처럼 자신의 아이들을 분석했는데, 부다페스트 정신분석 단체에 들어가기 위해 자신의 막내딸과의 분석 작업 내용을 제출하였다(Grosskurth, 1986). 현재를 살고 있는 우리의 생각으로는 이런 짓이 끔찍한 일로 생각되지만, 그 당시에는 그것이 그다지 중

프로이트의 욕동이론에 대한 요약

프로이트의 욕동이론은 가장 기본적으로 간단하고, 기계적이며, 흐르는 물과 같은 이론이다. 그의 이론에 따르면 인간의 정신적 에너지는 리비도나 생물학적 삶의 힘에 의해 만들어지며, 본능적인 욕구에 의해 욕동으로 흘러들어 간다. 욕동은 생물학적 · 심리적인 요소이다. 이러한 욕구가 충족되지 않으면 긴장이 유발된다. 욕동은 이러한 긴장의 방출, 즉 즐거움을 필요로 한다. 프로이트는 신체적 삶의 심리적 욕동보다는 에로스와 타나토스라는 큰 두 개의 요소에 더 지적으로 관심이 있었다.

요한 일이 아니었다.

클라인은 어린아이에게 초점을 맞춤으로써 치료의 실제를 비유적으로 말하자면 근친상간적이고 공격적인 충동과 함께 죄책감을 가지고 있는 6세 아이에서 다른 사람의 손에 달려 있는 삶에서 생존하기 위해 투쟁하고 있는 어린아이로 방향을 전환시켰다(Klein & Riviere, 1964). 그녀의 생각은 런던 사회에 엄청난 영향을 미쳤다. 클라인은 출생 후 첫 1년 동안의 시기에 초점을 두게 되면 정신분석이 환자의 매우 다른 부분도 도와줄 수 있다고 믿었다. 프로이트는 자신의 방법이 오이디푸스 이전 시기의 문제에 대해서는 적절하지 않다는 것을 알았는데, 환자가 자신의 고통을 살펴볼 수 있을 정도로 자아 강도가 충분히 강하지 않다고 생각했기 때문이었다. 클라인은 이것이 가능하다고 주장했으며, 이 부분이 사실상 그녀의 분석 작업의 주된 초점이었다.

분석 문화의 변화

초기의 정신분석에는 오늘날 우리가 받아들이는 것과는 매우 다른 경계와 관습들이 있었다. 예를 들면, 남성적인 것이 기준이었고, 남성이 여성보다 우월하다는 가정을 하였다. 친구들은 각자를 분석하거나 다른 친구의 아이를 분석하기도 하였다. 건트립은 자신의 첫 번째 분석가였던 페어베언 및 현재 자신이 하고 있었던 위니컷과의 분석에 대해 자주 이야기하였다. 이 모든 것이 그 당시의 분석 문화의 한 부분이었다.

프로이트와 마찬가지로, 클라인의 이론은 수십 년이 지나면서 발전하였는데, 그녀는 다양한 이론을 받아들이는 데에는 별로 관심이 없었다. 물론 그녀의 이론은 자신의 삶에서의 사건들, 특히 남편에게 버림받은 것, 아들의 죽음, 큰딸과의 불화, 자신의 잦은 우울증과 같은 매우 힘든 사건들에 영향을 받은 것이었다(Grosskurth, 1986). 나는 이러한 정신적인 상실들이 그녀로 하여금 상실들에 대한 부정적이고 감정적인 방어의 끔찍한 고통에 대한 이해 및 감사와 보상에 대한 필요를 이해할 수 있도록 만들었다고 믿고 있다.

그녀는 '기억의 흔적들(memory traces)'이라고 불릴 수 있는 것과 신체 및 신체의 부분들에 대한 공상이 존재하는 선천적인 내적 세계가 있다고 믿었다. 그녀는 영아가 자기 엄마의 존재에 대해 본능적으로 알고 있으며 자신의 엄마와 관계를 하게끔 미리 정해져 있다고 기술하였다(Klein & Riviere, 1964). 그녀가 기여한 많은 부분 중에 가장 중요한 부분은 영아가 '좋은(good)' 대상과 '나쁜(bad)'

대상을 통합할 수도 있고 쫓아낼 수도 있는 타고난 욕동이 있다고 개념화한 것이다. 이런 맥락에서 '대상(objects)'이라는 단어는 이제 나타나기 시작하는 아기의 자기(self)에게 중요한 어떤 사람 또는 물건을 말하며 아기의 상상 속에서 존재하는 것을 말한다(Klein, J., 1987). 대상은 아기의 내적 세계에 존재하면서 활동하는 구조물들이다. 이들은 처음에는 원초적이며 흔적으로만 존재한다. 신생아는 자신의 가장 기본적인 욕구만 경험하도록 준비되어 있다. 이러한 욕구는 생존과 연관된 것들로서 음식을 얻고, 안겨지며, 따듯한 온도를 유지하고, 보호받는 것을 말한다. 영아는 이러한 기능을 다른 사람이 하고 있다는 것을 알지도 못하고 신경 쓰지도 않는다. 아기가 신경 쓰는 것은 자신이 필요할 때 이러한 기능들이 바로 발생하는 것이다. 클라인은 아기는 자신들의 기본적인 욕구가 충족되는 것으로 경험하는 '부분대상(part-objects)'—이러한 부분대상은 전형적으로 신체 부분이거나 그 대체물이다—에 반응한다는 가설을 세웠다(Klein, J., 1987). 젖가슴이나 우유병은 부분대상인데, 이들이 즉각적인 욕구를 충족시켜 주기 위해서 존재하기 때문이다. 이러한 만족의 과정은 아기의 '자기(self)'가 되는 부분과 '다른 사람(other)' 또는 대상 사이의 연결을 만들어 준다.

클라인은 영아가 좋은 세상과 나쁜 세상으로 분리된 세계에서 살고 있다고 믿었다. 이러한 원초적인 '생각'의 방식에 의하면, 세상이 좋을 때는 모든 것이 좋게 된다. 나는 좋은 사람이고, 음식이 제공되는 것은 좋은 것이며, 엄마는 좋은 사람이 되는 것이다. 그 반대의 경우도 사실이 된다. 아이가 불편할 때는 모든 것이 나쁜 것이 된다. 아기 스스로도 나쁜 사람이고, 음식을 제공해 주는 사람도 나쁜 사람이며, 모든 것이 나쁜 것이 된다. 한 가지가 동시에

나쁜 대상(bad objects)

대상은 필요할 때 바로 존재하지 않거나 어떤 방식으로든 고통을 유발하면 '나쁜 것'으로 경험된다. 클라인 학파에서는 영아가 즐거운 경험을 하기 이전에 좌절에 대해서 생각하고 좌절을 적극적으로 다루게 된다고 보기 때문에 나쁜 대상이 처음에 내적으로 개념화된다고 생각한다. 즐거운 경험은 초기의 아기-엄마 융합(baby-mother merger)을 만들어 낸다. 따라서 좌절은 개별화 과정(individuation process)을 촉진시킨다. 프로이트처럼 클라인은 아기가 자신이 자신을 돌봐 주는 사람과 융합된 것으로 경험한다고 믿었다. '자기'가 성장한다는 것은 개별화되는 것이며 자신이 되는 것이다. 영아는 나쁜 경험에 의해 유발되는 '파괴(rupture)'를 경험함으로써 보다 독립된 자세를 취하기 위해 융합을 포기한다. 따라서 '나쁜 대상'과의 경험은 성장과 개별화의 필수 조건이지만, 너무 많은 나쁜 대상이 존재하게 되면 어떻게 처리할지 모르게 되어 영아의 진정한 발달을 방해하게 된다(Mitchell & Black, 1995).

좋기도 하고 나쁘기도 했던 적이 없으며 그런 기억도 없다. 지금 현재 그런 것은 항상 그래 왔던 것이다. 클라인은 생의 초기에 이런 방식으로 세상을 인식하는 것이 정상이라는 것을 깨달았다. 모든 것이 완전히 좋은 것이거나 완전히 나쁜 것으로 인식된다. 발달이 정상적으로 이루어지지 않은 어른은 사람과 물건을 어떤 때는 이상화하다가 어떤 때는 가치가 낮은 것으로 평가하는 것과 같이 사건이나 대상을 명백히 다른 두 개의 범주로 '분리(split)'시키는 방식을 계속 사용하게 된다(Mitchell & Black, 1995).

클라인은 영아가 태어날 때부터 '환상(phantasies)'을 만들어 낸

미래에서 본 관점

모든 영아가 생리적으로 흑백의 극단적인 방식으로 세상을 인식한다는 클라인의 개념은 현대의 신경과학이 제공하는 단서에 의해 살펴볼 수 있다. 이 부분은 이 책의 후반부에 자세하게 다룰 것이다. 신경과학에 따르면 출생 후 첫 일 년 동안의 삶은 발달 초기의 마름뇌 및 둘레뇌(hind-and limbic brain)에 의해 지배되는데, 여기서의 경험과 충동들은 즉각적이고 전체적이며 시간의 개념이 없는 것들이다(Siegel, 2007). 삶이 우리의 복잡한 뇌에서 이러한 가장 원시적인 부분에 의해 지배될 때, 그것은 클라인의 원초적인 고통 및 공상의 영역과 유사한 것이 된다.

다고 보았다(Segal, 1979). 그녀는 아기가 현실과 상상을 구별하지 못한다는 것을 관찰하였다. 그녀는 영아가 공포를 차단하기 위해 환상을 만들어 낸다는 가설을 세웠는데, 이러한 공포가 아기의 생존을 위협하며 영아가 태어나서 하게 되는 첫 번째 경험이라고 보았다. 아기는 다른 사람과의 충분한 접촉이나 충분한 음식을 얻지 못하게 되면 자신이 죽게 될 것이라는 것을 스스로 안다. 따라서 이러한 공포는 생물학적으로 태어날 때 타고난 것이며 어떤 방식으로든 이러한 욕구가 만족되도록 보장되어야 하는 것이다.

클라인은 이러한 환상이 실제 엄마나 다른 사람들과의 상호작용에 의해서 만들어진다고 보지 않았다. 그녀의 정신적 스승이었던 프로이트와 마찬가지로, 그녀는 삶에 있어서 이 단계에서 하는 모든 관념은 내적인 삶에 기초를 두고 있다고 보았다. 그녀는 아기의 내적 세계에는 많은 내적 대상과 내적 관계가 존재하지만, 이 모두

환상(phantasy)과 공상(fantasy)

클라인에게 있어서 환상은 출생 초기에 상상의 내적인 세계와 외부 현실을 구별하지 못하는 아기의 마음 상태를 말한다. 환상은 내적인 욕동과 본능에서 나온다(Segal, 1979). 이와는 대조적으로, 공상은 우리가 흔히 미래에 대한 상상이나 불쾌했던 사건을 다시 생각하는 것으로 만들어 내는 몽상이나 백일몽이다. 공상은 환상적인 삶과 생각에 대한 요소를 포함하고 있을 수 있다. 하지만 일부 저자는 이러한 구별을 하지 않는다.

는 타고난 선천적인 지식이라는 점에 대해 명확히 하였다.

프로이트는 뚜렷한 충동과 대상을 가진 환자들을 치료하였고, 보다 성숙한 정신세계를 논의하였다. 클라인은 작고 상처받기 쉬우며 의존적인 아기들을 치료했는데, 이들의 성적이고 공격적인 충동들은 자신을 좋은, 사랑스러운, 사랑을 받을 만한, 또는 나쁜, 미운, 파괴적인 것으로 경험하는 유일한 방식이었다. 클라인의 이론은 영아가 자기 스스로 이렇게 분리된 세상을 만들 수도 있고 파괴할 수도 있으며, 이 시기에 지배적인 공격적 충동을 통해서 좋은 세상과 나쁜 세상을 만들고 있다는 주관적인 감각에 대해서 이야기하고 있다. 영아는 완전히 발달된 정신세계나 뇌를 가지고 있지 않으며, 자신의 생물학적 충동을 통해 살아간다. 그녀의 이해에 따르면, 이것은 중단될 수 있는 하나의 발달단계가 아니라 나머지 대부분의 삶을 위한 틀이자 기초인 하나의 '위치(position)'이다 (Mitchell & Black, 1995).

이것은 프로이트와의 또 다른 뚜렷한 차이였다. 프로이트는 연속적인 발달단계가 있으며, 최소한 이상적으로는 초기의 구조와 관념은 보다 발달되고 합리적인 사고방식에 의해 대체된다고 생각하였다. 어른들은 보다 원초적인 측면들을 나타낼 수도 있는데, 프로이트에게 이것은 그 발달단계에 리비도(삶의 에너지)가 '고정(fixation)'된 것으로 설명하였다. 프로이트는 치료 작업을 하기 위해서는 최소한 합리적인 생각을 할 능력을 가지고 있어야 한다고 보았다.

클라인 학파의 위치

클라인은 우리의 마음이 항상 두 가지 위치 중 하나의 위치에 있으며 그 둘이 다 삶의 초기에 나타나서 평생을 통해 존재한다고 생각하였다(Grosskurth, 1986). 그녀는 첫 번째 위치를 편집-분열위치(paranoid-schizoid position)라고 불렀다. 이것은 우리 모두에게 보편적으로 나타나는 것으로, 우리의 초기 감정과 방어의 근원이 된다. 그것은 비난하고, 미워하며, 다른 사람에게 책임을 전가할 수 있는 우리의 한 부분이다. 우리는 이 위치에서 인식된 위험을 극복하기 위해서 맞서 싸울 수도 있고 위험을 피하기 위해 도망갈 수도 있다. 이 위치에서 보자면 세상은 매우 안전하지 않은 곳이다(Mitchell & Black, 1995).

내가 이해하기로는 이러한 초기 단계에서 우리는 우리의 감각이 신체 내부에서 오는지 또는 외부에서 오는지, 인식된 정보가 현재의 지각인지 또는 기억에서 나온 것인지를 구별하지 못한다. 어린

아이든, 어른이든 편집-분열위치에 있는 사람은 삶이 연속적이지 않다는 것을 발견한다. 여기에는 시간의 흐름이 없으며 과거와 미래가 없다. 당신의 배에서 느껴지는 복통의 강한 정도에 대해서 한번 상상해 보라. 성인이라면 이 복통이 우리 몸의 내부에서 유발된 것이고 시간이 지나면 사라질 가능성이 있다는 것을 알고 있다. 우리의 발달된 뇌와 우리가 했던 경험에 의해 우리는 참고 기다릴 수 있는 능력을 발달시킬 수 있다. 하지만 어린 아기의 경우에는 이러한 가능성을 가지고 있지 않다. 어린 아기는 심한 통증만 느낄 뿐이다. 어린 아기에게 복통은 항상 있었던 것이고 결코 사라지지 않는 것이다. 이것은 매우 부정적인 방식으로 시간의 개념이 없는 것이다. 어떤 '외부의 힘'이 아기의 위치를 바꾸고, 배를 어루만져 주고, 뭔가 다른 처치를 해 줄 때 복통이 사라지고 편안해진다. 이러한 경험은 시간이 지나면서 영아가 가지지 못한 것을 제공해 주는 좋은 엄마 대상(good maternal object)을 만들어 낸다. 이러한 복통이 삶 및 죽음과 연관된 것이 아니라 변할 수 있는 어떤 상태라는 것을 배우기까지는 다루어지고 돌보아지는 많은 경험이 필요하다. 그러나 때때로 아무도 아기에게 오지 않고 아무도 도와주지 않을 때, 영아는 분노하게 되고 두 개로 분리된 세계에서 공포를 느끼게 된다.

성인이 이 위치에 다시 들어가게 되면(이런 일은 우리에게 항상 가능하다), 세상은 다시 '좋은 것'과 '나쁜 것'으로 분리되며, 위험을 느끼거나 분노를 느끼게 된다. 이 위치에 놓이게 되면, 다른 사람들을 나를 돌봐 주거나(좋은) 또는 나에게 해를 끼치는(나쁜) 사람으로 보게 된다. 우리가 편집-분열 방식을 작동하게 되면, 다른 사람을 그들만의 삶을 가진 실제적이고 독립된 3차원적인 사람으로 경험하는 발달을 통해 이루어진 능력이 작동하지 않게 된다 (Mitchell & Black, 1995).

제스는 클라인의 편집-분열위치에 쉽게 들어갔다. 그녀는 자신이 다른 의견을 가지거나 다른 것을 원함으로써 누군가를 화나게 만들었을 때 갑자기 생리적으로 두려움이나 분노를 느꼈다. 제스는 나의 진료실에서 자주 공황에 빠졌는데, 이러한 반응이 실제로 합리적이지 않다는 것을 알고 있었다. 하지만 그녀의 반응은 분명히 통제가 불가능한 것이었다. 그녀의 모든 신체적 · 생리적 반응은 격앙되었다. 제스가 마음의 편집-분열위치에 있을 때 자신만의 의견을 가지는 것은 분리되는 것을 의미했고, 분리된다는 것은 버려지는 것을 의미하기 때문에 죽게 되는 것이었다. 또한 다른 사람들과 다른 의견을 가지는 것은 그녀로 하여금 다른 사람들에 대한 강렬한 증오를 유발하였다. 어떤 방식이든 그녀는 혼자였고 죽게 내버려진 상태였다.

클라인은 또한 보다 긍정적이고 통합적인 경향의 두 번째 위치인 우울위치(depressive position)를 제안하였다. 그녀의 관찰에 따르면, 이 위치는 생후 3개월 정도에 나타난다. 우리는 여기서 우리가 때때로 좋고 때때로 나쁠 수 있다는 전체성(wholeness)과 사랑할 수 있는 능력을 발견한다. 그녀는 영아가 분노하면서 파괴를 한 이후에 후회를 하고, 그다음에는 회복시키며, 감사함을 느낄 수 있는 능력이 있다고 보았다. 그녀는 이 위치에서 죄책감, 후회, 공감, 애도할 수 있는 능력의 근원이 생긴다고 제안하였는데, 이 모든 것은 완전하고 복합적인 인간이 되기 위한 필수적인 측면들이며 프로이트 모델에서보다 훨씬 더 빠른 시기에 발견된다고 보았다(Segal, 1979). 이것이 바로 그녀의 우울위치이다.

그녀는 우리가 이 두 위치 사이를 끊임없이 움직이고 있다고 제안하였다. 우리는 항상 우리가 사랑하는 사람을 미워할 수 있다. 우리는 항상 진행 과정 중에 있으며, 항상 내적으로 유동적이다. 우리 내부에 고정되거나 변화하지 않는 것은 없다. 우울위치는 기분이 우울한 감정 상태를 나타내는 우울증을 말하는 것이 아니다. 그보다는 현실적으로 기분이 다소 가라앉은 상태지만 희망이 있는 상태이며, 기적이 일어날 것 같지 않은 삶에서 통합을 위한 힘든 작업은 계속 진행되고 있다는 것을 말해 주는 상태이다(Klein & Riviere, 1964).

클라인의 관점에서 볼 때 이 두 가지 위치 모두는 출생 후 일 년 이내에서부터 활동하기 시작하며 우리의 평생의 삶을 통해 정반합의 변증법적 방식을 통해 사용된다. 영아가 어린아이 시기로 성장하고 실제적인 다른 사람들에게 관심을 가지게 될 때, 우리의 정신세계는 우울위치를 위한 공간을 점점 더 확보하는 방법을 배우게 된다. 이러한 발달적 진보는 회복, 애도, 상징적 생각의 가능성을 만들어 준다. 이러한 발달은 어린아이에게 놀이와 상상의 보다 넓은 세상을 보여 준다. 아이는 돌멩이를 음식이라고 간주하고 놀기 시작한다. 아이는 인형의 부모가 될 수도 있다. 우울위치에서 유래된 능력을 통해 자기에 대한 인식과 다른 사람들에 대한 생각은 발전하며 의식이 증가하게 된다. 이 두 위치 모두는 우리가 겪게 되는 자연적인 발달의 과정이며 그녀가 정신분석에서 초점을 둔 부분이었다.

어린아이가 우울위치를 충분히 경험하는 발달 과정을 완성하지 못하면, 회복보다는 분노와 절망을 더 경험하게 된다. 그 결과, 전반적인 통합의 과정이 덜 발달하게 된다. 이런 상황에서 편집-분열위치와 세상을 분열시키는 능력은 정신세계를 지배하게 된다. 이러한 내적 세상을 가지고 있는 어른은 평생 동안 혼란과 적막함으로 고통받을 수 있다.

조증방어

클라인은 우리에게 도움이 되는 많은 임상적 이론을 주었다. 나에게 가장 유용했던 것들 중의 하나는 조증방어에 대한 것이었다(Mitchell & Black, 1995). 이 각본에 따르면 조증방어(manic defense)를 사용하는 영아는 실제적인 후회가 뒤따르는 초기의 우울한 감정을 충분히 견딜 수 있도록 해 주는 도움을 받지 못한 아이들이다. 즉, 클라인이 말한 회복(reparation)이 충분히 되지 못한 것이다. 회복이란 사랑하는 사람에게 피해를 준 것에 대한 불안과 죄책감을 경험한 이후에 똑같은 사랑하는 사람에 대한 연결과 사랑을 되찾기 위해 만들어진 것임을 기억하라. 이런 방어를 사용하는 영아나 성인은 불안과 죄책감의 고통을 부인함으로써 자신의 내적인 삶을 방해받지 않으려 하고 지나치게 단순화시킨다. 이러한 깊은 감정적인 고통을 경험하는 데 도움을 받지 못한 아이나 어른은 자신만의 주관성을 미리 차단하며, 더 중요하게는 다른 사람들이 독립된 주관성을 가지고 있다는 것을 인정하는 데 필요한 공감 능력을 충분히 발달시키지 못하게 된다. 이것은 다른 사람들이 분리되어 있는 독특한 사람들이 아니라 현재의 욕구를 만족시키거나 좌절시키는 기능이나 대상에 가깝다는 것을 의미한다. '만약 이 대상이 나의 욕구를 충족시켜 주지 않으면, 그다음 대상이 만족시켜 줄 거야.'라고 생각하는 정도의 발달 수준에 갇혀 있고 조증방어를 쓰는 사람에게는 그들이 도움을 주는 사람이든 배우자이든 다른 사람은 항상 교체가 가능하다.

수지는 자신이 바라던 대로 일이 진행되지 않으면 자신이 정말로 원하는 것들을 결코 얻지 못할 것이라는 고통스러운 느낌, 시기심, 절망으로부터 도망가는 조증도피(manic flight)의 방어를 사용하였다. 그녀는 직장에서의 일이 제대로 되지 않으면 무엇이 잘못되었는지, 어떻게 다르게 할 수 있는지, 실수를 통해 무엇을 배울 수 있는지에 대해 이야기하는 것이 어려웠다. 대신에 그녀는 또 다른 좋은 생각이나 가능성으로 건너뛰었다. 이런 방식에 있는 수지와 함께 앉아 있는 것은 나를 지치게 만들었다. 그녀는 말을 매우 빨리 했고, 대화를 거부했으며, 어떠한 질문도 자신의 이야기를 중단시키는 것으로 경험했다. 그녀의 주제는 다음과 같았다. "과거는 과거예요. 과거에 있었던 일을 논의하는 것은 시간 낭비예요. 미래로 곧장 이동합시다."

부정적 감정

클라인은 우리가 가지는 가장 부정적인 감정들(negative emotions)에 대해서 많은 이야기를 하였는데 미움(hate), 선망(envy), 탐욕(greed)이 그녀의 전문 분야였다. 클라인은 선망을 태어날 때부터 나타나는 파괴적인 충동의 가학적 표현으로 보았다(Klein, 1957; Klein & Riviere, 1964). 그녀는 선망을 체질적인 것으로 보았는데, 우리 중의 일부는 너무 많은 공격성을 가지고 태어날 수 있다고 믿었다. 결과적으로 일부 사람의 경우에 선망이 내적인 삶과 관계를 하는 삶에 있어서 매우 강력한 역할을 한다. 그녀의 정의에 따르면, 선망은 내가 원하지만 가지고 있지 않고 앞으로도 가질 수 없다고 믿는 어떤 것을 다른 사람이 가지고 있고 즐기고 있는 것에 대한 분노이다. 선망의 첫 번째 대상은 젖가슴이며, 젖가슴에 대한 선망은 아이가 가지는 좌절감에 대한 반응으로 나타난다. 나에게 있어서 선망은 희망이 없는 매우 힘든 상태를 의미한다. 선망에 사로잡힌 사람은 그것을 가지기 원하며, 최소한 정신세계에서 살아남기 위해서는 그것을 가지고 있는 사람에게서 빼앗아 오기를 원한다. 만약 그들이 그것을 가질 수 없다면, 다른 사람이 가지고 있게 내버려 두기보다는 그것을 망가뜨리기를 원할 것이다. '만약 내가 그것을 가질 수 없다면, 나는 네가 그것을 가지고 있는 것을 원하지 않아. 내가 그걸 망가뜨린다면, 최소한 너도 나처럼 상처를 받겠지.'

클라인의 선망은 독특하게 슬픔 및 복잡한 부산물을 유발하는 파괴적인 힘이다. 나는 선망이 희망 없음과 강하게 연결되어 있다는 점을 강조하고 싶다. 선망에 동반되는 다른 감정들로는 가장 고통스러운 감정들 중의 하나인 수치(humiliation)와 애도(grief)가 있다. 역설적으로, 선망은 '좋은 것'을 원하지만 그것을 가질 수 없는 것에 대한 것이다.

여기에 내가 매일 목격하는 일상생활에서의 선망에 대한 하나의 예가 있다. 나는 마을 슈퍼마켓 주차장에 서 있는 아주 멋진 차를 보면서 감탄하고 있었다. 그 차의 주인이 막 차에 타려고 할 때, 그 차를 부러워하는 듯한 한 남자가 다가오더니 멈춰 섰다. 두 사람이 잠깐 이야기를 나누다가 차 주인이 막 떠나려 할 때 다른 남자가 말했다. "제가 책에서 읽기로는 이 차는 시속 90km가 넘어가면 안전하지 않다고 하던데 사실인가요?" 내 생각에 이 두 사람의 대화는 클라인의 선망을 보여 준다. 이것은 자신의 차를 자랑스럽게 생각하는 차주인의 생각에 '손상'을 줌으로써 차주인의 즐거움을 '망가뜨리려는' 선망적 시도를 나타낸다. 나는 이 '망가뜨리는 남자'가 이런 차를 가지고 있지도 않고 가질 만한 여유도 없다는 것을 쉽게 상상할 수 있었다. 그는 무의식적으로 자신이 얻을 수 없는 좋은 것에 손상을 주고 싶었던 것이다.

선망은 좋은 것을 가지기를 원하지만 소유할 수 없는 것을 말하는데, 여기에는 희망이 없음이 포함된다. 따라서 선망은 약간의 보상을 받기 위해 좋은 것을 반드시 망가뜨려야 한다. 클라인은 선망을 모든 원초적인 충동 중에 가장 파괴적인 것으로 간주했는데, 알지 못하는 가능성들을 미리 차단하는 것을 포함해 모든 좋은 것을 파괴하고 미래에 대한 감각에 손상을 주기 때문이다(Klein, 1957; Mitchell & Black, 1995). 매우 파괴적이거나 자기파괴적인 환자들과 치료를 할 때, 나는 항상 손상받기 쉬운 자존감이 더 피해를 받지 않기 위해 보호하려는 목적으로 사용되는 공격적인 형태의 선망을 발견한다.

클라인은 희망이 없는 선망과 희망이 있는 질투(Jealousy)를 대조적으로 설명하였다(Segal, 1979). 어떤 사람이 질투를 하고 있을 때, 그 사람은 다른 사람이 가지고 있는 것을 갖기 원하며 그것을 가질 수 있는 가능성이 있다고 생각한다. 따라서 희망이 존재하는 것이다. 다른 사람의 신발, 직업, 또는 결혼에 대해 질투한다는 것은 그것을 얻기 위해 일을 하는 데 동기부여를 해 줄 수 있다.

또 다른 환자 '메리'를 살펴보자. 그녀는 자폐증 아들을 키우고 있다. 메리는 자폐증이 없는 아이들을 키우고 있는 부모들을 선망하며, 그들을 선망하고 있는 자신을 싫어하였다. 하지만 그녀는 자신도 어떻게 할 수 없다고 말하였다. 지난 10년 동안 메리는 자신의 친구들의 아이들에 대해 비난을 함으로써 자신의 사회적 관계들을 모두 파괴시켰다. 메리는 자신의 사회적 모임에 있는 부모들에 대한 비판적이고 선망적인 이야기에 집착하였다. 그녀는 자신의 파괴적인 생각을 중재하거나 분별하려는 어떠한 시도도 하지 않았다. 그녀는 이런 부모들은 어떤 불평도 해서는 안 된다고 주장하였다. 동시에 그들이 자신들의 아이들을 키우는 일을 잘 못하고 있다고 확신하였다. 결국 그녀 마음속의 이런 비판이 대화를 하는 중에 드러나게 되었고, 그 결과로 그녀의 사회적 관계들은 망가지게 되었다.

메리와 그녀의 남편은 이제 고립되었고 불행했다. 그녀는 더 이상 자신의 친구들로부터 받을 수 없는 사랑과 인정을 남편에게서 받기를 원했다. 그녀는 처음으로 정신치료를 받게 되었다. 다행히 메리는 자신의 말이 남편과 친구들을 멀어지게 만들었다는 것을 알고 있었고,

자신의 선망과 언어적 공격성을 인식하고 있었다. 하지만 아직까지 그녀는 이러한 충동들을 다룰 수 있는 능력이 없었다. 내가 했던 치료는 이렇게 삶을 제한시키는 선망과 관련하여 그녀에게 숨을 쉴 수 있는 공간을 제공해 주고, 그다음에 희망이 없는 것에 대한 내용을 부드럽게 밝히며, 이와 연관된 고통스러운 수치에 대해 드러내는 것이었다. 나의 목표는 그녀가 자폐증이 없는 아이를 가지기를 원하는 것이 그녀가 나쁜 사람이라는 것을 의미하지 않는다는 것을 깨달을 수 있도록 도와주는 것이었다. 심지어 다른 가족들이 가지고 있는 좋은 것을 미워하고 파괴하고 싶어 하는 것은 정상적이고, 인간적이며, 충분히 이해할 수 있는 것이었다. 나는 다른 가족들에 대한 그녀의 선망을 넘어선 부분에까지 그녀의 시각이 넓어지기를 원했다.

클라인은 모든 아이가 미움, 선망 그리고 다른 파괴적인 충동을 가지고 있다는 가설을 세움으로써 파괴적인 성향을 정상적인 것으로 볼 수 있도록 우리를 도와주었다. 메리는 나쁜 행동을 하지만 좋은 자기를 가지고 있다는 점을 이해하도록 도와줄 수 있는 많은 지지가 필요하였다. 그녀가 단 한 순간이라도 자신의 부정적인 충동을 용서할 수 있는 작은 성공을 거두고, 자신을 미워하는 마음을 부드럽게 할 수 있게 되면, 그녀는 가능성을 만들어 낼 수 있다.

클라인의 또 다른 유용한 개념은 탐욕(greed)이다. 클라인에게 있어서 탐욕은 충동적이고 만족을 모르는 갈망으로, 자신이 필요로 하는 것 이상을 원하는 것, 상대방이 줄 수 있고 주기를 원하는 것을 넘어서는 것을 말한다. 탐욕의 목적은 파괴적인 섭취(destructive introjection)이며, 탐욕에 사로잡힌 사람은 무언가를 얻는 것에 무자비해지게 된다(Segal, 1979).

찰리는 클라인의 탐욕이라고 부를 수 있는 부분을 나타내었다. 찰리는 치료시간마다 자신의 순자산(수십 억)에 대한 이야기와 매주 사람들의 관심을 끌 만한 물건을 샀던 이야기를 하였다. 그에게는 어떤 것도 충분하지 않았다. 그가 원하는 것을 가지고 있지 않는 것은 그에게 수치였다. 따라서 찰리는 자신이 가장 좋은 것을 가지고 있고, 다른 누구보다 더 잘하고 있다는 느낌을 가질 수 있는 많은 것이 필요하였다. 예를 들면, 찰리는 여섯 살 난 자신의 딸이 300개가 넘는 장난감 동물을 가지고 있다는 사실을 매우 자랑스러워하였다. 그의 어린 딸이 많은 물건을 가지고 있다는 것은 자신의 딸과 아내의 눈에 그가 충분히 '좋은' 사람이라는 것을 보여 주는 것이었다. 찰리는 아내가 자신을 지나치게 요구가 많은 사람으로 간주하는 것에 불만이 있었는데, 자신이 요구하는 것들은 완전히 합리적인 것들이라고 생각하고 있었다. 이들은 일상적인 일에 대한 그의 요구 때문에 충돌이 잦았다. 그는 자신의 아내가 아침에 일어나 아이들이 학교에 갈 준비를 해 주고, 자신이 일어날 수 있도록 창문의 커튼을 열고 커피를 가져다주는 것이 합리적인 것이라고 생각하였다. 아내의 입장에서는 돌봐야 할 아이들이 있기 때문에 찰리가 스스로 일어나서 출근 준비를 하는 것이 합리적이라고 생각하였다.

찰리는 자신의 탐욕을 서서히 직면하게 되었다. 우리는 그의 순자산이 그에게 무엇을 의미하는지, 자신이 더 많은 것을 얻으려고 하는 것이 다른 사람들, 특히 자신의 어머니에게는 무엇을 의미하는지에 대한 많은 이야기를 나누었다. 우리는 이러한 부분이 그에게 주는 '자유'를 이해하게 되었다. 우리는 그의 어머니가 경제적인 부유함을 얼마나 바랐는지, 그녀가 어떻게 그녀의 아버지에 대해 부끄럽게 여기고 비판적이었는지, 어떻게 찰리가 그녀의 구세주로 선택되었는지에 대해 탐색하였다. 찰리는 자신의 재정 상태가 자신에 대한 미움과 비난으로부터 자신을 보호해 주고 자신이 특별한 돌봄을 받도록 해 주었다는 착각을 포기하는 것이 매우 어려웠다. 무의식적인 방어에서 찰리는 순자산과의 융합이 불안을 느끼지 않게 해 주기를 바랐다. 물론 이것은 가능하지 않은 것이기 때문에 그는 계속 치료를 받고 있었고, 우리는 함께 매우 받아들일 수 없는 그의 이런 측면을 서서히 직면하고 변화시키는 작업을 해 나갔다.

지금까지 나는 부정적인 감정들에 대한 클라인의 개념들을 매우 많이 기술하였기 때문에 그녀가 우울위치를 통해 사랑 및 사랑할 수 있는 능력이 태어난 첫해부터 존재한다는 것을 명확히 밝힌 점을 다시 이야기해야겠다. 아기는 시간이 지나면서 미워하고, 선망했던 사람이 자신에게 꼭 필요하고, 사랑했던 바로 그 사람이라는 것을 깨닫게 되는데, 이러한 깨달음은 죄책감을 유발하여 회복이 필요하다. 발달이 잘 진행되면 이러한 순환은 계속 반복되어 자기와 다른 사람을 개별적이면서 전체적인 것으로, 좋음과 동시에 나쁠 수도 있다는 것을 탄탄하게 이해하게 된다. 그녀는 사랑이 자기의 핵심을 형성한다는 점을 명확히 하였다(Klein & Riviere, 1964).

투사동일시

투사동일시(projective identification)는 우리의 합리적이고 논리적인 마음이 이해하기에는 매우 어려운 개념이다. 이것은 무의식적 또는 환상적 과정이며, 가족관계에서건 정신치료적 관계에서건 매우 밀접한 관계가 가지는 복잡성을 살펴볼 수 있는 한 가지 방식이다.

투사(projection)

프로이트는 자아가 감정적인 혼란으로부터 스스로를 보호하는 몇 가지 방식을 설명하였다. 투사는 그가 원래 가지고 있던 개념들 중의 하나이다. 이 개념에 따르면, 우리 각자는 의식적으로는 알지 못하지만 다른 사람에게서 보이거나 또는 다른 사람에게로 투사하는 신념, 특성, 태도를 가지고 있다. 예를 들면, 나는 당신이 나를 업신여긴다고 믿고 있을 수 있는데, 사실은 내가 무의식적으로 당신을 업신여기고 있는 것이다. 투사는 나와 다르기에 나에게 위험할 수 있는 '다른 사람'을 만들어 내는 보편적인 능력의 근원이다.

클라인은 프로이트의 투사 개념을 기초로 하여 자신의 이론을 발달시켰다. 그녀는 영아가 나쁜 느낌의 불편함을 없애기 위해 자신의 환상 속에서 이러한 느낌을 다른 사람에게로 보낸다는 가설을 세웠다. 영아가 이런 느낌을 다른 사람(엄마)에게 보냈기 때문에 엄마는 영아 및 영아가 보낸 느낌 모두를 돌봐야 한다(Mitchell & Black, 1995). 우리는 우리의 이론이 '한 사람(one-person)'에 대한 것—당신은 당신의 몸과 마음을 가지고 살고 있고, 나는 나의 몸과 마음을 가지고 살고 있기 때문에 우리 사이의 경계는 매우 뚜렷한 것이다—인 경우에는 투사동일시의 개념이 필요하다. 따라서 만약 아기가 (배고픔, 추위, 놀람, 또는 화남 등으로) 불편하면, 엄마도 역시 스스로 불편하다는 것을 발견하게 된다. 클라인 이론, 즉 한 사람 심리학(one-person psychology)에서 아기는 이러한 불편함을 엄마에게 보내는데, 엄마가 어떤 행동을 취함으로써 자신의 삶을 보다 낫게 해 주기를 바라기 때문이다. 아기는 감정과 행동을 통해서 자신이 할 수 있는 최선의 방식으로 자신의 의사를 전달하며, 엄마 역시 자신이 할 수 있는 최선을 다해서 그것을 받아들인다. 이것은 두 명의 분리된 사람 사이에서 나타나는 원초적인 의사소통의 아주 중요한 형태이다. 즉, 그것은 말을 통해서가 아닌 감정과 행동을 통해서 하는 의사소통이다. 이상적으로는 엄마가 자신의 아기만큼 불편함을 느끼지 않고 두 사람 모두를 진정시킬 수 있는 방법을 발견할 수 있다.

치료적인 상황에서도 이런 과정이 발생한다. 만약 환자가 스트레스 상태에 있으면 이런 불편함은 비언어적으로 전달되며, 분석가는 그들 사이의 상호작용에 의해 변화된 자신을 스스로 경험하게 된다. 클라인의 생각에 투사동일시는 부정적인 측면을 가지고 있는데, 이것은 원초적인 것이기 때문에 환자가 분석가에게 적대적인 행동을 할 수도 있는 것이었다. 내 생각에 이러한 종류의 감정적 교환은 사람들 사이에 항상 일어난다. 치료자로서 나는 내가 해야 하는 일이 보다 의식적이 되고, 정보를 얻을 수 있는 근원이 되며, 처리할 수 있게 되는 어떠한 무의식적 과정들처럼 이러한 과정이 발생하는 것을 허락하는 것이라고 생각한다. 오늘날 우리는 이것을 재연(enactment)이라고 부르는데, 이에 대해서는 7장에서 더 자세히 다루게 될 것이다.

예를 들면, 나는 수지가 진료실에 들어올 때 마음의 중심을 잃지 않고 있었고 진료시간을 기대하고 있었다. 그러나 그녀가 나에게 어떤 변화를 유발했을 때 나는 설명할 수 없는 불안을 느꼈다. 무슨 일이 일어난 것인가? 멜라니 클라인의 한 사람 세계에서, 수지는 자신의 불안을 나에게 전달했고 나는 그 불안이 나에게 들어오는 것을 허락했다. 클라인 이론의 측면에서 보면, 수지는 무의식적으로, 공격적으로 나를 공격했고, 이제 나는 이러한 비언어적인 의사소통을 다루어야만 한다. 만약 내가 투사동일시의 과정을 알고 있지 못했다면, 나는 나의 마음을 이렇게 불편하게 만든 것이 무엇인지를 몰랐을 것이다. 내 마음 상태가 이렇게 갑자기 변한 것이 전적으로 나 때문인가 또는 그녀로부터 유발된 것인가? 내가 해야 할 일은 내가 받아들인 것에 대한 나의 개인적인 반응을 아는 것이었다. 그다음에 나는 그것을 잘 소화해서 수지에게 다시 이야기해 줄 방법을 찾는 것이다. 이렇게 도움이 되는 개념을 통해 나는 수지가 불안해졌고 나는 그녀의 감정을 받는 사람이 되었다는 개념을 이해할 수 있었다. 수지가 의식적으로 나를 불안하게 만들 의도가 있었던 것은 아니었다. 심지어 그녀는 자신이 얼마나 불안하고 얼마나 스트레스를 받고 있는지조차 모르고 있었을 수 있다. 그녀의 스트레스는 그녀가 가지고 있기에는 너무나도 커서 그것을 다른 사람과 공유하고 나누어 줄 필요가 있었던 것이다. 그녀는 자신이 충분히 말로 표현할 수 없었던 것을 비언어적으로 의사소통하고 있었던 것이다.

오늘날 우리는 투사동일시—실제로 발생하고 충분히 관찰 가능한—가 일련의 감정을 다른 사람에게 단순히 전달하는 것이 아니라는 것을 이해하게 되었다. 우리는 이제 이러한 종류의 교환이 계속 진행되고 있는, 인간의 둘레 및 오른뇌 의사소통(limbic and right-brain communication)이라는 것을 이해하고 있다. 우리는 다른 사람을 항상 '읽고' 있다. 우리는 앞으로 나올 장들에서 이러한 과정이 계속되고, 지속적이며, 우리를 보호하기 위한 것임을 발견하게 될 것이다. 이것은 다른 사람들과 연결하고 다른 사람들에게 이해될 수 있게 해 주는 우리의 핵심적인 능력이다.

클라인은 정신분석과 정신치료에 많은 기여를 했으며, 고전적인 프로이트 이론에 대한 대체 가능한 개념과 견해들을 제공하였다. 프로이트가 자신의 자아 개념이 원본능을 완전히 조절할 수 있기를 바랐다면, 클라인은 우리가 복잡하고 여러 층으로 이루어진 덜 연속적인 상태에 있다고 주장하였다. 프로이트의 모델에서는 에너지 또는 리비도의 양이 제한적이고 고정된 것이라고 주장하였다. 클라인은 에너지가 보존되지 않으며 사랑과 공격성 모두는 계속 확장되는 것이라고 믿게 되었다. 더 중요하게, 그녀는 영아의 첫 대인관계인 엄마 또는 다른 양육자와의 관계에 초점을 둠으로써 도움과 치료의 가능성을 출생 후 첫해로 이동시켰다. 프로이트에게 있어서 중요한 부모는 오이디푸스 경쟁관계에서의 목표 대상이자 규칙의 근원이기 때문에 죄책감을 유발하는 아버지였다. 클라인의 위치에 대한 설명은 우리의 정신세계가 일생 동안 움직이는 액체와 같은 것이라고 하였다. 스트레스 상황에 있을 때, 우리 모두는 보다 원시적인 자기로 되돌아갈 수 있다. 보다 고통스럽고 방어적인 기능을 하는 탐욕과 선망에 대한 그녀의 초점은 우리 마음과 다른 사람들 마음에 있는 이러한 감정들을 인식할 수 있도록 도와주었다. 결국 투사동일시의 개념은 정신치료를 보다 교류적이고, 덜 고립적이며, 덜 억제적이고, 이론적으로 객관적인 것으로 만들어 주었다. 비록 인간의 성향에 대한 그녀의 모든 설명에 다 동의하는 것은 아니지만, 나는 클라인이 인간의 복잡하고도 어려운 측면들에 대해 인식하고 정의를 해 준 것에 대해 무한한 감사를 전하고 싶다.

클라인의 이론에서 출발하여 이론을 더 발전시켜 온 중요한 이론가들이 많이 있다. 나는 내가 임상적으로 가장 도움을 받았던 3명의 매우 다른 남자들에 대해 이야기할 것이다. 그들은 영국학파의 윌프레드 바이언(Wilfred Bion), 미국학파의 오토 컨버그(Otto Kernberg)와 토머스 오그던(Thomas Ogden)이다.

윌프레드 바이언

윌프레드 바이언(Wilfred Bion, 1897~1979)은 매우 어렵고, 심지어는 정신적으로 충격적인 삶을 살았다. 영국 식민지였던 인도에서 태어난 그는 8세 때 공부를 위해 영국으로 보내진 후에 다시 고향으로 돌아가지 못했다. 그는 고등학교를 졸업한 후 전차부대에 입대하여 제1차 세계대전을 겪었는데, 거기서 큰 정신적 충격을 받았다(Bleandonu, 1994). 현재의 시점에서 봤을 때, 그는 분명히 외상후 스트레스 장애로 힘들어했으며 그가 깊게 이해했던 해리와 정신병적 불안을 주기적으로 경험했을 가능성이 있다. 그는 대학을 졸업한 이후에 의사가 되었고 정신건강의학과 수련을 받았다. 그는 제2차 세계대전 때 정신적 충격을 받은 병사들을 치료하는 군의관으로 복무하였다. 비극적이게도, 그의 아내는 아이를 출산하다가 죽었고, 그는 홀로 자신의 딸을 키워야 했다. 그는 제2차 세계대전이 끝나고 나서야 클라인에게서 정신분석을 수련받았고, 정신분석가가 되었으며, 두 번째 결혼을 하였다.

바이언의 글들은 극도로 이해하기가 어려웠기 때문에 나는 그로트스타인(Grotstein, 2017)의 해석과 설명을 통해 도움을 받았다. 바이언은 비이원론(non-dual idea)을 글로 전달하기를 원했지만, 글은 항상 이것 아니면 저것처럼 이중성을 만들어 낸다. 그가 수련을 받고 논문을 쓸 당시에는 동양의 비이원론의 개념이 서양적 사상의 한 부분이 아니었다. 오늘날 비이원론을 가르치는 많은 선생은 '궁극적인 현실'에서 우리는 '모두 하나'이며 '나-다른 사람'의 개념은 더 이상 존재하지 않는다는 점을 강조한다. 그로트스타인은 바이언을 종교적인 의미에서가 아니라 삶의 보다 고차원적인 질서를 알고 있었다는 측면에서 신비주의자라고 불렀다.

바이언은 우리에게 우리의 환자들을 깊게 이해할 뿐만 아니라 모든 불확실성을 견디면서 환자와 하나가 되기를 요구하였다. 따라서 바이언이 정신분석은 O에서 K로 변화시키는 것이라고 말했을 때, 그는 개인적인 현실에 대해 아는 것은 '절대적이고 개인적인 것이 개입되지 않은 앎'으로의 비이원론적인 변형을 말하는 것이었다. 그의 글을 읽고 이해하는 것도 어렵지만, 그것을 구체적으로 표현하는 것은 여전히 더 어렵다. 그로트스타인은 일단 정신분석 사회가 바이언의 경고를 이해하기 시작하면 수련이 바뀌어야 한다고 설명하였다. 병리에 대한 이론과 변화에 대한 기법들이 충분하지 않다는 것이다. 분석가는 바이언이 말한 '명상(reverie)' 상태로 들어갈 수 있어야 하고, 마음속에 들어오는 모든 불안과 알지 못하는 것에 대한 불확실성을 차분히 견뎌 낼 수 있어야 한다는 것이다. 그로트스타인은 또한 분석가가 편집-분열위치와 우울위치 모두를 넘어서서 초월위치(transcendent position)로 이동하여야 한다고 말하였다(Grotstein, 2007).

생각에 대한 바이언의 이론에는 '베타요소(beta elements)' 또는 정신-신체 경험에서 '알파요소(alpha elements)'—즉, 생각을 아는 것과 생각에 대해 생각할 수 있는 능력—로 변화할 필요성도 포함되어 있다. 바이언은 이러한 요소들이 말 그대로 존재한다는 것을 암시한 것이 아니라, 인간의 마음과 감정에 의해 만들어지는 복잡하고 다양한 과정에 대한 이해를 제공해 주고 있다(Bleandonu, 1994). 바이언은 우리가 좌절을 견디고 우리의 욕구가 충족되는 것을 기다리는 방법을 배우고 나서야 생각하는 법을 배울 수 있다고 주장하였다.

그의 개념들이 너무나도 추상적이었기 때문에 수십 년 동안 그는 정신분석의 가장자리에 머물러 있었다. 그러나 현재 그의 개념들 중의 일부는 주류가 되었으며, 특히 담아 주는 것(container) ↔ 담겨지는 것(contained)의 개념과 명상의 상태에 있을 수 있는 능력이 그렇다. 바이언(1962)은 영아에게는 베타요소와 감각들이 계속되는 현실에서 자신을 도와줄 성숙한 마음의 존재가 필요하다고 주장하였다. 엄마는 자신의 아기의 마음에서 소용돌이치는 감정들을 '담아내고' '소화시켜' 아기에게 '소화된 상태'로 돌려준다. 클라인 학파의 이론에서 보면 이것은 투사동일시의 한 예이다. 엄마는 아기가 가지고 놀던 이런저런 잡동사니들을 담아 주는 그릇이 된다. 담아 주는 것 ↔ 담겨지는 것은 각각 엄마와 아기에 해당한다. 우리는 이런 현상에 대해 이야기하기 위해 두 개의 단어가 필요하지만, 전반적인 개념은 그것이 하나의 살아 있는 경험이라는 점을 지적하고 있다.

바이언이 설명하고 있는 것은 엄마가 불편해하고 있는 아기에게 규칙적이고 노래하는 듯한 목소리로 "아가야, 아가야! 모든 것이 이제 곧 좋아질 거야."라고 말하면서 다가가는 것은 아기의 상태를 엄마가 이해하였다는 것을 아기에게 전달해 주는 것이라는 점이다. 누군가가 자신과 함께 있었고, 일어났던 '나쁜 일'이 이제는 '좋은 것'이 될 수 있다. 아기의 불편함을 담아 주고 소화시켜 주는 것은 엄마가 했던 말이 아니라 엄마의 노랫소리 같은 목소리이다. 엄마의 목소리로 들려오는 노랫소리는 아기에게 모든 것이 괜찮아질 것임을 알게 해 준다. 바이언은 이러한 엄마의 명상적 상태를 아기의 내면에서 무슨 일이 일어나고 있는지에 대해 이해시켜 주는 엄마의 능력이라고 정의하였다(Blendonu, 1994). 바이언의 용어를 사용하자면, 그녀는 베타요소를 알파요소를 바꿔 준 것이다. 명상적 상태에 대해 내가 생각하는 한 가지 방식은 그것이 무의식적인 과정에서 일어나는 신뢰적 행동이라는 것이다. 엄마들은 자신의 아기들 각각의 불편함에 대해 앞으로 어떻게 돌보게 될지를 의식적으로는 명확하게 알지 못하지만, 자신들이 아기를 돌볼 수 있고 돌봐 줄 것이라는 것을 믿고 있다. 치료자들은 매 치료시간에 어떤 이야기들이 펼쳐질지 모르지만 환자의 성장에 도움이 되는 어떤 일이 일어날 것이라는 점을 믿고 있어야 한다.

만약 치료자로서의 내가 명상적 상태로 앉아 있다면(나 자신의 불안을 담아내고, 확실하고 도움이 되는 제안을 해 주고 싶은 욕구에 저항하면서), 우리가 공유한 불안을 담아내고 소화하여 환자에게 돌려줄 수 있다. 환자는 혼자 있는 것이 아니기 때문에 현재 나타나

나는 제스와 함께 있을 때 그녀의 말을 듣고 기다리면서 스스로를 진정시키고 있었다. 제스는 자신의 내적 경험을 표현할 말을 찾기까지 많은 시간이 필요했다. 그녀의 어머니와 남편은 말을 매우 빨리 했고, 제스가 공격당하고 있다고 경험할 정도의 속도로 생각과 질문들을 내뱉었다. 그녀는 과거에 이런 상황에 있을 때마다 내적인 공황 상태가 되어 혼자 움츠러들거나 속으로 분노를 느꼈다. 그녀는 자신의 꿈을 잃어버렸고 자신의 삶에서 긍정적인 부분과 연결을 시도하려고 노력하였다. 그녀의 남편은 그들의 삶에서 좋았던 부분을 찾는 데 빨랐다. 객관적인 면에서 보면 그가 옳았다. 그러나 제스는 자신의 삶에서 소중히 여겼던 자신의 희망과 연관된 매우 개인적인 실패들 때문에 힘들어하고 있었다. 외적으로는 모든 것이 좋은 상태였기 때문에, 제스는 자신의 실망과 충격의 내적 감정을 느낄 자격이 없다고 생각했다. 이런 부분 때문에, 그녀는 무엇이 자신을 힘들게 하는지를 표현할 말을 찾는 데 많은 시간과 공간이 필요했다. 그녀는 자신이 말로 표현하는 데 너무 느린 것에 대해 수치심을 느꼈으며, 이러한 수치심은 자신을 표현하는 데 또 하나의 방해물이 되었다. 우리는 함께 앉아 있고 함께 숨을 쉬었다. 나는 그녀에게 그녀가 표현할 말을 찾는 동안 기다리는 것이 괜찮다고 말했다. 때때로 나는 그녀의 얼굴 표정에서 본 것을 바탕으로, 얼굴 표정 밑에 있는 감정을 표현할 수 있도록 도와주기 위해 질문을 하였다. 하지만 우리는 대부분의 시간을 침묵 속에서 앉아 있었고, 나는 편안하게 기다렸다. 나는 제스와 함께 앉아 있을 때 바이언의 이론이 매우 도움이 된다는 것을 발견하였다. 바이언은 그녀가 자신의 내적 경험을 말로 표현하지 못하기 때문에 그녀에게는 시간과 공간이 필요하다는 점을 나에게 알려 주었다. 바이언의 명상적 상태는 제스와 함께 있을 때 최상의 방식이었는데, 그것이 그녀에 대한 그리고 그녀가 세상에 존재하는 방식에 대한 나의 신뢰를 전달해 주는 것이기 때문이었다.

는 현상을 다룰 수 있게 된다.

삶에 있어서 창조적인 긴장의 한 부분으로서 서로 반대되는 것들을 함께 가지고 있을 수 있는 능력은 바이언을 매혹시켰다. 그에 따르면, 현실에 대해 아는 것이 너무 고통스러울 때 우리는 현실에 대해 알기를 원하기도 하고 그것을 거부하기도 한다. 그 이후에 우리는 이 둘 사이의 연결을 끊고 알기를 거부하게 된다. 클라인처럼, 바이언은 우리가 아무리 건강하더라도 우리의 어떤 부분은 정신병적—즉, 비합리적이고 충동적인—이고, 정동에 이끌리게 되며, 항상 퇴행과 발전을 할 수 있는 유동적인 발달 상태에 있다고 느꼈다(Bion, 1959, 1990).

더 중요한 점으로, 바이언은 클라인의 투사동일시 개념을 세 가지의 사건—의사소통, 방어의 한 형태, 담아내는 것의 한 형태—이 발생하는 것으로 간주함으로써 더 정교화시켰다(Mitchell & Black, 1995). 바이언의 이론에 따르면, 분석가와 환자는 전통적인 정신분석적 생각에서보다 근본적으로 훨씬 더 서로 얽혀 있다. 우리는 심지어 환자 ↔ 분석가라고 표현할 수도 있다. 투사동일시는 현재 훨씬 더 대인관계적인 개념으로 인식되고 있으며, 분석가는 항상 환자의 불안과 자신의 불안에 반응하여 담아낼 수 있기를 원한다. 이제 프로이트가 생각한 과학적이고 객관적인 지식은 더 이상 가능하지 않게 되었다.

수지가 매우 불안하고 불편할 때면 비언어적으로 의사소통을 하였으며, 나는 그것을 느낄 수 있었다. 이것이 우리 이야기의 한 부분이고, 두 번째 부분은 수지가 무의식적이고 견디기 힘든 무거운 느낌을 방어하기 위해 불안을 사용한다는 것이다. 우리 두 사람은 이런 깊은 수준에서 일어나고 있는 일이 무엇인지를 밝혀내기 위해 시간이 필요할 것이다. 나의 가설은 그녀의 불안 밑에는 끔찍한 공허함과 외로움이 있다는 것이다. 세 번째 부분은 수지가 자신의 전염성이 있는 불안을 통해 자신의 불편함을 나와 나눔으로써 자신이 견딜 수 없는 느낌들을 담아내려고 그녀의 최선을 다하고 있다는 점이었다.

시간이 지나면서, 바이언은 자신과 환자 사이에서 순간순간 발생하는 현상에 초점을 맞추게 되었다. 다른 분석가들에게 한 그의 유명한 권고는 매 치료시간을 시작할 때마다 '어떠한 기억, 바람, 또는 이해'도 없이 시작하라는 것이었는데, 이것은 따르기 매우 힘든 권고였다(Mitchell & Black, 1995). 이런 방식은 분석가와 치료자에게 자신이 알지 못했던 느낌을 알 수 있게 해 준다. 그에게 있어서 이런 상태는 의사와 환자 사이에서 발생하는 현상에 충분히 빠져들 수 있게 만들어서 각각의 순간에 실제로 존재할 수 있는 최선의 방법이었다. 바이언은 감정적 경험이 정신적 발달과 진실에 대한 탐구에 있어서 가장 기초가 되는 것이라고 주장하였다. 그는 어떤 순간에 대해 자발적으로 나타나는 감정적인 진실이 치유를 유발한다는 믿음을 가지고 있었다.

역설적으로, 바이언은 또한 분석가들이 보다 과학적이고 심지어 수학적이 되기를 원했는데, 자신이 이야기한 매우 따르기 힘든 권고들을 설명하기 위해 공식을 만들려는 시도를 많이 하였다. 그가 표현한 개념들 중에는 '말로 표현할 수 없는(ineffable)' '알 수가 없는(unknowable)' '궁극적 진실(ultimate truth)' 같은 것들이 포함되어 있다. 그는 우리가 진실을 발견할 능력은 없지만 진실을 알 필요가 있다고 말하기도 하였다. 그는 삶의 후반기에 존재한다는 것은 살아 있어야 하는 것이기 때문에 존재한다는 표현이 충분하지 않다고 말하였다. 나는 그의 이러한 생각들이 비이원론적인 세상에 대한 그의 지식에서 나온 것이라고 받아들였다(Grotstein, 2007).

내가 앞에서 언급했듯이 분석가와 환자는 기본적으로 상당히 얽혀 있다는 바이언의 생각은 분석가와 환자가 분명히 분리된 마음을 가지고 있다는 원래 프로이트 및 클라인의 생각과는 매우 다르다. 따라서 비록 바이언은 이렇게 기술하지 않았지만 나는 환자 ↔ 분석가라고 표현할 수 있다. 바이언은 자신의 환자가 중립적인 분석가에게는 그들 자신의 정신적인 내용들을 표현하지 않는다고 보았다. 환자는 매 치료시간에 분석가를 매우 다르게 경험하는데, 감정적인 연결과 환자의 내적 세계에 따라 거의 완전히 다른 분석가로 경험하기도 한다. 그는 '당신은 똑같은 강에 두 번 들어갈 수 없다.'는 그리스 철학자 헤라클레이토스의 말을 인용하기도 하였다(Grotstein, 2007). 바이언에게 있어서 분석가와 환자 모두는 희망과 공포의 세계에 살고 있으며, 각각의 만남은 감정적인 폭풍 상태가 될 수 있었다. 분석가는 환자의 불안과 자신의 불안 모두를 인식하고 담아낼 수 있어야 하며, 환자에 의해 두 사람 모두 균형을 잃고 불편해질 수 있음을 알고 있어야 한다. 바이언에 따르면 모든 분석은 두 개의 매우 다른 성격을 가진 사람들 사이의 상호작용인데, 두 사람 모두 방어와 의존성을 가지고 있으며 내적·외적으로 스트레스를 받기 쉽다. 이 두 사람은 치료시간의 매 순간에 지속적으로 반응을 한다. 두 사람은 환자의 내적인 세계가 더 우선시되고 모든 대화를 이끌어 간다는 전제하에 만나게 된다. 바이언 스스로 그렇게 부르지는 않았지만, 그는 비이원론적인, 초월 위치에서 이론을 정리한 두 사람 이론가(two-person theorist)였다.

오토 컨버그

오토 컨버그(Otto Kernberg)는 프로이트/멜라니 계보에서 가장 저명한 현대 미국 정신건강의학과 의사이며 성격적으로나 이론적으로 볼 때 바이언과 크게 다르지 않다. 그는 매우 조직적인 마음을 가진 사람으로 전통적인 이론을 체계화시키고 갱신하여 클라인의 대상관계이론과 통합하였으며, 중요한 발달단계를 추가하였다. 컨버그는 두 번의 세계대전 사이에 비엔나에서 태어났으며, 그의 유대인 가족은 1939년 나치 독일을 피해 칠레로 도주하였다. 그곳에서 그는 정신건강의학과 의사가 되었으며, 1959년 그의 아내와 함께 미국의 동부로 이민을 갔다. 그는 자아심리학과 클라인의 대상관계 모두를 고려함으로써 경계인격장애(borderline personality disorder)와 자기애성인격장애(narcissistic personality disorder)의 이해에 가장 큰 기여를 하였다.

컨버그는 많은 논문을 발표했는데, 그 내용들이 추상적이었다. 나는 미첼과 블랙(Mitchell & Black, 1995), J. 클라인(J. Klein, 1987)의 통찰, 요약, 분류를 통해 많은 도움을 받았다. 컨버그의 발달 모델에 따르면 세 가지 수준의 병리가 존재한다(Mitchell & Black, 1995). 첫 번째 수준은 정신병을 포함하는데, 정신병 환자들은 '나와 내가 아닌 것(me-not me)'을 구별하는 첫 번째 발달과제를 달성하지 못한 사람들이다. 정신병 환자들은 생각이 자신의 내부에서 나오는지, 방에 있는 다른 사람으로부터 나온 것인지, 커피 주전자에서 나오는 것인지를 구별하지 못한다. 이러한 발달 수준의 경우에 어떠한 형태로든 삶을 유지하기 위해서는 약물치료와 안전한 환경이 필요하다. 두 번째 발달 수준에서는 '나와 내가 아닌 것'의 경계는 명확하지만, 이 단계에 있는 사람들은 다른 사람들에 대해 미워하는 느낌과 사랑하는 느낌을 완전히 통합하지 못한다. 이들은 영아적 또는 클라인의 편집-분열위치와 같은 분열된 수준의 발달단계를 보인다. 이들은 흔히 사람들과의 관계를 절실히 원하지만, 이러한 관계는 고통과 극적임으로 가득 차 있다. 이들은 사람들과 관계를 유지하기를 원하지만 주기적으로 분노를 폭발하며, 흔히 대인관계를 과격하게 단절하고 그로부터 떠나 버리는데, 마치 자신들이 나쁜 것과 연결되어 있을 때는 좋은 것을 잊어버리는 것처럼 보인다. 이들이 바로 도와주고 치료하기에 어렵기로 악명이 높은 '경계 및 자기애성' 인격들이다. 컨버그의 세 번째 수준에 있는 신경증 환자들은 프로이트가 기술한 오이디푸스 문제를 가지고 있는데, 자신들의 정신내적 갈등을 다루지 못한다. 그럼에도 불구하고 이들은 자기와 대상에 대한 경계는 명확하며 긍정적이고 부정적인 느낌에 대한 통합도 잘 유지하고 있다. 이들은 다른 사람과 다툴 것인지, 떠날 것인지, 혹은 계속 관계를 유지할 것인지를 명확하게 구별할 수 있다.

클라인처럼, 컨버그는 좋은 느낌과 나쁜 느낌을 시간이 지나면서 자기감각을 만들어 내는 생명력의 기본으로 보았다(Klein, J., 1987). 프로이트와는 대조적으로, 이러한 좋고 나쁜 느낌들은 기본적이고도 중요한 요소로서 나중에 서서히 강화되어 결국 욕동으로 경험된다. 주관적으로 인식된 좋은 느낌들과 만족을 주는 상호작용은 즐거움을 추구하는 욕동이 된다. 주관적으로 인식된 나쁜 느낌들과 불만족스러운 상호작용은 나중에 공격적 욕동이 된다. 이러한 공격적 충동들은 특히 위험한데, 그것이 우리가 사랑하기도 하는 사람에게 향해질 수 있기 때문이다.

컨버그의 발달 모델은 클라인의 대상관계이론과 자기심리학을 통합함으로써 프로이트의 욕동 모델보다 더 빠른 시기에 시작된다. 그에게 있어서 성격의 가장 중요한 부분은 각 개인의 내적 대상관계의 발달 수준—정신병 수준인지, 경계-자기애성 수준인지, 신경증 수준인지—에 있다고 보았다.

사랑

컨버그는 성욕(sexuality)과 사랑하는 사람 사이의 연결에 대해 할 말이 많았다. 컨버그에 따르면, 프로이트의 쾌락원칙 또는 리비도인 성욕은 정신병리의 직접적인 원인이 아니다. 그것보다는 클라인의 초기 자기-대상관계 구조가 성욕에 숨어 있는 의미와 행동을 만들어 내며, 이와 똑같은 대상관계가 불편함의 원인이 된다. 그는 자신의 세 가지 수준의 틀 속에서 성욕과 사랑(love)을 더 자세히 설명하였다(Mitchell & Black, 1995). 가장 장애가 심한 또는 정신병적 수준에서의 관계는 연속적으로 발생하지 않는데, 대인관계가 전혀 없거나 완전히 융합되는 것으로 나타난다. 그가 가장 관심이 있었던 중간 수준의 인격장애에서는 성적 욕구가 친근함 및 애정과 혼합될 수 없다. 이 수준의 사람들은 성욕과 친근함을 서로 다른 범주로 분열시킨다. 더욱이 욕정(passion)은 공격성 또는 역거움과 같은 '내가 아닌 것'의 측면들과 혼합될 수 있다. 신경증 수준에서는 자기와 다른 사람이 전체로 인식되기 때문에 중간 수준 또는 경계-자기애성 수준의 완전한 분열 과정보다는 무의식적이고 잘못 이해된 충동 때문에 어려움이 발생한다. 그에게 있어서 이러한 신경증적 문제들은 여전히 고전적인 욕동이론으로 가장 잘 이해되었다.

치료

컨버그(1975, 1984)에게 있어서 발달의 중간 수준에서 가장 기본적인 문제는 타고났지만 부정하고 있는 파괴적인 공격성이었다. 클라인과 마찬가지로, 그는 경계 및 자기애성 문제들은 타고난 체질적인 문제가 있기 때문에 이러한 문제를 가지고 있는 사람들은 자신과 다른 사람 모두를 미워하는 자신의 능력을 알게 되는 것으로부터 자신을 보호하기 위해 방어 체계를 만든다고 믿었다. 그는 자기애를 세 가지 수준—정상 어른, 정상 아이, 병적 자기애—으로 분류하였다(Kernberg, 1975). 그는 타고난 공격성에 대한 자신의 이론을 사용하여 클라인의 선망, 탐욕과 같은 원시적인 파괴적 감정 및 방어들과 발달의 중간 수준인 경계 및 자기애성 상태를 통합시켰다.

그는 자신의 치료방법을 전이중심 정신치료(transference-focused psychotherapy)라고 불렀으며 경계 및 자기애성 상태 모두에 대한 매우 특별한 통찰을 제공하였다. 그는 경계성 환자들은 자신의 내적 세계를 유지하기 위해 전형적으로 상당히 많은 분리(splitting)와 이상화(idealization)를 사용하는 반면, 자기애성 환자들은 자기 스스로를 이상화하고 다른 사람들은 평가절하한다고 기술하였다. 프로이트 및 클라인 분석에서와 마찬가지로, 그의 치료는 일주일에 여러 번 환자를 만나서 전이에 중점을 두고 치료하는 것이었다. 그의 해석은 경계 및 병적 자기애성 환자들이 자신 및 자신에게 중요한 다른 사람에 대한 반대되는 내적 표상들(internal representations)을 유지하기 위해 사용하는 방어기제들을 직면시키는 것이었다. 이 환자들은 좋은 관계를 유지하기 위해 인간적인 방식의 사랑과 공감을 사용할 수 없다. 이러한 분리가 전이에서 드러날 때, 분석가는 통합이 발생할 수 있도록 그것을 지속적으로 직면시키고 해석한다. 이러한 방식의 치료가 전통적인 분석의 틀과 다른 점은 특히 이런 중간 수준의 집단에서 자주 발생하는 자해 및 치료 파괴 경향에 대해 환자와 치료자 모두가 구체적인 방식으로 참여할 책임이 있다는 구체적인 계약을 맺는다는 점이다(Kernberg, 1984, 2015).

컨버그의 치료 방식은 철저히 한 사람 모델에 기초한 것이었지만, 그는 이러한 중간 수준의 환자들과의 치료는 흔히 분석가의 중립 상태를 위협하는 강렬한 반응들이 유발된다는 것을 알고 있었다(Kernberg, 1975). 그러나 그는 분석가의 혼란스럽고 강렬한 역전이(countertransference) 느낌은 환자 쪽에서의 심한 퇴행(regression)을 나타낸다는 것을 인식하면서, 이러한 반응을 오직 환자에 대한 정보로만 구체적으로 사용할 것을 주장하였다. 분석가는 환자와 연결되어 있기 위해 이러한 과정을 허락함과 동시에 내적으로 그리고 필요하다면 외적인 경계를 사용하는 것(입원 및 집단 치료 등) 모두와 연관된 자신의 자아 기능을 잃어버려서는 안 되는 것이 중요하다.

컨버그(2015)는 오늘날과 같은 근거를 중심으로 하는 치료의 세계에서 정신분석을 하나의 과학으로, 하나의 전문 직업으로 더 발전하게 해 주기에 충분한 연구들이 되어 있지 않다는 것을 알고 있었다. 그는 스스로도 연구를 진행하고 있으며 다른 정신분석 단체에게도 연구를 진행할 것을 격려하고 있다. 그의 심한 정신병리를 위한 전이중심 모델은 근거중심치료라고 주장하는 인지행동치료만큼이나 효과적이라는 것을 증명하기 위한 노력의 결과로 이제는 근거중심치료의 하나로 분류되어 있다.

자폐증 아이를 키우면서 클라인의 선망 때문에 힘들어했던 메리가 기억나는가? 나는 그녀와 함께 있을 때면 자주 컨버그를 생각했다. 그가 부정적인 감정과 전이에 관심을 두었던 것이 우리의 치료가 진행될 때 나타났다. 그녀가 어린 시절에 그녀의 엄마에게서 받았던 정서적 · 신체적 학대는 그녀가 상당한 직업적 성취를 얻었음에도 불구하고 그녀 스스로를 미워하게 만들었다. 그녀의 아들과 연관된 선망, 분노, 미움을 다루는 것은 그녀의 어린 시절 공포와 분노를 다시 불러일으켰다. 메리는 겁에 질린 아이에게는 이러한 폭력적인 느낌과 충동들이 정상적인 것이며, 이러한 것들이 성장하고, 발달하며, 그녀의 한 부분이 되기 전에 받아들여질 필요가 있었다는 것을 믿기 어려워하였다. 비록 아직은 자신의 파괴적인 공격성을 통합할 수 없었지만, 메리는 마음 깊이 그것을 부끄러워하고 있었으며, 지난 몇 년 동안 자신이 사회적 관계를 모두 파괴했다는 것을 알고 있었다. 그녀의 모든 끔찍한 생각과 행동에도 내가 그녀를 미워하지 않는다는 것을 알고 있었지만, 그녀는 내가 그녀를 '제거해 주기'를 기다리고 있었다. 그러는 동안, 우리는 그녀의 파괴적인 선망이 드러나게 만드는 유발요인을 계속 찾아 나가고 있었다. 우리가 앞으로 가야 할 길은 멀지만, 그녀는 조금씩 덜 불안하고 덜 부끄럽게 느껴진다고 말했으며, 내가 그녀를 미워하지 않는 것에 대해 놀라고 있었다.

토마스 오그던

클라인에게 강한 영향을 받은 또 다른 현대 미국인은 정신건강의학과 의사이자, 수필가이자, 소설가인 토마스 오그던(Thomas Ogden)이다. 오그던(1986)은 미국 서부에서 활동하면서 초기에 클라인, 바이언, 위니컷 및 이들이 정신분석 이론과 실제에 미친 영향에 대한 글들을 썼는데, 이러한 글들은 클라인의 두 가지 위치와 위니컷의 인간 조건의 한 부분으로서 역설에 대한 수용을 우리가 이해할 수 있게 해 주는 데 많은 도움을 주었다.

오그던(1989)은 그 뒤에 클라인의 두 가지 위치(편집-분열위치와 우울위치)보다 더 빠른 시기에 나타나는 경험의 자폐-접촉방식(autistic-contiguous mode)을 추가했다. 이 방식은 전적으로 감각에 의존하는 방식으로 대인관계적인 요소는 전혀 없다. 영아는 물건 및 사람들의 세상과 상호작용할 때 신체적인 감각을 사용한다. 클라인과 마찬가지로, 오그던은 이 세 가지 방식 모두가 경험의 방식이며 각각은 평생을 통해 항상 사용 가능하다고 제안했다. 우리 인간은 전후 상황과 내부에서 나오는 느낌 모두에 따라 이 세 가지 방식 사이를 왔다 갔다 하게 된다. 클라인은 우리가 항상 변화하고 있으며, 우리의 마음과 존재의 상태는 결코 고정되지 않는다고 주장하였다. 오그던은 이 세 가지 방식이 불안을 어떻게 다른 방식으로 다루는지 및 자기와 다른 사람을 어떻게 연관시키는지에 대해 자세히 설명하였다. 그는 자신의 환자들과 앉아 있을 때, 환자와 자기 내부에 있는 이 세 가지 방식 모두에 초점을 맞추었다.

오그던의 자폐-접촉방식은 상징적으로 경험하는 방식 이전의 감각적 방식이며, 내적인 위치와 자기경험의 초기 감각에 대한 기초이기도 하다. 감각적 자료들은 피부 표면에서 경계를 만들어 내며, 이것은 '나와 내가 아닌 것'에 대한 가장 기초적인 감각이 된다. 아기는 안겨지는 것과 젖을 먹는 것을 피부를 통해 경험한다. 프로이트는 최초의 자기는 신체자기(body-ego)임을 명확하게 밝혔다. 오그던(1989)은 어떻게 최초의 자기감각이 엄마와 아기 사이의 연결을 통해 발달하는지에 대해 매우 잘 다듬어진 설명을 해 주었다.

잭은 자주 자신이 부서지는 것 같은 경험을 하였다. 그가 이렇게 혼란스러운 상태에 있을 때에는 불완전한 문장으로 말을 하고, 강렬한 수치심과 분노를 번갈아 보였다. 바이언은 나에게 잭이 어떻게 자신을 부서진 물건으로 경험할지, 그리고, 그를 담아 주고 소화시켜 그가 사용할 수 있는 어떤 것—나의 말, 나의 돌봄, 우리의 연결—으로 다시 돌려줄 수 있는 외부의 담아 주는 사람이 필요하다는 것을 알 수 있도록 도와주었다. 잭은 강력한 정신-신체 스트레스 상태인 '베타요소들'의 세계에 빠져 있었으며, 우리가 함께 존재한다는 것을 통해서만 자신의 감정을 흡수할 수 있었고 자신의 힘든 상황에서 무엇을 하는 것이 최선인지를 결정할 수 있는 조용한 장소를 발견할 수 있게 되었다.

그러나 잭의 감정을 담아내는 데 가장 도움이 되었던 것은 오그던의 자폐-접촉방식이었다. 잭이 너무 많은 감정 때문에 자신이 부서지는 것 같다고 경험할 때, 나는 이러한 느낌들을 담아내는 감각적 그릇으로 자신의 신체를 이용할 수 있도록 안내하였다. 그의 신체와 호흡에 집중함으로써, 우리는 오그던의 자폐-접촉방식으로 들어갈 수 있었고 감각적 흐름을 진정시키고 한 번에 하나의 감각에 집중할 수 있는 능력에 접근할 수 있었다. 우리가 이렇게 진행했을 때, 잭은 이완되었고 자신의 몸 전체를 접촉하기 위해 자발적으로 카펫에 누웠다. 오그던 이론의 도움으로, 나는 잭을 모든 것(느낌, 사실, 자기, 다른 사람)이 조각나 있는 편집-분열위치에서 자신의 신체적 감각에 의해 만들어진 담아내는 그릇으로 이동할 수 있게 도와줄 수 있었다. 이것이 오그던의 감각적 편집-접촉방식의 핵심이다. 우리가 그의 신체와 호흡에 집중할 때, 잭은 자신의 가슴, 두근거리는 심장 그리고 공포감을 인식할 수 있었다. 그는 이러한 공포 상태의 신체를 인식함으로써 자신의 호흡을 어떻게 가라앉히는지를 발견할 수 있었고, 결국 스스로를 진정시킬 수 있었다. 그가 이렇게 하고 있을 때, 잭은 역설을 발견하였다. 그에게 있어서 공포는 항상 존재하는 것이었는데 지금 이 순간에는 두려워할 것이 아무것도 없다는 것이었다. 이러한 깨달음을 통해 우리는 하나의 새로운 가능성이 생겼다. 우리는 신체의 감각에 기초를 둔 오그던의 편집-접촉방식에서 관찰하고 생각이 가능하며 담아 주는 자기가 있는 클라인의 우울위치로 이동할 수 있었다.

오그던(2005)은 환자가 분석가 및 자기 스스로를 알 필요가 있으며, 분석가 또한 환자를 알 필요가 있다는 점을 매우 강력하게 강조하였다. 오그던은 서로가 진정으로 아는 것은 매우 복잡하고, 여러 단계가 있으며, 매우 어렵다는 것을 알고 있었다. 내가 생각하기에 오그던은 바이언이 주장했던 모든 만남은 신선하고 새로워야 하는 동시에 환자에 대해 배우고 환자가 원하는 것이 무엇인지에 대해 알아 나가야 한다는 경고의 과도기적인 상태를 주장하고 있다. 분석가와 환자 모두는 독특하며, 매일매일은 항상 새로운 것이다. 그는 정신분석을 환자가 인간이 하는 경험의 흐름을 견디면서 생존할 수 있는 능력을 증가시키는 것으로 보았다.

내 생각에 바이언, 컨버그, 오그던은 클라인 계보에 속하며, 이들 모두는 자신들의 생각과 치료를 하는 방식에 그녀가 상당한 영향을 미쳤음을 알고 있다. 이들은 동시에 서로서로 및 클라인과 매우 다르기도 하다. 바이언의 해석을 해 주는 접근법과 나타나는 현상에 대한 접근법은 그가 폭풍우라고 표현했던, 두 사람이 상호작용을 할 때 항상 발생하는 현상에 초점을 두었다. 내가 보기에 그는 치료보다는 삶을 조사하면서 드러나는 복잡성을 알아차리고 그 속에서 살아가는 것에 더 관심이 있었던 것처럼 보인다(Bleandonu, 1994).

병적 발달의 지연을 치료하기 위해 보다 직면을 시키고 한 사람 심리학에 초점을 둔 점으로 보아, 컨버그는 클라인에 가깝다. 게다가 컨버그는 만약 정신분석이 생존하려고 한다면 반드시 발전해야 하고 뇌과학에서 나온 새로운 정보들을 받아들여야 한다는 사실을 알고 있었다. 오그던은 바이언(오그던은 바이언을 매우 칭송하였다)처럼 분석가와 환자 사이 및 이 두 사람으로 이루어진 한 쌍의 특별함에 대해 광범위한 글을 썼다(Ogden, 1997). 바이언과 오그던은 분석가와 환자가 계속적으로 상호 교환을 하며 영향을 미치는 두 사람 심리학의 틀 내에서 이론을 만들어 내었다.

클라인 학파의 이론과 전통은 인간의 마음에 대한 우리의 이해를 프로이트의 갈등과 욕동 모델보다 더 깊고 더 신비로운 영역으로 이동시켰다. 클라인 학파와 영국 대상관계학파의 다른 이론가들은 가냘픈 영아에게 있어서 욕구가 충족되지 않는 것은 삶과 죽음의 문제라는 가슴 아픈 진실을 추론하기 위해 영아와 아이들에 대한 직접적인 관찰법을 사용하였다. 이들은 경험과 상상을 통해 일부 어른에게서 나타나는 원시적인 분노와 정신병적 불안은 정확히 삶과 죽음의 문제와 똑같은 것으로 느끼게 된다는 결론을 내렸다. 우리는 현대의 신경과학 덕분에 생후 첫해의 뇌는 아직 완성된 것이 아니며, 자신들의 직관을 객관적인 것이라고 믿게 만든다는 것을 더 잘 이해하게 되었다.

클라인과 컨버그에게 있어서 이러한 문제들은 전적으로 환자에게 있었다. 프로이트와 마찬가지로, 이들의 이론은 명백히 한 사람 심리학이었다. 바이언과 오그던은 두 사람 심리학을 지향하였다. 이들은 매번의 분석이 독특한 것이며, 분석가와 함께 만들어 낸 관계는 과거의 상처를 회복시켜 줄 수 있는 담아내는 그릇을 만들어 주는 방식을 발견하게 해 준다고 보았다(Ogden, 1997).

3장의 주요 개념

담겨지는 것contained 아기의 감정적/생리적 욕구들이 베타 상태의 불편함에서 알파 상태의 편안함으로 변화되는 것을 설명하는 바이언의 비유

담아내는 것container 아기의 불편함을 다루는 엄마의 능력에 대한 바이언의 비유

대상object 자신이나 자신의 부분들이 아기의 자기감에 통합될 수 있도록 해 주는 아기를 돌보는 사람들을 말한다.

명상reverie 자신의 내적인 삶을 사용하여 다른 사람의 마음속에 어떤 일이 일어나고 있는지를 이해할 수 있는 엄마 또는 치료자의 능력을 말한다.

바이언의 생각이론Bion's theory of thinking 초기의 아기들이 하는 생각 방식인 베타요소들은 보다 성숙한 다른 마음과의 상호작용을 통해 알파요소들로 점차적으로 변형된다. '실제적인' 생각이라기보다는 생각에 대해 생각하는 방식으로 간주하였다.

분리된 세상split world 아기는 처음에 연속적인 시간에서 살지 않기 때문에 각각의 경험은 분리되고 개별적인 것이 된다. 따라서 '나를 돌봐 주는 좋은 엄마'와 '편안한 나', '나를 돌봐 주지 않는 나쁜 엄마'와 '좌절하는 나'의 분리된 세상을 경험한다.

신경증 수준neurotic level 정신병 수준 다음의 발달 수준으로 이 수준에서의 불안은 다양한 방어에 의해 조절된다.

오이디푸스 이전 문제pre-Oedipal issues 대상관계 이론가들에 의해 설명된 생후 첫 5년 동안 형성되는 정신적 삶의 내적인 역동. 이 시기에 아이는 자신과 엄마가 모두 좋고 훌륭하거나 아니면 모두 나쁘고 끔찍한 것으로 경험한다.

자폐-접촉방식autistic-contiguous mode 오그던이 클라인의 위치들에 추가한 것으로 클라인의 두 가지 경험 방식의 기초가 되는 감각적이고 신체적인 존재 방식을 말한다.

정신병 수준psychotic level 합리적인 생각과 감정적인 스트레스를 다루는 능

력이 존재하기 이전의 인간의 마음 상태

조증방어manic defense 클라인과 위니캇에 의해 매우 자세히 논의된 내용으로 행동을 통해 고통스러운 느낌을 무시하기 위해 발달된 능력

클라인의 위치Kleinian positions 아기는 처음부터 세상을 좋은 것과 나쁜 것으로 '분리'할 수도 있고 담아내는 엄마 안에서 보다 전체적인 너와 나로 통합할 수도 있다는 생각

탐욕greed 다른 사람이 줄 수 있는 것보다 더 많은 것을 원하는 것으로 클라인이 말한 신생아의 핵심적 성향들 중의 하나이다.

투사동일시projective identification 원시적인 신체적 의사소통에 대한 첫 번째 이해로, 언어를 사용하기 전에 어떻게 느낌이 한 사람에게서 다른 사람에게로 전달되는지를 설명해 준다.

한 사람 심리학one-person psychology 치료 상황에서 환자가 경험하는 것은 환자의 마음 상태에서 유발된 것이며, 치료자는 어떠한 영향도 미치지 않는다는 관점의 심리학. 이와는 대조적으로 두 사람 심리학에서는 우리 모두는 항상 서로에게 영향을 미치고 있다고 제안한다.

환상phantasy 아기의 타고난 욕동이 삶의 초기의 무의식적 경험에 의해 어떻게 다듬어지는지를 설명하기 위해 클라인이 도입한 개념

참고문헌

Bion, W. R. (1959) Attacks on linking. In Spillius, E. B. (Ed.) (1988) *Melanie Klein Today*. London: Routledge.

Bion, W. R. (1962) *Learning from Experience*. New York: Basic Books.

Bion, W. R. (1990) *A Memoir of the Future*. London: Karnac.

Bleandonu, G. (1994) *Wilfred Bion: His Life and Works 1897-1979*.

London: Free Association Books.

Brenner, C. (1955, 1974) *An Elementary Textbook of Psychoanalysis*. Garden City, NY: Anchor Press/Doubleday.

Grosskurth, P. (1986) *Melanie Klein: Her World and Her Work*. New York: Knopf.

Grotstein, J. S. (2007) *A Beam of Intense Darkness: Wilfred Bion's Legacy to Psychoanalysis*. London: Karnac.

Kernberg, O. (1975) *Borderline Conditions and Pathological Narcissism*. New York: Jason Aronson.

Kernberg, O. (1984) *Severe Personality Disorders*. New Heaven: Yale University Press.

Kernberg, O. (2015) Resistances and progress in developing a research framework in psychoanalytic institutes. *Psychoanalytic Inquiry*, 35: 98-114.

Klein, J. (1987) *Our Need for Others and Its Roots in Infancy*. London: Routledge.

Klein, M. (1957) *Envy and Gratitude*. London: Tavistock.

Klein, M., & Riviere, J. (1964) *Love, Hate and Reparation*. New York: Norton.

Mitchell, S., & Black, M. (1995) *Freud and Beyond*. New York: Basic Books.

Ogden, T. (1986) *The Matrix of the Mind*. Northvale, NJ: Jason Aronson.

Ogden, T. (1989) *The Primitive Edge of Experience*. Northvale, NJ: Jason Aronson.

Ogden, T. (1997) *Reverie and Interpretation: Seeing Something Human*. Northvale, NJ: Jason Aronson.

Ogden, T. (2005) *This Art of Psychoanalysis*. New York: Routledge.

Segal, H. (1979) *Melanie Klein*. New York: Viking.

Siegel, D. J. (2007) *The Mindful Brain*. New York: Norton.

4 *Anna Freud*

안나 프로이트

우리는 갈등뿐만 아니라 정신적인 힘도 가지고 있다.

Anna Freud

안나 프로이트(1895~1982)는 프로이트의 막내딸이었으며, 그녀 삶의 후반부는 감정적으로나 직업적으로 프로이트와 가장 닮아 있었다. 그녀는 교사로서의 수련을 받은 후에 분석가가 되기로 결정했으며, 그 당시에는 가능했던 일로 아버지에게서 분석을 받았다. 오늘날의 관점에서 보면 이것은 받아들여질 수도 없고 또 가능하지도 않은 일이었다. 그러나 그녀가 살았던 당시에는 분석가가 자신이 들은 이야기를 거의 기계적으로 반향해 줄 수 있는 완전히 중립적이고 개별적이며 객관적인 마음을 가진 사람으로 생각되었다는 점을 기억하는 것이 도움이 될 것이다. 게다가 앞 장에서 설명했듯이, 분석가가 되는 과정은 분석을 받고 지역 정신분석학회에 논문을 제출하면 되는 것이었다. 많은 세월이 지나서야 조직적인 분석학회가 분석에 대한 공부 과정을 제공하게 되었다. 안나는 1922년 비엔나 정신분석학회에 구타 공상과 자위(beating fantasies and masturbation)를 주제로 한 자신의 첫 논문을 발표하였다. 물론 이 논문은 '원본능'과 연관된 주제를 다루고 있었는데, 이러한 논란이 많은 주제를 발표한다는 것은 그녀 입장에서는 상당한 용기가 필요한 행동이었다(Young-Bruehl, 1988).

앞에서 언급했듯이, 프로이트는 자아가 원본능의 힘과 외부 세계 사이를 중재한다는 개념을 추가하였다. 이것은 그의 원본능, 자아, 초자아의 세 부분으로 이루어진 모델을 만들기 위한 또 다른 발전의 단계였다. 그는 원래 이론에서 원본능은 학습할 수 없으며 하지도 않는다고 하였다. 따라서 자아 개념의 추가는 아기가 태어날 때부터 학습하고 적응할 수 있는 능력이 있다는 것을 제안하는 것이었다. 프로이트가 제안한 원래의 원본능심리학(id pychology; 클라인과 그녀의 동료들에 의해 다듬어진)은 성적 본능과 공격적 본능을 길들이는 것이었다. 1936년까지 안나 프로이트는 방어기제를 통해 원본능을 다루는 능력을 가진 자아를 중요시하였고, 자아에 대한 이론을 더 정교하게 만들었다. 자아심리학(ego psychology)은 학습하고 적응하며 우리의 개인적인 자기감을 만들어 내는 우리의 능력에 초점을 맞추었는데, 이러한 과정에 공급되는 에너지는 원본능의 욕동 리비도라는 점을 인정하였다. 자아심리학자들은 우리의 마음이 클라인의 위치들에서 보이는 것처럼 끔찍하고 항상 혼란스럽다기보다는 선천적으로 보다 안정적이고, 구조가 잘 갖춰져 있으며, 여러 층으로 이루어져 있다는 것을 발견하였다. 미국에서의 전통적인 정신분석은 이 계보에 더 속해 있다고 말하는 것이 옳을 것이다.

안나는 1936년 독일에서 『자아와 방어기제(The Ego and the Mechanisms of Defense)』를 출간하였다. 안나는 자아 및 자아의 발달에 초점을 맞춤으로써 인간의 성격에 대한 우리의 이해를 도왔다. 그녀는 분석가가 무의식적인 내용을 의식적인 것으로 만드는 과정은 변하지 않으려 하는 증상들뿐만 아니라 의식화되는 것에 저항하는 자아도 다루는 것이라는 점을 깨닫게 되었다. 안나가 개발한 치료법은 성격분석이 되었으며, 자아와 초자아가 만나서 만들어지는 역동을 이해하는 것에 그 목적을 두었다. 그녀는 자아가 역설적으로 고통에서 벗어나기를 원하는 동시에 받아들일 수 없고, 견딜 수 없는 것을 알게 되는 것으로부터 자기를 지키려고 한다는 것을 발견하였다. 이 두 가지의 자유에 대한 욕구와 안전에 대한 욕구는 계속적으로 균형을 맞추고 있으며, 자기의 주체성을 유지하기 위해 방어기제들을 만들어 낸다. 그녀는 우리가 잘 알고 있는 방어기제들의 목록을 만들었다. 투사(projection), 퇴행(regression), 승화(sublimation), 반동형성(reaction formation), 취소(undoing), 역전(reversal), 함입(introjection), 동일시(identification), 자기에게로 돌리기(turning against the self). 안나는 자아의 방어기제들을 연구하면서 자신의 아버지가 했던 치료의 기본적인 방식인 자유연상이 실제로는 매우 어려운 것임을 깨달았다. 따라서 그녀는 자유연상이 간단한 능력이라고 기대하기보다는 자유연상을 하게 되는 것을 하나의 목적으로 간주하였다(Freud, A., 1936, 1966, 1935, 1960).

안나는 자신의 아버지가 매우 사랑한 딸이었기 때문에, 그녀가 자신의 삶을 아버지의 그림자 밑에서 보냈고, 계속 연구하였으며, 그의 인정을 바랐고, 정신분석에 의미 있는 기여를 하고 싶었으며, 또한 자신만의 삶을 살기를 원했다고 보는 것은 어렵지 않을 것이다. 그녀는 아버지와 마찬가지로 계속 자기분석을 하였고, 자신의 이론을 만들어 내는 데 자신의 꿈을 사용하였는데, 이러한 내용에 나오는 사람을 자신이라고 발표하지 않고 주변에 있는 사람들의 표상이라고 발표하였다. 그녀는 자기 친구들의 아이들을 분석하였고 이러한 경험을 자신의 이론을 만드는 데 사용하였다. 그녀는 편지에서 이 아이들로부터 더 많은 것을 알게 되기를 바랐다고 인정했는데, 특히 그녀의 친한 동료였던 도로시 벌링엄(Dorothy Burlingham)의 아이에게서 더 그랬다(Young-Bruehl, 1988). 그녀는 분명히 다루어야 할 많은 갈등과 양가감정을 가지고 있었다. 그녀는 항상 그녀 아버지의 성적 및 공격적 욕구들이 어떤 아이에게서도 선천적으로 나타난다는 것을 인정했지만 아이들은 단지 이러한 욕구들 말고도 많은 것을 가지고 있다고 주장하였다. 아이들은 권위적인 인물에 대한 두려움으로 속박되거나 제한된 환경에서 자라는 것이 아니라 창의적이고 상상력이 풍부한 환경에서 양육될 필요가 있었다. 그녀는 또한 다양한 보육시설을 이용하여 아이들과 그들의 발달에 필요한 중요한 발견들을 전 세계적으로 알리기 위해 큰 규모의 연구에도 참여하였다(Solnit, 1986).

안나의 관심은 비엔나에서도 런던에서도 항상 아이들에게 있었다. 그러나 그녀는 연약한 아기가 삶과 죽음, '좋은 것'과 '나쁜 것'

의 극단적으로 반대되는 세상의 소용돌이 속에 있다는 클라인의 이론을 받아들일 수 없었다. 안나는 처음에는 자신의 아버지의 오이디푸스 시기에 초점을 두었다가 그 이후에는 오이디푸스 이후 또는 잠복기(post-Oedipal or latency period)라고 불리는 아동기 후반과 청소년기에 관심을 두었다. 아이는 이 시기 동안에 바깥세상에 대해 배우고, 숙달하며, 참여하는 것을 통해 자기를 조금씩 강화시키는 데 관심을 가지게 된다. 그녀는 정상적이고 실제적이고 매일 일어나는 발달과 교육을 이해하고 싶었으며, 부모와 교육자들이 정서적으로 건강한 아이들을 양육할 수 있도록 돕고 싶었다(Freud, A., 1966). 그녀는 연구에 열중하였는데, 특히 제2차 세계대전의 혼란 속에 버려진 아이들 또는 불행하거나 건강하지 못한 가족 환경에서 자란 아이들을 대상으로 연구하였다(Freud, A. & Burlingham, 1943, 2015).

안나는 자신의 동료였던 도로시 벌링엄과 함께 전쟁 동안에 처음으로 햄스테드 전쟁보육원(Hampstead War Nurseries)을 설립하였으며, 그 이후에는 햄스테드 치료소를 설립하였다. 이곳은 장애가 있는 아이들을 포함하여 아이들과 가족을 돕고, 아이들과 치료를 하는 수련분석가들을 위한 평생을 바친 계획이었다. 박탈당하고, 장애가 있으며, 앞을 볼 수 없는 아이들을 공감적이고 연민 어린 방식으로 치료한 첫 연구 자료들을 포함하여 중요한 논문들이 이들의 연구로부터 나오게 되었다. 나는 안나가 자신의 연구와 논문 작성에 대한 자신의 사랑을 자신의 음경아기(penis-child)라고 부른 것이 슬펐는데, 그 당시에는 완전히 전형적이었던 언어의 사용이기는 하지만 어쨌든 슬펐다(Young-Bruehl, 1988).

그녀 보육원의 노력으로 천 명이 넘는 아이들이 유럽에서 건너와 영국과 미국으로 입양되었다. 그녀의 특별한 관심을 받았고 그녀 조직의 돌봄을 받았던 한 특별한 어린이 집단에 대해서 나는 이야기를 하고 싶다. 이들은 테레지엔슈타트(Theresienstadt) 강제수용소에서 3년 동안 많은 양육자에 의해 키워졌던 6명의 고아였다. 이들이 하나의 집단으로 영국으로 왔을 때는 매우 공격적인 어린 깡패들 같았는데, 오직 서로만을 마음 깊이 아껴 주고 있었다. 이들이 함께 있고 싶어 하는 욕구가 즉각 인식되었고, 이들에게는 영국 북쪽에 있는 자신들만의 집이 제공되었으며, 바뀌지 않고 지속적으로 함께 머무르는 잘 훈련된 양육자가 배치되었다. 이들은 매우 건강한 것으로 밝혀졌는데, 이는 지속적으로 돌봐 주는 어른이 필요하다는 것에 대한 모든 이론을 혼란스럽게 하는 것이었다. 이들은 부모의 도움 없이 그리고 부모의 사랑에 대한 형제간의 경쟁심 없이 하나의 형제 같은 하나의 집단을 이루고 있었다. 안나가 이들에 대한 이야기를 썼을 때 그들은 자기성애적(autoerotic)이고 공격적이고, 가만히 있지 못하고 어려운 아이들이었지만, 어떤 방식으로든 결함이 있거나 범죄 행동을 보이거나 정신병적이지는 않았다고 기술하였다. 이들은 서로서로를 사랑함으로써 매우 독특한 방식으로 생존하는 방법을 터득한 것이었다. 이들은 지속적으로 엄마의 역할을 해 주는 양육자가 제공된 이후로 진정되었고, 영어를 배웠으며, 사회적 및 지적 발달이 계속되었다. 정말로 놀랄 만한 이야기가 아닌가!

이 어린 깡패들은 좋은 대상관계를 만들어 낼 수 있는 기회를 제공해 주면 공격적인 욕동이 리비도 욕동과 함께 적절하게 혼합될 수 있다는 안나의 낙관적인 가설을 확인시켜 주었다(Young-Bruehl, 1988). 이것은 그녀가 설립했던 다양한 보육시설에 대한 그녀의 열정을 더욱 커지게 하였는데, 이러한 시설에서 그녀는 아이들의 자아 강도에 초점을 둔 연구들을 계속하였다.

자아심리학의 시각에서 제스와 수지를 한번 살펴보자. 이들은 자신들의 갈등과 힘든 상황을 극복하기 위해 자아 방어기제들을 어떻게 다르게 사용했을까? 제스의 증상은 아무 이유 없이 나타나는 우울감이었다. 그녀는 좋은 남편과 좋은 직장을 가진 매우 훌륭한 삶을 살고 있었지만 자신의 삶에 대해 좋다고 느끼거나 흥분된다고 느끼지 않았다. 그녀는 직장에서는 매우 일을 잘했지만, 집에서는 퇴행하여 자신의 어머니와 남편이 그녀를 조금 더 기분 좋게 해 주기를 바라고만 있었다. 그녀는 이들이 차이를 만들 수 있는 '힘'을 가지고 있다고 투사했다. 제스는 진료실에서 자신이 말을 느리게 하는 것에 대한 불안을 표현하였다. 그녀는 그녀의 어머니와 자신의 남편은 "말을 매우 빨리 하고 자신들이 옳다는 것을 알고 있다."라고 말했다. 게다가 제스 역시 그들이 '옳다'는 것을 믿고 있었다. 서로가 다르다는 것에 대해 슬퍼할 이유는 아무것도 없었다. 그녀는 자신의 감정과 욕구들을 포기하고 있었다. 그녀는 '자기에게로 돌리기' 방어기제를 사용하고 있었다. 우리가 함께 앉아 있을 때, 그녀는 여유가 있었고, 자신이 할 말과 느낌들을 알고 있었으며, 스스로를 존중했다. 자신의 권리를 포기하는 것은 자기가 매우 사랑하는 사람들과의 갈등으로부터 그녀를 보호해 주었다. 그러나 그녀는 만성적으로 자신이 부족하다고 느끼고 있었다. 그녀의 방어기제는 자신에게도 효과가 없을뿐더러 현재 가족 체계의 평화를 흔들어 놓기도 어려웠다.

내가 수지를 처음 만났을 때, 나는 그녀가 제스보다는 훨씬 더 강한 자아 방어기제를 가지고 있다고 생각했다. 그녀는 생동감을 느끼고 있었고, 건강하게 자신이 할 말을 알고 있었으며, 스스로에 대한 확신이 있었다. 제스와 마찬가지로, 수지도 직장에서는 일을 잘하였다. 그러나 일이 잘못되면 그녀는 부정과 취소의 방어기제를 사용하였다. 그녀는 흔히 분명히 그렇지 않음에도 불구하고 그 결과를 자신이 의도했던 것처럼 말하였다. 수지가 자신의 슬픔, 후회, 때때로 절망감을 발견하게 되기까지는 많은 대화가 필요했다. 이제 우리 두 사람 모두는 그녀의 공허함과 외로움을 극복하고 도와줄 수 있는 그녀의 정신적인 힘을 알 수 있게 되었다.

클라인과는 다르게, 안나 프로이트는 아이들과 치료를 할 때 아이들이 부모와의 관계에서 보이는 것과 유사한 전이관계로 빨리 빠져들지 않는다는 주장을 유지하였다. 그녀는 아이들이 여전히 자신들의 부모가 있고 지금은 새롭게 관계를 해야 하는 다른 사람이 있다는 점에 주목하였다. 따라서 그녀에게 있어서 이러한 관계는 양쪽 수준에서 모두 작동하고 있는 것으로 생각되었다(Young-Bruehl, 1988). 안나는 환자들이 보다 높은 차원에서 움직이는 기능들을 가지고 있으며, 관계는 자기가 가장 관심 있어 하는 부분에서 강화될 수 있다고 믿었다.

전쟁이 끝난 후 그녀가 런던에서 한 연구는 의존에서 감정적인 자기신뢰로의 아동기 발달 과정을 밝혀 주었으며, 아이들의 빠른 기술 습득력, 갈등의 창의적인 해결, 자존감을 강화시켜 주는 흥미의 발달에 대해서 알 수 있게 해 주었다(Freud, A., 1966). 클라인의 겁에 질려 있고 필사적인 영아의 모습과는 대조적으로, 안나의 이론적인 아기는 강인하고, 생동감이 있으며, 학습을 할 수 있는 창조물로 열정과 가능성을 보유하고 있는 존재였다. 그녀의 발달이론은 그녀 아버지의 욕동이론과 아이의 내적 세계에서의 대상관계를 만들어 내는 부모의 중요성을 결합한 것이었다.

그녀는 연구 논문들, 임상적인 논문들 그리고 양쪽 대륙의 전체 정신분석학회에 보내는 편지들을 포함하는 많은 글을 썼다. 그녀는 정상적인 발달에 대해 깊이 있게 연구함으로써 정신분석과 어린 시절 교육 모두를 풍부하게 만들었다. 그녀의 발달이론은 발달단계에 기초한 것이라기보다는 앞과 뒤로 움직일 수 있는 보다 진행적이고 계속적인 것이었다. 그녀는 생물학적으로 타고난 부분과 환경적인 요인 모두가 계속적으로 상호작용하고 있기 때문에 항상 양쪽 모두를 고려해야 한다는 점을 명확히 하였다. 그녀는 인간의 회복력에 대해 자신의 아버지나 클라인보다 훨씬 더 낙관적이었다.

나는 애도(mourning)가 삶에 있어서 매우 중요한 과정임을 밝힌 또 하나의 다른 논문 「상실과 누군가를 잃게 되는 것(About Losing and Being Lost)」에 대해 언급을 할 필요가 있다. 그녀는 여기에서 이미 언급했던 자기 아버지의 애도 과정에 대한 이해와는 조금 다르게 자기 자신의 애도 과정에 대해서 매우 심오하고도 순수한 방식으로 표현하였다. 프로이트는 그의 논문에서 애도 과정은 종결될 수 있으며 다른 사람에게로 리비도가 넘어갈 수 있다고 주장하였다. 안나는 조금 다른 경험을 하였는데, 이것은 분명히 내 생각과 비슷한 것이다. 그녀는 인간에게는 죽은 사람과의 관계를 유지하는 것과 살아 있는 사람과의 관계를 새로 만들어 내는 것 모두가 필요하다는 점을 알고 있었다. 어떻게 죽은 사람을 애도하고 어떻게 다른 사람과의 새로운 관계를 만들어 내는가는 인간이 가지게 되는 중요한 갈등으로 결코 해결되지 않으며 항상 다시 등장하고 또다시 등장하게 되는 문제이다(Freud, A., 1967).

안나는 미국을 여러 번 방문하였고 항상 미국에서 환영을 받았다. 그녀는 결국 미국 정신분석과 정신치료의 기초적인 인물이 되었으며, 그녀의 자아 능력에 대한 강조는 미국 정신분석 전통의 핵심이 되었다.

하인즈 하트만

안나 프로이트는 인간의 성향과 고통받는 사람들을 어떻게 도와줄 것인지에 대한 우리의 이해를 확대시켜 주는 데 핵심적인 사상가들이 된 많은 중요한 동료와 함께하였다. 안나가 흔히 갈등이 중심이라는 그녀 아버지의 이론을 너무 마음에 두고 있다고 간주되는 동안, 하인즈 하트만(Heinz Hartmann, 1894~1970)은 많은 사람에 의해 자아심리학을 창시한 사람으로 간주되었다. 그는 프로이트에게 분석을 받은 이후 유럽으로 도피했다가 1941년 뉴욕으로 이민을 갔다. 그는 1937년에 올바른 환경에서 건강하게 발달할 준비가 되어 있는 긍정적인 가능성으로 가득 차 있는 아기를 생각하면서 자아에 대한 이론의 토대가 된 논문을 독일에서 썼다. 하트만은 모성 건강의 개념에 많은 관심이 있었고, 지속적으로 자아의 적응적이고 창의적인 기능에 초점을 두었다. 그는 우리 모두는 내부에 갈등이 없는 영역을 가지고 있다는 혁신적인 가설을 발표하였다. 그 당시에 이러한 개념은 정신분석 세계에서는 완전히 새로운 것이었다(Mitchell & Black, 1995).

대부분의 분석가처럼, 하트만은 고전적인 프로이트의 전통 내에서 머물러 있기를 원함과 동시에 자신만의 기여도 하고 싶었다. 그가 영향을 미친 독특한 기여도의 중요성을 이해하기 위해 간단하게 프로이트의 원래 이론을 다시 살펴보자. 프로이트가 '이차과정 사고(secondary process thinking)'라고 불렀던 성숙(maturity)은 아이가 자신의 쾌락 욕구—'일차과정 사고(primary process thinking)'—와 현실 사이의 갈등을 해결할 때 발달한다. 아기는 본능적인 압력이 올라오는 불편함을 피하기 위해 현실적으로 생각하고 반응해야만 한다. 이 모델은 고전적인 기법의 한 틀이었는데, 만족시켜 주지 않고 해석을 통해서 하는 직면은 원본능의 압력을 밝혀 주며, 그 이후에 원본능의 에너지가 현실적인 기능을 할 수 있도록 바꿔 주는 것이다.

하트만은 초점을 원본능 욕동에서 우리 모두가 계속적으로 적응하고 학습하며 기술을 습득할 수 있는 자아의 가능성으로 바꾸었다. 또한 우리는 원본능 욕구 이외에 지각, 사고, 언어, 의도와 같은 타고난 자아의 뿌리를 가지고 있다고 보았다. 그의 시각에 따르면, 아기는 만족이나 불편함의 바다에서 단지 표류하듯이 떠다니는 것이 아니라 태어날 때부터 가지고 있는 이러한 모든 적응적인 잠재력을 가지고 있다. 하트만의 이론적인 아기는 수용적인 환경에 자연스럽게 반응한다. 그에게 있어서 심리적이라는 것은 생물학적인 것이 확대된 것인데, 아기가 심리적으로 발달하도록 하기 위해 엄마가 아기를 생물학적으로 돌봐 주어야 하는 것과 마찬가지이다. 그의 모델은 문제 및 문제에서 유래된 적응 모두를 동시에 바라보는 것을 포함한다(Hartmann, 1964).

프로이트는 승화(sublimation)가 보다 높은 수준의 문화적인 기능을 할 수 있게 해 주는 에너지의 근원이라고 제안하였다. 프로이트에게 있어서 모든 예술과 문명화는 성적 만족의 근원이 되는 원본능 에너지와 같은 리비도에 의해 만들어진다. 하트만은 이 과정을 조금 다르게 보았고 '중화(neutralization)'라는 용어를 제안하였는데, 중화를 통해 자아는 욕동의 성적 및 공격적 성향을 제거한다고 보았다(Mitchell & Black, 1995). 다시 한번 원본능을 조절하는 능력을 가진 자아의 힘을 강조하였다.

하트만은 적응이 직선적인 방식으로 발달할 뿐만 아니라 무의식적인 공상 속으로 우회함으로써도 이루어진다고 말하면서 그것이 정상적이면서도 좋은 과정이라고 주장하였다. 우리는 우리의 부모에 대해 현실에 기초를 둔 희망과 기대를 할 뿐만 아니라 우리 자신의 비합리적인 희망과 꿈을 통해 생각할 필요도 있다. 그에게는 이 모든 것이 사랑의 한 부분이며, 완전한 인간이 되는 한 부분이기도 하였다. 우리는 갈등과 염원 모두에 뿌리를 두고 있다(Hartmann, 1964). 이것은 우리 모두는 갈등만 가지고 있다는 프로이트와 클라인 전통으로부터의 큰 변화를 나타내 주는 것이다.

프로이트의 이론을 발전시킨 안나 프로이트와 미국으로 이민을 온 하트만 및 다른 이론가들에게 강력한 영향을 받은 미국 정신분석은 수십 년 동안 클라인 학파의 전통보다는 자아의 전통에 더 많은 영향을 받게 되었다. 고전적인 프로이트의 갈등 및 자아심리학 이론 모두가 미국 정신분석학의 기초가 된 것이다. 이 이론들은 모두 긍정적인 면을 가지고 있었고 많은 단체를 만들어 내었다. 이들은 성장하고, 창조하며, 적응하고, 문제를 해결하는 우리의 타고난 능력을 인정하였으며, 사람들과 생각뿐만 아니라 예술과 문학을 연결시켜 주는 개인적인 방법을 발견할 수 있도록 해 주었다. 해석과 통찰이 치료를 유발한다고 생각되었다. 자아심리학은 긍정적인 능력뿐만 아니라 욕동이나 강력한 내적 갈등에도 초점을 둔 치료자, 상담사, 교육자들이 받아들이는 자세가 되었다. 만약 프로이트와 클라인이 발달을 '밀어붙이는(push)' 것으로 나타냈다면, 안나 프로이트와 자아심리학자들은 발달을 '끌어당기는(pull)' 것으로 나타내었다.

나는 이러한 원칙들을 매우 존중하고 있으며, 이들은 내가 하는 치료에 많은 도움을 준다. 그러나 나는 여전히 메리의 선망, 찰리의 탐욕, 잭의 부서지는 마음을 변화시키는 데 클라인의 도움이 필요하다. 나는 이러한 문제들은 인간의 내적 마음의 땅을 지진을 통해 변화시키고 막대한 피해를 주는 것과 같은 클라인의 위치 개념으로 더 잘 이해할 수 있다. 일부 사람은 자신들의 적응적인 능력들이 완전히 짓밟혀 없어져 버린 것처럼 생각될 때도 있다. 이들은 다음 단계로 들어갈 모험을 감수하기 위해 더 많은 통찰, 안전함, 지지, 안내가 필요하다. 오늘날 우리는 이것을 발달 과정에서 입은 정신적 외상이라고 부르며, 이에 대해서는 7장에서 더 자세히 논의할 것이다.

메리는 임상적인 과정에 대한 하트만의 시각을 잘 보여 주는 좋은 예이다. 메리는 클라인의 선망 문제로 힘들어하고 있었다. 메리가 자폐증 아들을 키우고 있으며 정상적인 아이들을 가진 사람들에게 분노하고 있었음을 기억하라. 메리는 자신의 선망과 분노 때문에 당황스러워하고 있었다. 그녀는 자신을 나쁘고 친구를 사귈 가치가 없는 사람으로만 보고 있었다. 그러나 우리는 그녀의 일주일을 들여다볼 때 그녀가 같은 문제로 고민하고 있는 사람들과 전화를 하거나 문자를 주고받을 때 많은 친절함을 보인다는 것을 발견할 수 있었다. 메리는 이런 사람들과는 연락할 수 있었는데, 그들이 자신이 느끼는 것보다 더 나쁜 느낌을 가지고 있었기 때문이었다. 이런 순간에는 훌륭하거나 사랑스러운 것은 아니지만 괜찮다는 느낌을 받았다. 우리는 함께 괜찮음과 선망의 균형을 맞추기 위해 괜찮았던 순간을 이용할 수 있었다. 그녀는 서서히 선망이 자신이 존재하는 유일한 방식이 아님을 깨닫게 되었고, 자신이 괜찮다고 느낄 수 있는 기회를 더 많이 만들게 되었다.

르네 스피츠

이 책의 많은 다른 사람처럼 르네 스피츠(René Spitz, 1887~1974)는 비엔나에서 태어났고, 프로이트의 이론을 공부했으며, 처음에는 프랑스로 갔다가 그 이후 1939년에 뉴욕으로 가서 소아기 박탈(childhood deprivation)의 영향에 대한 연구에 참여하였다. 그는 초점이 아기의 정신내적 갈등에서 아기와 환경 사이의 상호작용으로 바뀌는 시기의 또 다른 핵심 인물이다.

스피츠(1946a, 1946b)는 그의 대부분의 동료처럼 개별적인 환자들을 통해 이론을 정립하기보다는 어려운 환경에서 자란 두 집단의 아기들을 연구하였다. 한 집단은 고아원에서 자란 영아들로, 아기용 침대에 갇혀 지냈으며 한 명의 간호사가 7명의 아이를 돌보았다. 다른 한 집단의 아기들은 교도소에 있는 보육시설에서 자랐는데 그들의 엄마와 교도소 간부들에 의해 돌보아졌다. 아기들이

4개월이 되었을 때 이 두 집단 사이에는 큰 차이가 없었다. 그러나 한 살이 되었을 때는 그 차이가 엄청나게 나타났다. 고아원에서 자란 아이들은 지적 · 신체적으로 발달하는 데 실패하였다. 이들은 호기심이 적었고 잘 놀지 않았으며 감염에 더 취약했다. 2세가 되었을 때, 고아원에서 자란 아이들 중의 단 2명만이 걸음을 걸을 수 있었고 대부분의 아이는 몇 개의 단어밖에 말하지 못했다. 교도소 보육원에서 자란 아이들은 다른 연구에서 밝힌 '정상적인 발달'과 비슷한 정도의 발달 수준을 보였다.

스피츠는 이 연구를 통해서 다른 연구들이 이미 밝혀낸 사실을 확신하였다. 아기들이 발달을 하기 위해서는 광범위한 인간적인 돌봄이 필요하다는 것이었다. 스피츠의 연구를 매우 영향력 있게 만든 것은 고아원과 병원을 포함한 다른 보육시설에서 자란 아이들이 매우 제한된 발달을 보인다는 것을 보여 준, 1952년에 발표된 가슴 아픈 동영상 때문이었다. 그 결과, 전 세계의 보육시설은 부모의 방문과 접촉에 대한 정책들을 변화시키도록 권유받았다. 이 동영상에 나오는 끔찍한 장면들은 말로 표현할 수 있는 것보다 훨씬 큰 영향을 미쳤다. 오늘날 우리는 말이 아닌 시각적인 장면들을 통해 감정을 만들어 내고 마음과 마음을 연결해 주는 우뇌의 힘에 대해 이해하고 있다. 그러나 지금 나는 이 동영상을 보는 것이 끔찍한 느낌과 함께 그동안 뭔가 다른 방식으로 했어야 한다고 느끼게 만든 영향을 전달하고 싶다.

고전적인 정신분석 훈련을 받았던 스피츠는 아이의 리비도가 쾌락(원본능 욕동)에 초점을 두고 있다는 점을 믿었지만, 그의 연구는 쾌락에 대한 요구와 함께 발달하는 자아는 특별한 다른 사람에 의해 돌봄을 받아야 한다는 중요한 생각을 추가해 주었다(Mitchell

& Black, 1995). 스피츠는 각각의 아이들이 특별한 다른 사람에 대한 특별한 애착을 반영하는 자신만의 '리비도 대상(libidinal object)'을 만들어 낸다고 믿었다. 그는 자아의 적응 및 서로가 함께 영향을 미친다는 하트만의 이론을 강조하였다. 영아는 프로이트의 구강기, 항문기, 남근기의 발달 과정을 거칠 뿐만 아니라 동시에 특별한 양육자와의 특별한 관계를 통해서 내적인 구조들을 만들어 낸다. 스피츠는 어린 시절 정신적 발달의 모든 측면은 모성적 환경에 의해 이루어지며, 만약 이러한 특별한 돌봄이 박탈될 경우에는 아기를 황폐화시키는 결과가 초래될 것이라는 주장을 유지하였다(Spitz, 1965).

스피츠가 만들어 낸 두 가지 추가적인 개념은 나에게 매우 중요하다. '의존우울증(anaclitic depression)'은 3개월 또는 그 이하로 사랑하는 사람과 격리되었을 때 나타나는 아이들의 애도, 분노 그리고 무감각해지는 것을 말한다. 이러한 부분적인 박탈은 비록 매우 느리기는 하지만 회복될 수 있다(Spitz, 1946b). 두 번째는 '병원증(hospitalism)' 또는 성장장애(failure to thrive)이다(Spitz, 1946a). 이것은 오랜 기간 동안 사랑하는 사람과 완전히 격리되는 것을 말한다. 그는 이런 경우에 영아는 회복하지 못하고 나이 든 아이는 회복하기가 지극히 어려운 결과를 낳게 된다고 말했다. 이런 경우 영아들의 건강이 위태로워지는데, 왜냐하면 영아들은 더 이상 주변 환경을 믿을 수도 없고, 의지할 수도 없기 때문이다. 분열성 요소(schizoid factors)라고 불리는 이러한 결과들은 5장에서 더 자세히 논의할 것이다.

완료된 연구와 끝나지 않은 연구

스피츠의 연구는 오늘날의 과학적 연구의 엄격한 기준에는 맞지 않는 것이 사실이다. 그러나 천만다행히도 그의 생각은 그 이후에 메리 에인즈워스(Mary Ainsworth, 1962)에 의해 꼼꼼하게 편집된 국제보건기구 출판물에서 그 정당성이 완전히 입증되었다.

잭은 이러한 특별한 돌봄을 주는 관계의 결핍으로 힘들어하였다. 그는 여러 보모에 의해 키워졌다. 그의 부모는 무관심했으며 때때로 무섭기도 하였다. 나는 앞의 오그던 부분에서 잭이 부서지는 느낌을 받을 때 어떻게 울고, 몸을 떨고, 가끔은 침대에서 나오지도 못했는지를 설명하였다. 이럴 때에는 어떠한 조직화되고 진행 중인 자기감도 없어져 버렸다. 잭의 과거 상황은 스피츠에 의해 보고된 아기들과 같지는 않지만, 그럼에도 불구하고 훌륭한 창의성으로 이루어진 그의 복합적인 양상은 심한 공포에 의해 약화되었으며, 내재화될 수 있는 특별한 관계를 만들어 내는 특별한 양육자를 그가 잃어버렸을 때 인간의 신체에 어떤 일이 일어날 수 있는지를 보여 주었다.

마거릿 말러

스피츠가 중요한 연구를 하고 논문을 쓰는 동안 또 다른 중요한 인물이 유럽에서의 전쟁을 피해 뉴욕에 도착하였다. 헝가리 출신의 마거릿 말러(Margaret Mahler, 1897~1985)는 독일에서 의사 수업을 받았으며 그 이후에 비엔나에서 분석가가 되었다. 그녀는 1938년에 뉴욕으로 이민을 왔으며, 뉴욕과 필라델피아에 진료도 보면서 수련과 교육을 할 수 있는 연구소를 설립하였다(Smith, 1986). 그녀는 동료인 프레드 파인(Fred Pine) 및 애니 버그먼(Anni Bergman)과 함께 아이들에 대한 많은 연구를 진행하였는데, 아이들과 엄마들 사이에 무슨 일이 일어나는지를 관찰함으로써 아동기 발달의 분리-개별화이론(separation-individuation theory)으로 알려진 이론을 만들어 냈다(Mahler et al., 1975). 그녀는 자신의 주의 깊은 관찰들을 발표하였으며 자신이 관찰한 것들을 분석이론의 한 사람 심리학적 측면으로 해석하였다. 그녀의 표현은 대인관계적인 것이 아니라 정신내적인 것에 초점을 맞춘 것이었다. 정상적인 가족 안에 있는 정상적인 아이들에 대한 경험에 기초를 둔 그녀의 관찰은 최초의 과학적인 연구들 중의 하나였으며, 성인 환자의 꿈과 자유연상을 통해 그 환자의 과거를 다시 맞추어 보는 것과는 매우 다른 것이었다.

분리-개별화이론

말러의 모델에서 발달은 시간이 지나면서 단계적으로 이루어진다. 그녀는 자신의 이론을 처음 발표했을 때 생후 첫 몇 주 동안의 시기를 '정상자폐기(normal autistic phase)'라고 불렀다. 이 시기는 프로이트가 말한 세상에 자신만 존재한다는 가장 원시적인 감각을 가지고 있는 시기로, 아기는 바깥세상과 떨어져서 대부분의 시간을 잠을 자면서 보낸다. 그녀는 그 이후의 연구를 통해 나중의 논문에서는 이 시기를 제외했다. 그러나 이 개념은 발달 개념에서 여전히 그 자리를 차지하고 있는데, 그녀의 중요한 책들 중의 하나인 『인간 영아의 심리적 출생(The Psychological Birth of the Human Infant)』 초판에 이 개념이 사용되었기 때문이다. 정신분석과 아동기 발달에 대해 공부하는 학생들은 이 책을 읽어 보기를 권한다(Mahler et al., 1975).

말러의 두 번째 시기는 '정상공생기(normal symbiotic phase)'라고 불린다. 이 시기 동안에 아기는 자신을 엄마의 한 부분으로 경험한다. 아기-엄마는 세상의 나머지 부분과는 분리된 하나의 독특한 구성 단위이며, 일종의 행복한 결합 상태 안에 있다.

개별화 과정(individuation process)

개별화 과정이란 용어는 많은 학파에서 다양하게 사용되었다. 모든 학파에서 공통되는 중심적인 양상은 각각의 개인이 가족 및 문화와 연결되어 있으면서 자신만의 뚜렷하고, 개별적이며, 독특한 주체성을 발견해야 한다는 것이다. 이것은 에이브러햄 매슬로(Abraham Maslow)가 '자기실현(self-actualization)'이라고 부른 과정으로 인본주의 심리학(humanistic psychology)의 핵심적인 개념이다. 자기실현은 가능한 한 완전한 전체가 되고 자신에게 진실하게 되는 과정을 말한다(Maslow, 1968).

아기는 5~6개월 정도에 자신만의 개별성을 발견하거나 만들어 내기 시작한다. 이때 아기는 많은 단계 또는 기로 구성된 '분리-개별화기(separation-individuation phase)'를 시작한다. '분리'는 '엄마와 나는 하나다'라는 경험을 점차적으로 버리게 되는 것을 말한다. 반면에 '개별화'는 자기성찰(self-reflection)을 포함하는 생각 능력의 발달을 통해 아기의 개인적인 자기감 또는 자아 또는 개별성이 발달하는 것을 말한다. 우리 각자는 우리가 '나'라고 생각하는 부분을 만들어 내기 위해 이 두 과정 모두가 필요하다. 분리와 개별화는 아이의 발달에 대한 말러의 이론에서 매우 중요한 부분이다. 아기가 자신의 껍질을 깨고 점차적으로 세상에 관심을 가지게 되는 이 단계의 초기 부분을 그녀는 '부화(hatching)'라고 불렀다. 그다음 시기는 운동 능력이 발달하여 신체적인 활동을 많이 하게 되는 분리-개별화 과정의 '실행기(practicing phase)'이다. 아기는 처음에는 몸을 뒤집고, 그다음에는 기어 다니며, 그다음에는 걷고 달리게 된다. 아기는 각각의 새로운 운동 능력을 얻게 되면서 자신과 엄마 사이의 거리를 늘려 나가며 더 넓은 세상을 탐색하고 발견해 나가게 된다. 말러는 아기가 첫 생일을 맞을 때 즈음에는 운동 능력이 발달하면서 신이 나서 돌아다니는 것을 관찰하였는데, 이러한 현상을 '세상과의 연애(love affair with the world)'라고 불렀다. 이 시기 아이들의 에너지는 거의 무한한 것처럼 보이며 작은 부딪힘과 상처에는 놀랄 정도로 빨리 회복된다(Mahler et al., 1975; Kaplan, 1978).

출생 후 2년째의 중간 정도 시기가 되면 아기는 말러가 '화해기(rapprochement phase)'라고 부른 시기에 들어가게 되는데, 아기에게 시달리는 엄마들은 이를 '끔찍한 두 살(terrible twos)'이라고 부른다. 아기는 이제 주변을 돌아다니는 것에 더 이상 만족하지 못하고 외부 환경을 다루려고 한다. 이제 아기는 초점을 양육자에게 돌리는데, 양육자를 원하거나 아니면 거칠게 밀어 버리는 행동을 교대로 나타낸다. 어떤 때는 엄마와 모든 것을 함께 나누려고 하다가도 어떤 때는 엄마를 완전히 무시한다. 이 단계에 대한 말러의 가설은 아기가 스스로 신체적으로 돌아다닐 수 있다는 것은 자신이 엄마와 신체적으로 분리되어 있다는 것이기 때문에 위험에 처할 수도 있다—버림받음불안(abandonment anxiety) 또는 분리불안(separation anxiety)—는 것을 깨닫게 된다. 각각의 엄마-아기 구성단위는 적절한 거리와 적절히 함께하는 것에 대한 자신들만의 해결책을 찾아야만 한다. 엄마와 아기는 함께 해결책을 찾기 위해 각자 자신들이 요구하는 것과 선호하는 것에 대해 제안을 하게 되며, 따라서 이 시기는 매우 애정 어린 시기이며 발달에 중요한 시기이다. 의존과 친근함에 대한 많은 양상은 삶의 첫 2~3년 동안의 이 시기에 뿌리를 두고 있는 것처럼 보인다.

말러의 분리-개별화 모델은 아동 발달과 정신분석을 배우는 학생들뿐만 아니라 모든 종류의 치료자들에게도 중요하다. 화해기 동안에 보이는 아이들의 행동과 의존성 및 자율성 때문에 힘들어하는 성인들 또는 성인들 사이의 대인관계에서 경계성 또는 자기애성 문제를 가지고 있는 사람들 사이에는 많은 유사점이 있다. 치료자들이 이러한 발달 모델을 마음속에 가지고 있다면 이러한 환자들을 치료하는 데 많은 도움이 될 것이다. 발달의 초기 단계, 특히 화해기로의 퇴행은 경계성 및 자기애성 문제를 가장 이해하기 쉽게 해준다(Masterson, 1981). 이러한 환자들과 치료를 할 때는 클라인의 편집-분열위치보다는 말러의 이론이 많은 치료자에게 더 의미가 있다. 두 가지 이론 모두 세상에서 비합리적인 방식으로 생활하면서 보여 주는 비슷한 현상을 가리키고 있다.

만약 내가 선망과 관련된 메리의 문제를 말러의 발달 모델을 통해 바라본다면, 나는 그녀를 자신의 스트레스를 조절하고 완화시키는 성인으로서의 자기가 발달하지 않은 매우 양가감정적인 화해기의 아기로 볼 수 있다. 두 살 난 아기처럼, 메리는 화가 나고 흥분되었을 때 다른 방식으로 해결할 방법이 없었다. 메리를 자극하는 상황에서 그녀는 자기에 대한 인식을 잊어버린다. 우리 모두는 충분한 자극을 받게 되면 이러한 퇴행된 상태에 빠질 수 있다. 우리 모두는 분노, 버림받음 불안, 두려움 또는 다른 부정적인 상태로 인해 우리 스스로를 잃어버릴 수 있다. 메리에게는 아들의 이야기를 하게 되는 모든 사회적 상황에서 이런 일이 흔하게 발생하였다.

메리의 어머니는 믿을 수 없는 사람이었으며 언어적 학대를 하였다. 그녀의 아버지는 도움이 필요할 때 정서적으로나 신체적으로 다가갈 수 없었다. 나는 어린 메리가 걸음마 시기에 있는 동안 강렬한 감정을 조절하기 위해 누군가가 필요할 때 아무도 옆에 없었다는 것을 쉽게 상상할 수 있었다. 나는 그녀가 보다 통합된 상태가 될 수 있다는 희망이 없는 '나쁜' 상태에 내버려져 있는 것을 상상하였다. 그녀는 현재의 삶에서 매우 어려운 상황과 다투고 있다. 장애아를 두고 있는 누구라도 이러한 상황에 대처하기 위한 방법을 찾을 수 있도록 도움이 필요한데, 특히 메리에게 그러하였다. 그녀는 그녀의 어머니가 그녀는 가치가 없고 인생에서 좋은 것을 가질 자격이 없다고 한 말을 믿는 것 이외에는 할 수 있는 것이 없었다. 그녀의 아이는 그녀의 무가치한 자기를 드러내 주는 대상이 되어 버렸다.

에릭 에릭슨

자아심리학 계보에서 내가 그다음으로 중요하다고 생각하는 사람은 에릭 에릭슨(Erik Erikson, 1902~1994)인데, 일부 사람은 그를 프로이트 이론을 새롭게 수정한 신프로이트 학파(neo-Freudian)로 간주하기도 하였다. 에릭슨은 안나 프로이트에게 분석을 받았다. 그는 소아 정신분석가로 수련을 받았으며, 다른 많은 사람과 마찬가지로 1933년에 독일을 떠나야 했다. 그러나 그의 어린 시절 또한 이 책의 다른 이론가들의 경우와는 매우 달랐다. 그는 사생아로 태어났으며 계부에게 입양되었다. 그는 결코 자신의 친아버지가 누구인지 알지 못했다. 이러한 이유로 그는 자신의 20대를 유럽을 떠돌아다니면서 지냈는데, 모든 나라에서 추방당한 느낌을 받았으며 어떠한 종교도 믿지 않았다. 그는 자신의 정체성을 찾기 위해 스스로 자신의 이름을 에릭의 아들인 에릭(Erik Son of Erik)이라고 지었다. 그는 보스턴에 도착한 이후에 미국에서 첫 번째로 공식적인 소아 분석가가 되었다. 에릭슨은 공교육을 제대로 받지 못했지만, 많은 유명 대학에서 강의를 했으며, 인류학, 자아심리학, 그리고 인간 발달의 장기적인 변화와 관련된 연구에 많은 기여를 하였다(Mitchell & Black, 1995).

에릭슨은 아마도 출생부터 나이가 들 때까지의 인간 발달을 추적한 그의 중요한 책 『인간의 여덟 시기(Eight Ages of Man)』를 쓴 것으로 잘 알려져 있을 것이다(Erikson, 1950). 에릭슨의 관점에서 볼 때 그가 열거한 각각의 여덟 단계는 다양한 긍정적 및 부정적 결과를 유발하는 발달적 과제를 가지고 있다. 이러한 단계들은 전적으로 정신내적인 것이라기보다는 정신사회적인 것이었는데, 이것은 전혀 프로이트 학파 같지 않은 시각이었다. 더욱이 그는 우리가 삶의 궤도를 따라가는 동안 어디서든 궤도를 이탈할 수 있다고 믿었다. 어린 시절에는 좋을 수 있지만, 청소년기에는 정신적인 충격을 받을 수도 있다. 예를 들면, 만약 우리가 초기 성인기에 의미 있는 사랑과 일을 찾는 데 실패하게 되면 그 이후의 삶이 위태로워질 수도 있다. 에릭슨은 우리 각자는 각각의 삶의 단계의 도전에서 나타나는 반대되는 긴장들을 받아들이고 그 이후에 통합해야 한다고 주장하였다. 우리가 각각의 단계에서 나타나는 양극단의 긴장을 통합—매우 힘든 작업이다—할 때 비로소 우리는 가장 만족스러운 결과를 만들어 낼 수 있다. 에릭슨은 각각의 단계에서 이러한 긴장 상태를 견디는 데 노력이 많이 필요하다는 것을 설명하기 위해 '정체성 위기(identity crisis)'라는 용어를 만들어 내었고, 인생은 이러한 위기들의 연속이라고 믿었다.

다음은 삶의 주기에서 나타나는 에릭슨의 여덟 단계로, 각각의 단계에서의 최상의 결과들도 제시하고 있다.

- 기본적 신뢰 대 불신(basic trust vs. mistrust), 생후 1년: 정체성과 현실적 희망(identity and realistic hope)
- 자율성 대 수치심(autonomy vs. shame), 초기 소아기: 의지와 결정(will and determination)
- 목적과 주도성 대 죄책감(purpose and initiative vs. guilt), 취학전기: 목적의식(sense of purpose)
- 경쟁력과 근면성 대 열등감(competence and industry vs. inferiority), 초등학생 시기: 경쟁력

- 충실함과 정체성 대 역할혼란(fidelity and identity vs. role confusion), 청소년기: 연결 능력과 자기성찰(capacity for connection and self-reflection)
- 친밀함 대 고립감(intimacy vs. isolation), 초기 성인기: 양육을 하고 관계에 전념할 수 있는 능력(capacity for form nurturing, committed relationship)
- 생산성 대 침체성(generativity vs. stagnation), 후기 성인기: 사랑하고 일할 수 있는 능력(capacity to love and work)
- 자아통합 대 절망(ego integrity vs. despair), 65세 이후: 억울함이 없는 지혜(wisdom not bitterness)

에릭슨 발달 모델의 마지막 두 단계는 지각 있는 모든 성인이 직면하게 되는 평생 동안 지속되는 문제들이다. 모든 성인은 실망과 후회를 경험하며 어떻게 이런 경험들을 내재화하고 다루는지가 삶의 안녕과 질에 엄청난 차이를 유발한다. 억울함은 우리가 공평하지 못하게 취급받았을 때와 인생을 통해 원하던 것을 얻지 못했을 때 항상 느끼게 된다. 이러한 부정적이고 고통스러운 경험을 담아내고 그것을 지혜로 변형시키는 것이 평생의 과제이다.

에릭슨은 정신분석 용어를 변화시켰다. 그는 욕동(drives)의 개념을 덜 중요시하고 정체성, 희망, 목적, 지혜와 같은 개념들로 대체하였다(Erikson, 1950, 1968). 이 모든 개념은 인간이 무엇인가라는 생각을 생물학적인 자연과학에서 보다 광범위하고 철학적인 것으로 이동시킨 실존주의적 주제들이다.

이러한 개념들은 비록 어린 시절의 발달이 여전히 중요한 것으로 간주되지만 발달이 평생에 걸쳐 진행된다는 우리의 이해를 더 풍부하게 해 주었다. 예를 들면, 나의 환자인 메리의 경우 그녀의 선망과 관련된 문제는 언어적 폭행을 했던 엄마에 의해 손상된 그녀의 소아기에 그 뿌리를 두고 있다. 어느 누구라도 장애가 있는 아이를 돌보는 것은 어려운 일이겠지만, 그녀의 상황을 미움이 동반된 시련으로 확대시키고, 모든 사회적 모임과 단절하게 만든 것은 그녀의 과거에서 유래된 끔찍한 유산임을 암시해 준다. 에릭슨이 주장하기 전에는 발달이 사춘기 이전에 끝난다고 가정되었다. 따라서 우리의 내적 세계도 고정되어 있기 때문에 정신분석의 심도 있는 치료를 통해서만 이전에 형성되었던 것들을 변화시킬 수 있다고 믿었다. 이런 시각에서 보면, 성인에게 계속 진행되는 자연적인 발달은 전혀 없다. 우리는 새로운 것들을 계속 배울 수 있지만 내적으로 그리고 근본적으로 발달하지 않는 것이다. 오늘날 우리는 뇌의 신경형성력(neuro-plasticity)이 나이가 들어서도 일어난다는 사실을 알고 있다(Siegel, 2007). 우리는 항상 성장하고 발달하며, 우리 중의 많은 이가 그렇게 되기를 원하고 있다. 끊임없이 증가하는 이러한 가능성에 바탕을 둔 더 위대한 정신적인 방식에 의해 더 큰 개념이 제시되었고 추구되고 있다.

마지막으로, 에릭슨(1950, 1968)은 인간의 공격성에 대해 보다 복잡하지만 부드러운 접근을 하기를 원했다. 그는 원래의 공격적 욕동에 대한 프로이트의 생각은 움직이는 것에 에너지를 공급하고, 그 이후에 우리 자신만의 행동을 할 수 있고, 이동할 수 있는 능력에 이용되는 에너지를 말하는 것이었다는 점을 우리가 이해할 필요가 있다고 말하였다. 이러한 형태의 공격성은 파괴적이고 적대적인 것이 아니라 성장을 촉진하는 것이었다.

에릭슨의 이론은 나에게 인간의 발달은 항상 가능하며, 평생 동안 밝혀지고, 다시 살아나며, 반영될 수 있는 삶의 알려지지 않은 중요한 측면들이 있다는 것을 분명히 보여 주었다. 에릭슨에게는 자기 자신, 인생, 다른 사람들에 대해서 더 많은 호기심을 갖기에 너무 늦은 시기란 없었다. 변화는 항상 가능한 것이었다(Erikson, 1950, 1968).

나는 삶의 의미에 대해서 고민하거나 질문하는 사람들과 치료를 할 때 인생 전체에 대한 발달 모델을 가지고 있는 것이 매우 유용하다는 것을 발견하였다. 결혼에 성공했을 때, 아기가 태어났을 때, 직장을 잡거나 은행에 돈이 여유가 있을 때, 우리는 뭘 더 해야 할까? 인생의 후반부에 우리는 어떻게 만족스럽게 존재할 수 있을까? 에릭슨의 생산성(generativity) 개념은 매우 도움이 되는 안내 지표이다. 많은 사람이 '중년우울증(mid-life depression)'으로 치료를 받으러 온다. 단지 과거의 병리가 우리의 삶을 '밀어붙이는 것'이 아니라, 보다 넓은 세상에 기여하고 참여하며 상호작용하는 우리의 개인적인 방식을 발견할 수 있도록 해 주는 '끌어당김'이 있다는 것을 이해하는 것이 도움이 된다.

비록 자아심리학의 계보에 다른 중요한 인물들도 있지만, 이 책에서 소개한 사람들이 제2차 세계대전 중에 그리고 그 이후에 영국과 미국에서 정신분석의 발전에 중요한 역할을 한 사람들을 대표한다. 여기에서 소개한 인물들의 삶과 업적에 대한 간략한 개요만 보면 그들은 서로서로를 알지 못했던 것처럼 보일 수도 있다. 물론 그것은 사실이 아니다. 1940년대, 1950년대, 1960년대의 정신분석 세계는 항상 작았기 때문에, 그들은 최소한 간접적으로라도 서로서로에 대해 잘 알고 있었다. 모든 사람이 서로에게 영향을 미쳤으며 논문이나 학회를 통해 서로 이야기를 나누었다. 위니컷과 중간 또는 독립 학파를 고려할 때 이런 점은 분명하게 드러난다.

당시에 무의식을 밝히고 저항을 이해하기 위해 전이를 사용하는 것은 여전히 분석에서 핵심적인 부분이었다(Greenson, 1967). 환자는 분석가에게서 만족을 얻으려고 노력하며, 분석가는 이러한 원초적인 욕구를 해석해 주었다. 자아심리학자들에게 있어서 전이는 분석가와 환자들 사이의 치료동맹(working alliance)에 의해 강화된다. 어떤 무의식적인 반복이 재연되더라도, 이것은 우리 각자가 정상적인 정신적 구조를 만들어 내려는 시도로 이해된다. 이런 측면에서 볼 때, 전이는 더 이상 해결해야 할 유일한 문제가 아니다. 전이는 이해되어야 할 보편적인 현상이며, 깊고도 진지하게 호기심을 가지고 봐야 하는 문제이다. 분석가는 대화를 통해 정신적 구조의 어떤 부분이 절충된 부분인지를 이해하려고 노력하며, 그 이후에는 어떤 부분이 회복될 수 있는지를 찾게 된다. 분석가와 환자 사이의 경험은 환자에게 손상된 부분의 양상과 이러한 손상과 실패를 절충하기 위해 환자가 노력했던 내용 모두를 이해할 수 있는 기회가 된다. 이러한 맥락에서 볼 때, 환자는 분석을 통해 이러한 손상된 부분에 대한 재작업을 하여 수리하고 충족되지 못했던 욕구들을 간접적으로 충족시킬 수 있게 된다(Mitchell & Black, 1995).

프로이트가 주로 사용했던 비유들은 땅속에 있는 유물들의 발굴 및 전쟁과 연관된 것들이었다. 고전적인 분석가들은 마음속 깊이 있는 진실을 발견하기 위해 환자들이 이야기하는 것 아래를 파들어 가야만 했다. 자아심리학자들은 동반자 관계라는 비유를 통해 치료동맹이라는 말을 추가하였다(Greenson, 1967). 이들에 따르면, 정신적 구조물의 기본 뼈대는 인간적인 동반자 관계 내에서 통합된다. 따라서 우리 각자는 과거의 연결을 수정하기 위해 다른 사람들과 지속적이고 미세하며 공감적인 연결을 하는 것이 항상 필요하다. 성장은 우리가 과거의 배열을 수정하고, 더 충분한 또는 최소한 덜 제약받는 삶을 허용할 때 발생한다. 그럼에도 불구하고 모든 자아심리학자는 그들 자신이 프로이트의 계보 속에 있다고 간주하였다. 이것은 여전히 모든 것을 알고 있고 '중립적인' 자세를 유지하는 한 권위자와 모든 문제의 유일한 근원인 환자가 존재하는 한 사람 심리학의 세계였다.

내가 바이언과 오그던에 대한 내용을 이야기했을 때, 나는 어떤 일이 벌어지는지를 보기 위해 조용히 앉아서 참을성 있게 기다렸던 제스에 대해 이야기했다. 장애물이 있더라도 회복력을 강조하고 지속적인 발달에 대한 믿음이 있었던 자아심리학의 관점은 제스에게도 적용될 수 있었다. 그녀는 많은 시간과 공간이 필요했지만, 자신의 내부에 다음 단계로 이동할 수 있게 해 주는 모든 것을 가지고 있다는 것이 분명하였다. 그녀는 일을 어떻게 진행하고, 언제 자신의 남편에게 직면을 시키며, 어떻게 자신의 어머니에게 말을 하는지에 대한 자신만의 독특한 생각을 이야기하였다. 그녀는 약간의 신체적인 제한과 상실이 있었음에도 불구하고 즐거운 감정에 접근할 수 있었다. 그녀는 자기 자신에 대해 생각할 수 있었으며 자신의 미래를 보기 위해 상상을 이용할 수 있었다. 에릭슨의 모델에서 그녀는 실제적인 제한점들이 있음에도 불구하고 새로운 선택 조건들을 발견하면서 침체되기보다는 생산적이 되어 가고 있었다.

4장의 주요 개념

개별화 과정individuation process 탐색의 흥분이 발달하면서 돌봐 주는 사람에 대한 의존이 감소하는 정상적인 성장 양상

리비도 대상libidinal object 각각의 아기가 자신을 돌봐 주는 사람에게서 만들어 내고 발견하는 좋은 대상

버림받음불안 또는 분리불안abandonment or separation anxiety 엄마와 너무 오래 분리될 때 경험하게 되는 강렬한 공황. 지금은 성인에서의 많은 심리적 고통의 원인으로 간주되고 있다.

병원증hospitalism 아기가 필요로 하고 의존하던 사람에게서 너무 오래 분리되면 빠지게 되는 무감동(apathy) 또는 성장장애(failure to thrive)

분리-개별화기separation-individuation phase 유아가 걸을 수 있게 되면서 자신의 세계를 탐색하기 시작함과 동시에 엄마의 안전기지(secure base)도 필요로 하는 시기

분리-개별화이론separation-individuation theory 엄마-아기의 구성 단위를 직접 관찰한 결과에 기초를 둔 말러의 발달이론

생산성generativity 최상의 성인 발달에 대한 에릭슨의 용어로, 의미를 발견하고 만들어 내며 돌려주는 능력

서로 영향을 주고받는 것reciprocal mutual influence 아기와 엄마는 서로에게 영향을 미치며 서로가 계속 필요하다는 스톨로로우와 애트우드의 생각으로, 자기심리학과 관계심리학 모두에서 중요한 개념이다.

의존우울증anaclitic depression 자신을 돌봐 주던 사람과 3개월 또는 그 이하로 분리된 아기의 정상적인 감정적 애도 반응과 분노 반응

정상공생기normal symbiotic phase 말러의 두 번째 발달단계. 이 시기 동안에 아기는 엄마나 다른 돌봐 주는 사람과 자신이 합쳐져 있다고 경험한다.

정상자폐기normal autistic phase 말러의 첫 발달단계. 나중에 연구를 통해 신생아는 항상 관계가 필요하며 결코 독립적이지 않다는 것이 증명되면서 이를 수정하였다.

중년우울증mid-life depression 에릭슨은 많은 사람이 자신들의 물질적인 또

는 의식적인 목표를 달성했을 때 의미의 상실과 우울한 감정으로 힘들어 한다고 언급하였다.

중화neutralization 프로이트가 제안한 것처럼 자아는 원본능 욕동의 힘을 승화시키거나 방향을 전환시키기보다는 원본능 욕동의 힘을 감소시킬 수 있다고 보는 하트만의 개념

치료동맹working alliance 분석가와 환자 사이의 관계를 설명하기 위해 자아심리학자들이 사용한 용어

화해기rapprochement phase 두 살 난 아기가 분리되고 싶은 욕구와 연결되고 싶은 욕구 사이의 갈등을 발견했을 때를 나타내는 말러의 용어

참고문헌

Ainsworth, M. D. S. (1962) The effects of maternal deprivation: A review of findings and controversy in the context of research strategy. In *Deprivation of Maternal Care: A Reassessment of Its Effects*. Public Health Papers No. 14. Geneva: World Health Organization.

Erikson, E. (1950) *Childhood and Society*. New York: Norton.

Erikson, E. (1968) *Identity: Youth and Crisis*. New York: Norton.

Freud, A. (1935, 1960) *Psychoanalysis for Teachers and Parents*. Boston: Beacon.

Freud, A. (1936, 1966) *The Ego and the Mechanisms of Defence*. London: Hogarth.

Freud, A. (1966) *Normality and Pathology in Childhood*. London: Hogarth.

Freud, A. (1967) About losing and being lost. *Psychoanalytic Study of the Child*, 22(1): 9-19. Collection. Originally published by the Foster Parents' Plan.

Greenson, R. R. (1967) *The Technique and Practice of Psychoanalysis*, vol. 1. New York: International Universities Press.

Hartmann, H. (1964) *Essays on Ego Psychology*. New York: International Universities Press.

Kaplan, L. (1978) *Oneness and Separateness: From Infant to Individual*. New York: Simon & Schuster.

Mahler, M., Pine, F., & Bergman, A. (1975) *The Psychological Birth of the Human Infant*. New York: Basic Books.

Maslow, A. (1968) *Toward a Psychology of Being*. New York: Van Nostrand Reinhold.

Masterson, J. F. (1981) *The Narcissistic and Borderline Disorders*. New York: Brunner/Mazel.

Mitchell, S. A., & Black, M. (1995) *Freud and Beyond*. New York: Basic Books.

Siegel, D. J. (2007) *The Mindful Brain*. New York: Norton.

Smith, J. R. (1986) Margaret S. Mahler, MD: Original thinker, exceptional woman. In Dickstein, L. J., & Nadelson, C. C. (Eds.) *Women Physicians in Leadership Roles*. Washington, DC: American Psychiatric Press.

Solnit, A. (1986) Anna Freud: Bold investigator and model builder. In Dickstein, L. J. & Nadelson, C. C. (Eds.) *Women Physicians in Leadership Roles*. Washington, DC: American Psychiatric Press.

Spitz, R. (1946a) Hospitalism: A follow-up report. *Psychoanalytic Study of the Child*, 2: 113-117.

Spitz, R. (1946b) Anaclitic depression. *Psychoanalytic Study of the Child*, 2: 313-342.

Spitz, R. (1965) *The First Year of Life*. New York: International Universities Press.

Young-Bruehl, E. (1988) *Anna Freud: A Biography*. New York: Norton.

5 The Middle School

중간학파

우리는 충분히 좋은 보살핌을 통해 인정사정 가리지 않는 사람에서 인정 있는 사람으로 발전한다.

1940년대 후반에 영국정신분석학회는 세 가지 학파로 나누어지는데, 각각의 학파는 자신들이 프로이트의 이론에 충실하다고 주장하였다. 멜라니 클라인과 안나 프로이트는 각자 매우 다른 그리고 때때로 적대적인 진영을 가지고 있었으며, 이론과 미래의 분석가들을 어떻게 수련시키는지에 대해서도 다른 견해를 가지고 있었다. 안나 프로이트의 입장은 분석의 목표는 자아를 확장시키고 풍부하게 하여 원본능을 다룰 수 있도록 하는 것이었던 반면, 클라인의 입장은 조금은 덜 야심적인 것으로 우리가 할 수 있는 최선의 것은 불안을 감소시키는 것이라고 주장하였다(Grosskurth, 1986; Young-Bruehl, 1988). 그 당시에 모든 사람은 어느 쪽에 서야 할지 또는 소위 중간학파라고 불리던 학파에 들어가야 할지를 결정해야만 했다. 아마도 이렇게 나눠진 동료들이 정신분석이라는 하나의 틀 안에서 남아 있을 수 있었고, 가끔은 대화를 계속 나눌 수 있었던 것은 그들에게는 큰 명예였다. 그럼에도 불구하고 그들의 차이는 매우 컸다.

우리가 더 극적으로 전개되는 마음의 특별한 부분에 대한 이해를 할 수 있도록 도와준 것은 영국 중간학파의 임상적 및 이론적 기여 때문이다. 이들 중간학파는 수치심, 불안, 우울, 내적인 생기 없음과 같은 마음 깊이 있으면서 힘들게 하는 보이지 않는 문제들에 초점을 맞추었다. 이들은 모두 클라인과 안나 모두에게서 직접적인 영향을 받은 사람들이었으며, 초기 대상관계학파의 생각을 가지고 있었던 사람들이었다. 그럼에도 불구하고 나에게 있어서 그들은 너무 다르기 때문에 그들만의 계보를 가질 만한 가치가 있다고 생각되었다. 그들은 자신들의 환자와 공감할 수 있는 묘한 능력을 가지고 있었는데, 아마도 그들 스스로가 똑같은 방식으로 힘들었기 때문일 것이다. 비록 그들 모두는 고전적인 분석가들이었지만, 자신의 환자들과 있을 때는 '객관적으로' 되는 것에 관심을 덜 두었다. 대신에 그들은 환자와 '관계를 맺고' '함께 있는' 것을 추구하였다. 여기서부터 정신분석이 철저하게 객관적인 것에서 다소 주관적인 것으로 변화하기 시작한다. 베개 딸린 침상을 이용하는 것, 환자와 시선을 맞추지 않는 것, 일주일에 여러 번 환자를 보는 것 등 다른 부분들은 똑같았다. 이러한 중각학파를 가장 활성화시키고 기여를 많이 한 사람은 도널드 위니컷이지만, 나는 각각의 사람들에 대해 연대순으로 설명할 것이다.

로널드 페어베언

스코틀랜드 출신인 로널드 페어베언(Ronald Fairbairn, 1889~1964)은 처음에 윤리학을 공부하였다. 그는 제1차 세계대전에 참전한 후 의사로서의 수련을 받았으며 심리학, 청소년, '전쟁신경증'에 관심을 가지고 있었다.

전쟁신경증(war neurosis)

전쟁, 강간, 아동기 학대와 같은 정신적 외상의 결과로 나타나는 증상들은 현재 외상후 스트레스 장애(post-traumatic stress disorder)의 범주에 포함되어 있다(Herman, 1992). 슬프게도, 두 번의 세계대전 동안에 전쟁에서 돌아온 남자가 엄청난 혼란과 함께 일상생활로 돌아가지 못하면 '전쟁신경증'을 앓고 있다는 낙인을 찍었다. 영국은 이러한 병사들에 대한 도움이 필요함을 인식하였고 이들이 정상적인 삶으로 돌아갈 수 있도록 도와주는 많은 치료시설을 세웠다.

페어베언은 의과대학을 다닐 때 프로이트에 관한 책을 읽었으며, 분석을 받았고, 그 당시에는 다들 그랬듯이 더 많은 수련 없이 1925년에 정신분석가로서 치료를 하기 시작하였다. 그는 1938년까지 영국정신분석학회에서 매우 높은 평가를 받았던 회원이었다. 페어베언은 그의 독립적인 생각 때문에 유명했다. 그는 평생을 에든버러에서 살았는데, 이것이 아마도 그의 특이성에 기여했을 것이다. 정신분석과 정신분석적 논쟁 그리고 압력의 중심지였던 런던은 기차로 먼 거리에 있는 곳이었으며 쉽게 갈 수 있는 곳도 아니었다(Gomez, 1997).

다른 사람들을 필요로 하는 우리의 욕구

페어베언은 독특한 심리적 이론을 가지고 대상관계이론에 중요한 기여를 하였다. 그는 1941년에 사람이 욕동의 대상(objects of drives)이라는 제안을 했는데, 이것은 욕동의 목적이 방출의 즐거움이라는 프로이트의 관점을 버리는 것이었다(Gomez, 1997). 이것이 큰 사고의 전환이었으며 극단적인 논쟁을 불러일으켰기 때문에 그 당시에 대부분의 사람은 그것을 무시하였다. 클라인에게 있어서 '대상'은 내적인 것이며, 우리 내부에 미리 만들어져 있는 것이고, 외적인 경험과는 단절된 것이었다. 페어베언에게 있어서 대상은 영아가 생존하기 위해 필요한 외부 환경에 실제로 존재하는 분리된 사람이었다. 페어베언은 프로이트의 욕동이론을 수정함으로써 이론과 실제 모두에서 초점을 극적으로 바꾸었다. 그의 모델은 생물학적이기보다는 대인관계적인 것이었다. 더욱이 그는 자기(self)가 발달하기 위해서는 실제적인 엄마-아이 관계가 가장 중요하다고 기술한 최초의 사람이었다. 정신분석의 역사에서 전적으로 환상의 내적인 삶에 관심을 두는 것에서 실제적인 다른 사람과의 관계가 필요한 것으로 관심을 변화시킨 것은 아무리 강조해도 지나치지 않는 중요한 변화이다(Fairbairn, 1943, 1952; Gomez, 1997).

프로이트와 클라인에게 있어서 우리의 타고난 또는 내적인 세계는 일차사고 과정(프로이트) 또는 두 개의 기본적인 위치(클라인)로부터 우리가 개인적으로 만들어 내는 것으로 구성되어 있다. 반면에 페어베언은 자신의 환자들이 실제로 겪었던, 특히 그들이 매우 어렸을 때 겪었던 실제 경험들을 이해하려고 노력하였다. 그는 자아나 자기는 태어날 때 온전한 것이며, 살아가면서 겪는 경험이 피할 수 없는 갈등을 유발한다고 주장하였다. 물론 똑같은 사건을 경험하더라도 사람마다 다르게 경험할 것이다. 모든 사람은 가족과의 접촉에 의해 만들어진, 전쟁이나 아동학대와 같은 고통스러운 사건에 의해 만들어진 개인적인 경험에 많은 영향을 받을 것이다.

페어베언(1952)은 사람은 태어날 때부터 실제적이고 분리된 다른 사람들을 찾는 욕구가 미리 내재되어 있다고 주장하였다. 이렇게 다른 사람들을 필요로 하는 욕구(our need for others)는 타고난 것이며 일차적인 것이다. 아기는 다른 사람들과의 관계를 통해서 좋음과 나쁨을 경험함으로써 자신의 마음을 만들어 내고, 자신만의 생각하는 방식을 형성하며, 세상에 존재하는 자신만의 방식을 만들어 낸다. 이 모든 것은 전부 아기가 실제적인 다른 사람과의 경험을 통해 만들어지는 것이다. 페어베언의 초기 발달 및 정신분석에 대한 이론은 실제적인 환경에서의 성공과 실패에 기초를 두고 있다. 환경이 아기에게 더 많은 실패를 경험하도록 만들면, 아기의 발달하는 자기는 더 많이 과거에 고착되거나 얼어붙게 된다. 페어베언은 우리가 항상 어느 정도는 우리의 부모를 닮게 되는데, 특히 부모가 우리를 실패하게 만들었던 방식을 닮게 된다고 주장하였다. 이러한 상처는 평생 동안 우리의 마음에 남아 있으면서 부모와의 연결을 유지하게 해 준다. 이렇게 우리의 고착되거나 얼어붙은 측면들은 없애기가 힘든데, 그것을 없애는 것은 사실상 안전함과 생존의 근원이 되었어야 했던, 처음으로 사랑했던 대상들과 우리의 연결을 위협하기 때문이다. 우리는 우리의 긍정적이기도 하고 부정적이기도 한 첫 관계를 내재화하여 자기감을 형성하는데, 이러한 자기감은 미세하게 단절되기도 하고 지속되기도 한다. 페어베언은 특히 자기 환자들과의 실제적인 관계에 관심이 있었으며, 환자들이 자신과 관계를 맺지 못할 때 자신에게 중요했던 다른 사람들과도 효과적으로 관계를 맺지 못한다는 점에 주목하였다(Klein, J., 1987).

역동적 구조

페어베언은 프로이트 및 클라인과 마찬가지로 아기는 태어났을 때 자기와 다른 사람을 구별하지 못하며 자신이 느끼는 스트레스가 어디에서 오는 것인지를 모른다고 보았다. 아기의 욕구는 갑자기 나타나는 신기한 것이며 만족되거나 만족되지 않는다. 페어베언의 첫 번째 역동적 구조물(dynamic structures)은 엄마와 아기는 하나라는 믿음에서 만들어졌다. 그에게 있어서 아기는 태어날 때 온전한 하나이며 사랑받는 느낌을 받고 이런 사랑의 느낌을 다시 줄 수 있으며 필요한 다른 사람과 관계를 하게 된다.

페어베언은 초기에 보편적인 세 가지 대상관계가 있다는 가설을 세웠다. 흥분시키는 또는 리비도적인(프로이트 용어의 사용을 유지하고 있다), 반리비도적인 그리고 이상적인 대상관계가 그것이다(Fairbairn, 1943, 1952). 잠에서 깬 아기가 너무 오랫동안 만족을 기다려야 할 때, 좋지만 항상 존재하지는 않으며 자신을 감질나게 만드는 대상이 있다는 환상을 만들어 낸다. 이것이 바로 좌절시키는 엄마이며, 페어베언은 '흥분시키는 대상(exciting object)'이라고 불렀다. 그가 '좌절시키면서 흥분시키는 대상(frustrating exciting object)'을 생각하면서 이 용어를 만들어 낸 것이라고 보면 훨씬 이해하기가 쉬울 것이다. 아기는 좌절시키면서 흥분시키는 대상에 내적으로 마음이 사로잡혀 있는 동안에 이에 대응하는 부분적인 자기를 만들어 내는데, 페어베언은 이것을 '리비도 자아(libidinal ego)'라고 불렀다. 이 둘의 관계는 서로에게 에너지를 불어넣어 주고 서로의 모습이 분명하게 구별되게 해 주는데, 한쪽이 없이는 서로가 존재할 수 없게 된다. 좌절시키면서 흥분시키는 대상 ↔ 리비도 자아.

이 아기는 동시에 조금은 어두운 측면을 가진 또 다른 한 쌍의 대상관계를 만들어 낸다. 엄마가 충분한 제공을 해 주지 않을 때, 아기는 '거절하는 대상(rejecting object)'을 경험하며, 내부파괴자(internal saboteur) 또는 반리비도 자아(anti-libidinal ego)를 만들어 낸다. 이러한 한 쌍은 반쾌락적이며 반생명적이다. 거절하는 대상 ↔ 반리비도 자아. 첫 번째 대상관계를 경험하는 것은 욕구를 다시 불러일으키지만, 두 번째 대상관계는 분노와 적개심을 만들어 내며 절망과 희망 없음을 유발한다. 모든 사람은 이 두 가지 대상관계를 가지고 있는데, 이것은 정상적인 것이며, 만약 이 둘의 관계가 지나치게 균형을 잃게 되면 정신병리의 원인이 된다.

이 두 가지 대상관계는 원래의 전체적인 자기에서 에너지를 빼내어 페어베언이 '중심 자아(central ego)'라고 부른 자기의 한 부분을 만들어 낸다. 이 구조물은 생명력의 감정적인 부분은 덜 경험하며 조절을 담당한다. 이 부분은 기억, 인지, 비교, 계획을 담당하게 된다. 중심 자아는 자기와 다른 사람들 사이의 경계선에 위치하는데, 이에 대응하는 외부 세계의 대상은 이상적 대상(ideal object)이다. 이상적 대상 ↔ 중심 자아. 이 대상관계는 의식적인(만약 내가 좋은 사람이면 당신은 나를 사랑해 주고 나를 돌봐 줄 거야) 반면, 나머지 두 대상관계는 페어베언의 모델에서 억압되어 있다. 다른 역동적인 쌍들과 마찬가지로, 이상적 대상 ↔ 중심 자아는 보편적인 것이며 문제가 될 수도 있다(Gomez, 1997).

분열성 요소

앞에서 말했듯이, 페어베언이 한 말들 중에 가장 유명한 말은 인간의 아기는 대상을 찾는 것이지 욕동의 방출을 찾는 것이 아니라는 것이다. 그의 관찰을 통해 나온 두 번째 중요한 개념은 아기는 자신의 욕구가 충족되지 않을 때 자신의 욕구를 모두 충족시키는 공상의 세계에 의지하면서 내면 깊숙이 병적으로 들어가게 된다는 것이다. 이러한 내적인 공상에 집착하면서 전지전능하다는 태도 및 거리를 두는 태도를 가지는 것이 페어베언이 말한 '분열성 요소들(schizoid factors)'을 이루고 있다. 이 요소들은 우리 모두에게 기본적으로 존재하며 많은 사람에게 문제가 된다. 페어베언은 분열성 요소들의 최초 원인은 분리불안이라고 제안하였다. 이것은 어린아이가 오랫동안 엄마를 보지 못하는 것을 견딜 수 없을 때 발생한다. 주변에 아무도 없을 때, 아기는 아기답지 않고 조숙하게 자기 스스로를 돌봐야만 한다. 아기에게 있어서 분리불안은 죽음과 같은 것이다(Fairbairn, 1943, 1952).

페어베언은 또한 아기가 건강하고 양가감정적인 전체적 부모를 만들어 내지 못하고 좋은 부모와 나쁜 부모로 나누어서 생각하는 '분리(splitting)' 현상에 대해 광범위하고도 자세하게 기술하였다. 이러한 구조와 동시에 좋은 자기와 나쁜 자기도 짝을 이루면서 존재하게 된다. 분리는 상상의 실패뿐만 아니라 환경적 실패의 결과로도 나타난다. 아기는 충분한 돌봄의 결핍 때문에 긍정적인 경험과 부정적인 경험을 연합하여 하나의 복합적인 다른 사람으로 통합시킬 수가 없는 것이다(Klein, J., 1987). 페어베언은 환자를 치료할 때 치료가 되기 위해서는 통찰만으로는 충분하지 않다는 점을 명백히 하였다. 통찰만으로는 변화를 유발하지 못한다. 환자가 회복되기 위해서는 새로운 가능성이 있다는 것을 경험해야만 한다. 환자는 실제적으로 돌봐 주는 관계를 만들어 낼 수 있는 다른 사람을 경험할 필요가 있다. 이것이 변화를 일으키는 살아 있는 감정적인 경험이다. 머리로 이해하는 것은 필요하지만 그것만으로는 충분한 것이 아니다(Fairbairn, 1943, 1952; Mitchell & Black, 1995).

40대의 미혼 남성인 '돈'은 작가였으며 항상 누군가와 관계를 맺기를 바라고 있었다. 그는 자신의 어린 시절에 대해 자신의 부모와 거리감이 있었고 먹고살기에 바빴던 것 빼고는 그냥 괜찮은 부모였다고만 이야기하였다. 우리가 함께 앉아 있을 때 돈은 매우 조용했는데, 제스와는 조금 다른 방식으로 조용하였다. 제스가 조용할 때, 나는 그녀의 내면에서 일어나는 활동을 감지할 수 있었다. 나는 만약 내가 기다리면 제스가 할 말을 발견하고 감정을 드러낼 것이라는 확신이 있었다. 하지만 돈과 있을 때면 그런 경험을 할 수 없었다. 이러한 조용함은 우리 두 사람 모두에게 힘든 것이었다. 그는 자신은 그럴 수 없으니 내가 말을 먼저 꺼내야 한다고 명확하게 말하였다. 그는 무슨 말을 해야 할지 몰랐고, 무엇이 중요한 것인지도 몰랐으며, 무엇을 탐색하는 것이 좋을지도 몰랐다. 돈은 인터넷 앱 덕분에 현재 누군가를 만나고 있고 좋은 관계로 이어지기를 바라고 있었다. 동시에 그는 수동적이었고 그다음에 어떻게 해야 할지를 모르고 있었다. 그는 나에게 자신이 만나는 여성에게 무슨 질문을 해야 할지 묻기도 하였다. 우리 두 사람이 조용히 있을 때, 내가 그의 마음속에 무슨 생각이 드는지를 물으면 그의 첫 번째 대답은 항상 "아무 생각도 없어요."였다. 그의 얼굴에는 표정이 없었기 때문에 나는 그의 마음속 감정을 추측하기가 힘들었다. 나는 만나는 여성과의 관계와 미래에 대해서 하고 있는 공상이 있는지를 물었다. 그는 "우리는 함께 시간을 더 보낼 필요가 있어요. 나는 그런 식으로 공상하고 싶지 않아요. 나는 단지 좋은 관계가 이루어진다면 행복할 거라는 것은 알고 있어요."라고 대답했다.

돈이 나와 앉아 있을 때, 그는 움직이지도 않고, 감정도 변화가 없었으며, 그의 공상은 의식 속으로 들어오지 않았다. 그의 마음은 텅 비어 있었다. 그것은 마치 연결을 기다리면서도 포기하고 무감각하며 마치 죽은 상태인 것과 같았다. 나는 그에게 치료를 받으러 오는 것과 나와 함께 있는 것이 어떻게 느껴지냐고 물었다. 또다시 그의 답변은 단조로운 것이었다. "그냥 이 시간이 내가 지금 쓰고 있는 책에 대해서 생각하지 않고 나 자신에 대해 생각하려고 노력하는 유일한 시간인 것 같아요." 돈은 자신과 다른 사람들이 복잡하고 모순적인 면을 가지고 있다는 것을 알고 있었다. 나는 페어베언의 분열성 요소 개념에 매우 감사하는데, 이 개념은 연결을 만들어 내기 위해 어떤 질문을 해야 하는지에 대한 안내를 해 주기 때문이다. 나는 그의 감정을 알아차리고 그의 무감각함과 죽은 상태와 같은 것에 나 스스로 거리를 두고, 수동적이 되는 것을 변함없이 거부하면서 그의 감정들을 다시 반영해 주고, 나 스스로를 생동감 있게 유지하는 것이 얼마나 중요한지를 마음 깊이 알고 있다.

비록 스코틀랜드에서 비교적 고립되게 살았고 연구 및 치료를 하였지만, 페어베언은 전체적인 정신분석에 대해 관심을 가지고 있었으며 정신분석이 현대 문화의 한 부분으로 포함되기를 바랐다. 그는 정신분석이론이 일관성 있고 임상적 실제와 밀접하게 연결되기를 바랐다. 물론 그의 직업적 소망은 이루어지지 않았다. 그는 안나 프로이트와 클라인 사이에 해결책 없이 감정적이고 공개적으로 적대적인 논쟁만 있었던 시대를 살았다.

마이클 발린트

마이클 발린트(Michael Balint, 1896~1970)는 헝가리의 부다페스트에서 태어났는데 그의 원래 이름은 미하이 모리스 벌거스만(Mihály Maurice Bergsmann)이었다. 아버지와의 사이가 멀어진 그는 결국 종교와 이름 모두를 바꾸었다. 발린트는 제1차 세계대전 중에 심각한 상처를 입었기 때문에 전역하여 의과대학으로 돌아왔고, 거기서 프로이트 관련 서적을 열성적으로 읽었다. 전쟁과 의과대학에서의 경험 때문에 그가 처음 관심을 가졌던 것은 정신신체의학(psychosomatics)이었다. 그는 2년 기간의 분석을 두 번 받았는데, 한 번은 페렌치(Ferenczi)에게 받았고 그 이후에 그를 외면했으며, 그의 말에 따르면 두 번의 분석 모두 만족스럽지 않았다(Gomez, 1997). 그럼에도 불구하고 그는 1920년대 중반까지 정신분석 이론과 방법의 가능성에 매료되어 스스로를 분석가로 공표하였다. 그는 제2차 세계대전이 발발하기 전까지 부다페스트에서 진료를 하였고, 1939년에 런던으로 이주하였다. 그는 런던에서 자신의 모든 논문을 영어로 발표하면서 중요한 기여를 하게 된다. 그는 1940년대의 영국 정신분석 사회에 자연스럽게 자리를 잡았다. 발린트는 영국에 오기 전에 이미 엄마-아기 관계에 관심이 있었지만, 클라인과 안나 프로이트가 제기한 초기 아동기의 발달이론에 더 관심을 가지게 되었다.

근본적 결함

내가 생각하기에 발린트가 정신분석에 기여한 가장 중요한 것은 그의 어린 시절에 대한 이해이다. 그는 지금까지 언급했던 사람들과는 매우 다른 발달 모델을 제시하였다. 첫 번째로, 그는 그가 '발생영역(area of creation; 말러의 자폐단계와 비슷한)'이라고 부른 개념을 주장했는데, 이 시기에 아기는 혼자 독립적으로 존재하며 단순히 자신의 욕구가 충족되기만을 기다린다. 이 단계에서는 외적인 대상/다른 사람들을 인식하지 못한다. 그다음에 엄마와 아기로 이루어진 최초의 두 사람 관계가 따라온다. 그는 이 영역을 '근본적 결함(basic fault)'이라고 불렀다. 이러한 두 사람 관계의 양상과 성질은 그 뒤에 따라오는 모든 것을 위한 기본을 마련해 준다(Balint, 1968, 1979; Klein, J., 1987). 만약 이 시기가 잘 진행되면 그다음에 엄마, 아빠, 아기 세 사람 사이의 관계에서 발생하는 '정상적인' 갈등—프로이트의 오이디푸스 갈등—이 나타날 것이다. 이것은 발달과정에서 오이디푸스 단계가 발생하는 것이 보장된 것은 아니라는 점을 암시한다. 대신에 이것은 그 이전의 엄마-아기 관계의 성공적 발달에 달려 있다.

최초의 사랑

발린트는 엄마와 영아 사이의 첫 번째 대상관계를 '최초의 사랑(primary love)'이라고 불렀으며, 이러한 사랑의 영향에 대해서 자기 자신 및 자기 환자들의 삶을 바탕으로 기술하였다. 이러한 자기노출은 정신분석 사회에서는 일상적인 것이 아니었다. 자신에 대한 이야기를 이렇게 개인적으로 기술하고 자신의 발달이론의 핵심 개념에 '사랑'이라는 단어를 사용한 것은 모두 정신분석이라는 과학의 영역에서 예전에는 용납되지 않는 것이었다. 발린트는 좋은 환경에 있는 영아는 자신에게 소중한 다른 사람을 항상 이용 가능한 것으로 경험한다고 기술하였다. 이렇게 이용 가능한 다른 사람은 개별적으로 독립된 사람이 아니라 사용되는 물질과 같은 것이다. 그의 아주 적절한 표현인 '조화롭게 스며드는 혼합(harmonious interpenetrating mix-up)'은 그가 의도했던 바를 완벽하게 드러내고 있다(Balint, 1968, 1979). 물고기와 물의 관계 또는 인간과 공기의 관계와 마찬가지로, 이 관계는 힘이 들지 않는다. 모든 것이 단순히 그렇게 존재하는 것이다. 이렇게 사랑하는 환경에서 아기는 사랑해야 하는 것보다 사랑받고 돌봄을 받으며, 아기의 욕구는 고통스럽게 요구하기 전에 만족된다. 엄마는 대부분의 시간 동안 자신의 아기를 돌보는 것을 즐긴다. 이렇게 넉넉한 관계 속에서 아기는 자신의 욕구가 다 만족되기 때문에 그것이 무엇인지를 알지 못한 채 이러한 조화로운 혼합 상태를 즐기면서 성장하게 된다. 아기는 자신이 분리되어 있는, 독립된 존재라는 것을 경험하지 못한다. 아기는 이러한 조화로운 상호의존의 축복 때문에 일체감의 착각 속에서 살며 자신의 잠재력을 발달시키게 된다.

일체감의 착각 깨기

아기가 다른 사람들이 분리된 존재라는 것을 발견하기 위해서는 이러한 조화로운 상호의존이 중단되어야만 한다. 이것은 생후 1년 이내에 발생하며 개별화 과정을 유발한다. 발린트는 다른 사람이 분리된 존재라는 중요한 발견에는 전혀 다르면서 반대되는 두 가지 무의식적 반응이 발생 가능하다고 기술하였다. 하나의 환상에서는 다른 사람들이 친절하고 유용하여 그들과 혼합되기를 바란다. 다른 하나의 환상에서는 다른 사람들이 불필요하거나 심지어 존재하지 않는 것으로 나타난다. 다른 사람들이 존재하지 않는다는 두 번째 환상에서, 아기는 자신의 개인적인 의지나 힘에 대해 어떠한 장애물도 경험하지 않는다(Klein, J., 1987).

첫 번째 환상 유형에서, 발달하는 아기는 다른 사람들을 구원자로 간주하며 강력한 대인관계를 만들어 낸다. 이 과정에서 필요한 무의식적인 대가는 특별하고도 개인적인 내적 욕구, 생각, 창의성을 믿지 않고 다른 사람의 말을 따르게 되는 것인데, 그것은 무슨 일이 있어도 그 관계를 유지해야 하기 때문이다. 일부 경우에서 개인적인 자기감은 덜 중요하거나 가치가 없는 것으로 인식되기도 한다. 개인적인 개별화와 전체가 되는 것에 대한 요구는 다른 사람과의 연결보다 덜 중요한 것이 된다.

두 번째 유형의 환상 내에서, 다른 사람들은 무의식적으로 위험하거나 무관한 사람으로 인식되어 피하거나 필요할 때만 사용하는 것으로 경험된다. 이런 집단의 사람들은 독립, 기술 등을 개발시키며 스스로에게 기대하는 것을 더 선호하게 된다. 이들은 다른 사람들, 특히 특별한 다른 사람들을 필요로 하지 않는다. 이들은 자기 자신과 자신의 가치를 믿으며 자신들이 세상에 존재하는 방식이 유일하거나 최고의 방식인 것처럼 행동하는 경향이 있다.

제스는 첫 번째 유형의 좋은 예이다. 그녀는 자신의 남편과 어머니에게 가까이 머물러 있으려고 하며, 자신의 욕구, 특히 자신에게 특별한 사람들에게 갈등을 불러일으키는 욕구를 표현하기 어려워한다. '돈'은 두 번째 유형의 좋은 예이다. 그는 자신의 독립과 자유를 매우 중요하게 생각한다. 그는 자신의 계획을 신중하게 선택하고 정확하게 자신이 살고 싶은 곳과 어떻게 살 것인지를 결정한다. 돈은 일반 사람들이 생각하는 개념에서 성공적인 삶을 살고 있지만 개인적인 수준에서는 매우 외로운 상태에 있다.

발린트의 모델에서 이 두 가지 유형 모두는 장점과 단점을 가지고 있다. 각각은 개별화 과정에서 나타나는 무의식적 반응으로, 다른 사람들 및 자신에 대해 통합되지 않은 양가감정이 발생하게 만드는 원인이 될 수 있다. 우리는 너무 의존적이고 요구하는 것이 많은 사람이 될 수도 있고, 너무 개별적이고 우수하며 잘난 척하는 사람이 될 수도 있다. 그는 과거의 다른 사람들에게 했던 무의식적인 반응들을 의식적으로 인식하게 되면, 지나치게 의존적이었던 사람들은 독립된 자기감을 유지하면서도 진정한 친근성을 만들어낼 수 있고, 자신만의 공간과 분리를 추구했던 사람은 다른 사람에 대한 호기심과 탐색을 추구함과 동시에 다른 사람을 신뢰하는 법을 배울 수 있다고 기술하였다.

내 생각에 발린트의 생각들은 분석가의 자세를 매우 중요한 방식으로 변화시켰다(Balint, 1965). 대부분의 클라인 학파와 자아심리학자들을 포함하는 고전적인 프로이트 학파 분석가들은 전통적인 아버지상—좋은, 거리감이 있는 권위자, 해석을 해 주고 명확한 경계가 있는 사람—이었다. 발린트(페어베언과 마찬가지로)는 좋은 분석가를 어머니상—근본적 결함의 분리된 세상에 들어가 성장 과정을 다시 시작하고 다시 발달할 수 있는 데 사용할 수 있고 기꺼이 사용되기를 허락해 주는 사람—으로 만들어 주었다. 이러한 어머니적인 접근은 분석적 용어에 '사랑'이라는 단어를 포함시킬 수 있도록 해 주었다. 앞에서도 말했듯이, 이것은 극적인 용어의 추가

내가 메리와 앉아 있을 때 갑자기 발린트의 근본적 결함이 떠올랐다. 이것은 메리가 살고 있었던 세상이었다. 그녀는 자신의 '나쁜 점'에 빠져 있었다. 그녀의 선망, 분노, 절망은 그녀의 삶 전체를 소모하게 만들었다. 메리는 자주 이런 고통을 느끼면서 계속 사는 것이 가치가 있는 일인지를 물었다. 그러나 자신의 자폐 아들을 버리는 일은 생각할 수도 없는 일이라고 하였다. 메리는 공감하고 그녀를 돌봐 줄 수 있는 내 능력에 대해 의문을 품었다. 그녀는 내 얼굴에서 불신이 드러나는지, 내 목소리에서 멸시적인 느낌이 드는지를 열심히 찾았는데, 이것은 자신을 업신여겼던 자신의 엄마와 같다는 증거를 찾기 위한 것이었다. 메리는 이해가 필요했지만 그것만으로는 충분하지 않았다. 그녀는 나의 감정적인 관여, 나의 돌봄과 염려 그리고 그녀가 어린아이처럼 취급받았던 것에 대한 나의 분노를 생생하게 경험할 필요가 있었다.

인 것이다.

발린트에 따르면, 환자가 자신의 근본적 결함의 정도를 알아볼 필요가 있을 때는 반드시 '의존 상태로의 퇴행'이 허락되어야 한다고 보았다. 오직 적절한 퇴행을 통해서만 '새로운 시작'이 다시 진행될 수 있다(Balint, 1968, 1979). 발린트는 이런 경우 치료 작업을 매우 천천히 할 것을 권하였다. 이때에는 어떤 주장이나 해석, 어려운 직면을 시켜서도 안 된다. 투사와 심지어 행동화(acting out)도 예상하여야 하며 견뎌 낼 수 있어야 한다. 그는 또한 매달리고 퇴행하며 의존하려는 욕구는 항상 최초의 사랑에 대한 복귀가 아닐 수도 있으며, 버림받는 것에 대한 두려움과 같은 정신적인 외상에 대한 반응을 암시할 수도 있다는 것을 인식하고 있었다. 발린트에게 있어서 이것은 새로운 시작을 하기 위해 어린 시절 관계에서

양성퇴행 대 악성퇴행(benign vs. malignant regression)

발린트는 양성퇴행과 악성퇴행 사이의 중요한 구별을 우리에게 해주었다. 장기간의 치료를 하는 동안 양성퇴행이 발생하면, 근본적 결함은 다시 수정될 수 있으며 만족에 대한 환자의 요구는 적절한 수준에서 다루어질 수 있다. 분석가는 드러나는 욕구를 인식할 수 있고, 실제적인 요구에 대한 최선의 해결책(아마도 환자의 손을 잡아 주는 것이 될 수도 있다)을 환자가 발견하도록 도와줄 수 있다. 악성퇴행은 매우 다르다. 환자가 악성퇴행을 하게 될 경우 매우 강력한 요구를 한다. 보통 하나의 요구가 만족되면 그다음 요구는 점점 더 증가한다. 분석가는 악성퇴행의 상황에서 환자가 하는 요구에 의해 좌지우지되며, 해결책 없이 좌절감을 느끼게 된다. 발린트는 구세주가 아닌 조심성 있는 치료자가 될 것을 강조하였다(Balint, 1968, 1979).

정신적인 외상을 받았던 영역인 근본적 결함으로의 복귀를 나타내는 것이었다.

발린트는 정신분석 이외에도 지지적 전문가 단체를 돕는 것에 매우 관심이 있었다. 그는 1950년에 일반 치료자들을 위한 지지적 단체를 설립했는데, 이것은 25년 전에 헝가리에서 그가 만들었던 단체와 같은 것이었다. 그가 계획했던 또 다른 것은 일차의료의들을 위한 의사-환자 관계에 대한 것이었다. 그의 책『의사, 그의 환자와 질병(The Doctor, His Patient and the Illness)』(1957)은 오늘날까지 지속되고 있는 발린트 사회와 발린트 집단을 형성하는 기초를 제공하였다. 발린트는 법적인 이유 때문에 65세에 은퇴하였다. 그는 은퇴 이후에 여행을 많이 다녔고, 이러한 전문가 집단에 집중하였으며, 자신의 생각을 널리 퍼뜨리는 데 전념하였다(Gomez, 1997).

도널드 위니컷

도널드 위니컷(Donald Winnicott, 1896~1971)은 그의 중요한 동료들과는 달리 하나부터 열까지 영국 사람이었다. 그는 의과대학을 졸업하지 않은 상태에서 제1차 세계대전 때 군의관으로 복무하였다. 그는 제2차 세계대전 동안에는 피난을 보내는 프로그램에 대한 자문 정신건강의학과 의사로 일하였다. 위니컷은 처음에 소아과 의사였으며 평생 소아과 환자를 진료하였다. 그가 정신분석 수련을 받았던 1920년대에 그는 두 번의 분석—그중 한 번은 10년을 받았다—을 받았으며 또한 클라인과 함께 공부하였다(Rodman, 2003).

Donald Winnicott

위니컷은 정신분석의 영역에 많은 새로운 개념을 소개하였다. 이러한 개념들이 그 당시에 얼마나 혁명적인 것이었는지 그리고 오늘날까지 얼마나 중요한 개념으로 남아 있는지를 아는 것이 중요하다. 그가 살았던 동시대의 다른 분석가들과 비교해 봤을 때, 그의 글 쓰는 방식은 전혀 격식을 차리지 않는 유형이었으며 대게 참고문헌도 없었고, 순차적이라기보다는 자신이 논의하고 있는 생각과 경험을 순환하는 방식으로 보여 주었다.

진짜자기와 가짜자기

위니컷의 중요한 이론적 도약들 중의 하나는 '진짜자기(true self)'의 존재에 대한 제안이었는데, 진짜자기는 항상 드러나지만 흔히 숨겨지기도 하는 전체감과 좋음에 대한 내적인 근원이다. 우리는 이러한 진짜자기를 보호하기 위해 '가짜자기(false self)'라는 방어를 만들어 낸다. 나는 이 개념을 좋아하는데, 우리는 무엇이 우리에게 옳고 좋은지를 알고 있고, 우리가 안전하지 않고 믿을 수 없을 때 우리의 취약성을 보호하기 위해 방어를 하게 된다. 안전함이 보장되면, 우리의 진짜자기는 드러나게 된다(Winnicott, 1960a). 위니컷은 개별화 과정을 바라보는 또 다른 시각을 제공해 주었다. 그는 자신의 후기 논문에서 각각의 분석가는 부정과 저항의 무의식적인 측면을 직면시키기 보다는 자기의 무의식적인 조각들을 환영하는 자신들만의 방법을 발견해야 한다고 제안하였다. 그의 의도는 해석을 통해 밀어붙이기보다는 드러나기를 기다려야 한다는 것이었다(Winnicott, 1968).

내가 앞에서 언급했던 환자들을 이런 식의 사고방식으로 보면, 자신을 잘 표현할 수 있는 최고의 방법을 찾고 있는 진짜자기를 볼 수 있다. 돈이 '죽어 있는 사람' 같을 때, 메리가 자신과 다른 사람들을 미워할 때, 찰리가 자신의 수입에 대해 한 번 이상 이야기할 때, 나는 비록 이러한 반복적인 표현이 나를 좌절시킨다는 것을 알지만 그것이 그 순간에 그들이 할 수 있는 최고의 표현이라는 것을 믿고 있다. 돈은 위니컷이 '감정적인 활기의 자연스러운 표현(spontaneous gestures of emotional creativity)'이라고 불렀던 것이 드러나도록 조율해 줄 수 있고 생동감을 불어넣어 줄 수 있는 사람이 필요하였다. 메리는 그녀의 미움이 그 밑에 있는 충족되지 않은 욕구를 나타내는 정당한 반항이며, 이러한 반항은 부드러워지고 관대해질 수 있다는 이해와 연민이 필요하였다. 찰리는 그가 자신의 수입보다 더 가치가 있다는 희망이 필요하였다. 각자의 개별화 과정에 참여했던 진짜자기라는 개념을 사용하는 것은 내가 각각의 사람이 다르게 발달한 과정을 이해할 수 있도록 해 주며, 일차적으로 자신들을 방어하면서 살아왔던 이러한 환자들의 내면 깊은 부분에 머물면서 대화할 수 있도록 도와준다.

출생 초기의 삶

위니컷은 부정적인 감정이 일차적으로 더 우세하다는 클라인과 페어베언의 생각에 동의하지 않았다. 그의 경험에 따르면 출생 후 초기에도 삶에 대한 긍정적이고 생기 있는 잠재력 역시 있다는 것이었다. 그는 클라인의 일차적인 감정인 미움과 선망은 '의도'가 필요한데, 삶의 초기에는 이러한 의식적인 의도가 없다고 반박하였다. 출생 초기에는 접촉과 생존에 대한 욕구만 있을 뿐이다(Winnicott, 1963a). 그는 아기가 좋은 환경에 있으면 그가 '진행하는 존재(going-on-being)'라고 부른 편안하고 통합되지 않은 흐름 속에서 살게 된다고 제안하였다. 이것은 클라인의 두려움에 떨고 있는 영아와는 매우 대조되는 개념이다. 위니컷은 영아가 인정사정을 가리지 않으며(ruthless), 자기 욕구를 충족시키는 것은 삶과 죽음의 문제라는 것을 알고 있었는데, 이것은 원본능이 나타내는 현상이다. 클라인이 그의 스승이었기 때문에, 처음에 그는 클라인의 이론을 관찰 가능한 현실에 입각해서 증명하기를 원했다. 그러나 시간이 지나면서 그가 소아과 의사로서 영아들을 치료하고 정신건강의학과 의사로서 성인과 아이들을 치료하는 동안 서서히 자신만의 길을 가게 되었다. 그는 아기들의 이러한 인정사정없음이 클라인의 환상과 관계가 있다기보다는 실제적인 다른 사람들을 인식하기 전에 생존을 보장해 주는 데 필요한 발달단계로 보았다. 다른 사람을 인식하는 발달단계를 거치게 되면 '인정(ruth)'이 생긴다. 인정은 돌봄에 대한 신체적인 욕구와 실제적이고 분리된 다른 사람에 대해 걱정할 수 있는 능력이 발달하면서 나오는 필수적인 요소이다(Winnicott, 1963a).

그는 엄마와 아기들을 직접 관찰하면서 다른 사람들이 발달 중인 아이들에게 엄청난 영향을 미치는 것을 보았다. 그는 동시에 우리의 삶은 대부분 우리 스스로가 만들어 가며 우리는 우리가 경험했던 것을 반복한다는 정신분석의 고전적인 한 사람 입장을 항상 지지하였다. 그는 분석에 있어서 다른 사람들이 우리에게 한 것보다는 진료실에서 드러나는 환자의 소망, 공상, 개인적인 성격에 초점을 맞추는 것이 최선의 방법이라고 믿었다(Mitchell & Black, 1995).

그는 자신의 관찰을 통해 그의 가장 유명한 말을 남겼다. '한 사람의 아기라는 것은 없고, 엄마-아기 한 쌍만이 존재할 뿐이다.'(Winnicott, 1960b) 그가 '일차모성몰두(primary maternal preoccupation)'라고 한 것은 엄마가 자신의 아기에게 출생 후 첫 수개월 동안 모든 것을 포함하여 전적으로 집중한다는 것을 말한다(Winnicott, 1956). 이것은 아기의 진짜자기가 나타날 수 있게 해준다. 올바른 환경에서 인정사정 가리지 않았던 아기는 다른 사람을 돌보는 것을 포함하는 인정을 발달시키게 된다. 초기의 인정사정없음은 시간이 지나면서 '배려하는 능력(capacity for concern)'으로 발달할 것이다.

'충분히 좋은 엄마(good enough mother)'는 위니컷의 또 다른 보석과도 같은 개념이다. 이런 엄마는 클라인의 분리된 좋은 엄마가 아니라 그 이상의 엄마이다(Abram, 1996). 엄마는 완벽하지는 않지만 자신의 아기에게 조율해 주고 집중한다. 그녀는 돌봄을 통해 자신의 아기가 '스스로를 발견할 수 있도록' 해 준다. 출생 후 수개월 동안, 충분히 좋은 엄마는 자신의 아기가 원하는 것은 언제든지 얻을 수 있다는 전지전능한 착각을 가질 수 있도록 해 준다. 엄마는 아기가 배고플 때 우유를 주는 젖가슴이나 우유병을 만들어 낼 수 있다는 착각을 유지할 수 있도록 격려한다. 엄마는 안전하고도 확실한 '보듬어 주는 환경(holding environment)'이다. 엄마는 아기의 첫 번째 거울인데, 자신의 얼굴 표정을 통해서 아기의 힘, 창의성, 감정적인 현실을 반영해 주며, 엄마 자신의 개별성, 감정 또는 걱정은 반영해 주지 않는다(Winnicott, 1964, 1967). 위니컷은 아기가 실제적인 사람이 되고, 자신의 진짜자기와 연결되며 진짜자기의 삶을 살기 위해서는 모성 환경이 출생 초기부터 아기가 적응할 수 있도록 모든 것을 다 해 주어야 한다고 믿었다. 아기를 사랑 없이 키울 수 있지만, 비인간적인 키움은 새롭고 자율적인 인간으로 성장할 수 없게 만든다.

두 명의 엄마

위니컷은 초기의 엄마-아기 관계와 정신분석이 많은 유사점을 가지고 있다는 것을 발견하였다. 그는 발달하는 영아뿐만 아니라 전반적인 사회 전체에도 좋은 양육이 중요하다는 것을 인식하고 있었다. 그는 분석가로서의 자기 입장을 알리고 영국의 엄마들을 교육시키기 위해 부모들을 위한 라디오 방송에서 충분히 좋은 엄마와 관련된 주제를 알렸다(Winnicott, 1988). 그는 처음에 영아는 엄마를 두 가지 다른 방식으로 경험한다는 가설을 세웠다. 엄마는 동시에 '환경엄마(environmental mother)'이기도 하고 '대상엄마(object mother)'이기도 하다. 환경엄마는 발린트가 제안한 것과 같이 '사용되는 물질'이다. 대상엄마는 진짜 다른 사람으로, 영아가 모든 세상이 자기 위주로 돌고 있다는 생각을 포기할 수 있도록 서서히 도와준다. 분석가 역시 환자의 마음속에 이 두 가지 입장을 취하고 있다. 분석가는 때때로 반영되고 이해받고 싶어 하는 환자의 욕구들 만족시켜 주는 데 필요한 환경을 만들어 줄 것이다. 분석가는 때때로 환자의 마음속에 다른 사람이라는 입장을 유지하면서 해석을 해 주거나 다른 시각으로 볼 수 있게 해 주는 객관적인 다른 사람이 될 것이다.

이행대상

위니컷은 소아과 의사로서 많은 아이가 보물처럼 여기는 부드러운 인형이나 담요를 가지고 있다는 것을 알아차렸다. 이러한 물건들은 아이들에게 안전하다는 느낌을 주었다. 그는 이러한 특별한 물건들이 엄마를 대신해 주며 안전하고 보호해 주는 힘을 가지고 있다고 제안하였다. 그는 이러한 물건들을 '이행대상(transitional objects)'이라고 이름 붙였다. 이행대상은 주관적으로 만들어지거나 통제되는 것도 아니고 객관적으로 발견되거나 분리된 것도 아니다. 이행대상은 두 개의 특징 모두를 가지고 있는 놀라운 역설적인 물건이다. 부모들은 아기의 이행대상과 아기의 연결을 끊어 놓으려고 해서는 안 된다는 것을 알고 있어야 한다. 현명한 부모는 미래의 어떤 시점에 이 이행대상이 중요성을 잃게 될 것이라는 것을 알고 있다. 그러나 그 이전에 이행대상을 세탁해서도—세탁을 하면 냄새가 변해 가치가 변할 수 있다—안 되며, 없어져서도—이행대상이 없어지는 것은 정신적인 충격적 상실이 될 수도 있다—안 된다(Winnicott, 1951).

이행공간

아기가 한 살을 넘어가면 서서히 객관적인 현실과 주관적인 현실이 같이 존재하게 된다. 아기는 이 두 현실이 자연스럽게 함께 존재하는 것이 실제이며 중요하다는 경험을 하게 된다. 객관적인 현실과 주관적인 현실 사이에는 이행공간(transitional space) 또는 잠재적 공간(potential space)이 존재한다. 만들어 내는 것과 발견하는 것 사이에 존재하는 영역은 삶의 경이로운 역설적 영역이다. 이행대상과 마찬가지로, 이행공간은 객관적이면서도 주관적이고, 실제적이면서도 상상적인 것이다. 이 영역은 매우 중요하다. 이 공간은 놀이와 창의성이 발생하는 곳이며, 위니컷에게는 또한 좋은 정신치료를 위한 공간이기도 하다. 그는 삶에 의미를 제공해 줄 수 있는 능력을 가진 주관적인 경험의 질에 계속 관심을 가지고 있었다. 아기와 환자 모두는 스스로를 발견하고, 변화와 성장을 유발하는 자신들의 자발적인 표현을 할 수 있는 공간을 만들어 낼 필요가 있다. 위니컷은 시간이 지나면서 이 공간이 바로 보호받는 영역이며, 이곳에서 진짜자기, 창조적인 자기가 활동할 수 있고, 궁극적으로 예술과 문화를 창조할 수 있다고 보았다.

누적된 부딪힘

환경에서 요구하는 것과 아기의 요구가 맞지 않게 되면 아기는 '부딪히게(impinged)' 된다. 한편으로 아이는 자신 및 자신의 요구가 중요하지 않은 것처럼 무시받는 느낌을 받을 수 있다. 다른 한편으로 아이는 외부의 권위적인 인물에게 '순종(compliance)'하도록 강요받을 수 있다. 언제 어디서든 부딪힘을 경험하게 되면, 아이들은 그 이후에 무의식적으로 이것이 세상의 섭리라고 받아들이게 된다(Winnicott, 1960b). 그렇게 되면 아이들은 무의식적으로 이러한 처리 방식을 반복하게 된다. 이것은 자발적으로 자신의 욕구와 의미를 찾는 자기(진짜자기)와 순종하는 자기(가짜자기) 사이를 분리시키는 근원이 된다. 위니컷이 사용한 용어 중에 부정적인 것이 있다면 그것은 순종이다. 위니컷에게 있어서 어느 누구라도 자신의 삶에 대한 개인적인 방식을 희생하고 누군가에게 순종하도록 강요하는 것은 비도덕적인 것이었다. 순종하면서 성장하도록, 맞추어 나가도록 요구하는 것은 개인 각자의 독특함을 파괴하는 것이다. 자발성에 대한 안전성을 보장해 줄 때에만 진짜자기가 스스로 드러날 수 있고, 각 개인은 세상을 살아 나가는 자신만의 창의적인 방식을 발견하게 된다. 위니컷은 치료자로서 우리의 목표는 환자를 대상으로 연구를 하는 것도 아니고 치유를 하는 것도 아니며, 대신에 놀 수 있는 능력과 함께 의미 있는 상호작용을 만들어 내고 미래에 자기 스스로를 더 발견할 수 있는 가능성을 열어 주

돈은 자신의 자발성과 기본적인 생동감을 잃어버렸다. 자신의 과거와 감정적인 욕구에 대한 그의 재미없는 설명은 그가 어렸을 때 그의 자발성이 반사되지 못했거나 가치 있는 것으로 여겨지지 않았다는 것을 암시해 주었다. 결과적으로, 그는 자신의 감정적인 원천과의 연결이 끊어져 있었다. 그는 자신의 삶에서 뭔가를 잃어버렸다는 것을 알고 있었지만, 그것이 무엇인지를 말로 표현하거나 느끼지 못했다.

는 것이라고 주장하였다(Winnicott, 1971; Davis & Wallbridge, 1981; Mitchell & Black, 1995).

놀이

위니컷은 자신이 '놀이(play)'라고 부른 것의 가치를 높이 평가했으며 놀이에 대해서 반복적으로 기술하였다. 아이들은 자신의 진짜자기를 표현하기 위해 자발적으로 놀아야만 한다. 정신치료는 치료자의 놀이와 환자의 놀이가 겹쳐지면서 시행되었다. 그에게 있어서 놀이는 조직화된 자기나 성격이 조숙하게 발달하는 것과는 반대되는 것이었다. 놀이는 순종해야 할 필요 없이 진짜로 통합된 자기가 스스로 적절한 시간에 나타날 수 있도록 해 주면 그냥 노는 것 자체만으로 행복한 것이다. 놀이는 스스로를 발견하고 알아 가며, 자신의 충동을 믿게 되고, 불안이나 조숙한 조직화에서 자유로워지는 방법이다. 그는 각 개인은 놀이를 통해서만 완전히 창의적이 될 수 있으며 자신의 전체 자기—의식적이면서도 무의식적이며, 통합된 것이면서도 통합되지 않은 자신의 성격—를 발견할 수 있게 된다고 주장하였다.

치료

위니컷은 그의 대부분의 논문에서는 아닐지라도 아이들과 어른들에 대한 많은 증례를 보여 주었다. 우리는 그의 1947년 논문「역전이에서의 미움(Hate in the Conuter-Transference)」에서 그의 태도와 성향에 대한 많은 것을 배울 수 있다. 위니컷은 클라인 학파의 타고난 미움을 믿지 않았다. 하지만 그는 아기가 엄마를 미워하기 이전에 엄마가 아기를 미워한다는 사실을 믿었다. 그는 미워할 수 있는 자유가 없이는 사랑이 있을 수 없다고 주장하였다. 미워하는 능력이 발달 과정에서 얻어지는 것이기 때문에, 그는 각각의 분석가들이 특정한 순간에 자신의 환자를 미워하는 것을 포함해서 자신의 미워하는 능력에 대해서 알고 있을 것을 권유했다. 그는 각각의 치료시간에 제한을 두는 것은 이러한 미움의 표현이라고 기술하였다. 그는 환자들에게는 우리가 미워하게 만드는 측면들이 있다는 것을 인정하기 위해 '객관적인 사랑(objective love)'과 '객관적인 미움(objective hate)'이라는 생각을 만들어 내었는데, 분석가는 이러한 미움을 저장하고 분류하고 결국 적절한 시점에 해석해서 환자에게 제공해 줘야 한다.

위니컷은 분석가는 마치 충분히 좋은 엄마처럼 자신의 주관성을 보류해 두어야 한다고 주장했다. 그는 자신의 환자들에게 피난처를 제공해 주었다. 그는 대화의 내용과 해석은 다른 사람과의 관계에서 자기가 경험하는 중요한 경험보다 덜 중요하다고 주장하였다. 이러한 경험을 통해서만 환자는 자신의 상상하고, 창조하며, 실제와 의미를 느낄 수 있는 능력을 재발견할 수 있게 된다. 이것은 두 사람 모두가 자신과 다른 사람의 내부에서 생기 있게 살아 있을 수 있게 해 주는 데 필요한 감정적인 관계이다.

우리는 마거릿 리틀(Margaret Little)과 해리 건트립(Harry Guntrip)—나중에 논의할 것이다—덕분에 그의 접근법에 대해 더 많은 것을 알게 되었는데, 이 두 사람은 모두 위니컷에게 분석을 받았고 자신들의 경험에 대해 기술하였다. 위니컷은 자신이 프로이트에게 충실했음을 인정하면서 항상 고전적인 방식으로 치료를 했다고 주장했는데, 이는 프로이트가 매우 엄격하고 중립적인 방식으로 치료를 했다는 점을 고려하면 매우 의심이 가는 부분이다. 리틀의 보고에 따르면, 그와 함께 했던 그녀의 분석 작업은 결코 엄격하거나 중립적인 것이 아니었다. 그녀는 일주일에 일곱 번씩 분석을 받았는데, 만약 그녀가 아프면 그가 그녀의 집으로 왔다. 이 기간 동안에 그는 피분석가의 손을 잡는 것이 신체적으로 불편하다는 것을 두 사람 모두 알고 있었음에도 불구하고 계속 그녀의 손을 잡아 주었다. 그는 또한 그녀가 필요로 할 때면 그녀의 머리를 안아 주기도 하였다. 그녀가 이야기를 시작할 때 많은 시간이 필요했기 때문에 그는 추가 비용 없이 치료시간을 연장해 주었다. 그는 자신이 휴가 때문에 오래 자리를 비우게 될 때면 그녀가 자살할 수 있다는 두려움 때문에 병원에 입원하기를 권유하였다. 그녀가 화가 나서 그에게 소중한 물건을 부수었을 때, 그는 그녀를 처벌하지 않았다. 그녀의 보고에 따르면, 이것은 마음 깊은 돌봄이었으며 심지어 사랑이기까지 하였다(Little, 1977).

그는 시간이 오래 걸리는 장기간의 치료가 필요하다고 생각했으며, 이렇게 장기간의 집중적인 치료가 자신에게 어떤 영향을 미쳤는지에 대해서 기술하였다. 그는 환자들의 미성숙함과 의존성이 자신의 안녕에 영향을 미쳤음을 인정했으며, 분석가는 이러한 영향에 대해 항상 알고 있어야 한다고 경고하였다. 그는 자신도 한 사람의 인간이며 한계를 가지고 있다는 점에 대해서도 인정하였다. 그는 분석이 얼마나 힘들고 도전적인 것일 수 있으며, 개인적으로 얼마나 고통스러울 수 있는지에 대해서 기술하였다(Winnicott, 1954; Little, 1977).

위니컷은 치료자들은 스스로를 돌볼 수 있는 자신들만의 체계가 필요하며 환자들에게 자신들은 환자들에 의해 돌봄을 받을 필요는 없다는 것을 간접적으로 전달해야 한다고 주장하였다. 중요한 것은 치료자들은 환자들의 다양한 불안으로부터 독립된 현실감을 유지하고 떨어져 있어야 한다는 것이다. 위니컷은 이것을 '생존(survival)'이라고 불렀는데, 이러한 생존은 다른 사람에게 상처를 주거나 다른 사람의 발달 능력을 앞서가는 것이 되어서는 안 된다. 그는 치료자의 생존을 영아의 인정사정없는 욕구와 분노에도 살아남는 엄마의 생존과 비교하였다. 치료자와 엄마는 생존하지만 보복하지 않을 필요가 있다. 이것이 아무런 영향도 받지 않는다는 것을 의미하지는 않으며, 이러한 영향이 치료자 자신의 성인으로서의 측면에 의해 조절될 수 있다는 것을 의미한다(Winnicott, 1968).

나는 위니컷이 자신의 환자들은 반영해 주고 반사해 주는 다른 사람이 있으면 자신들만의 방식을 찾아낼 수 있을 것이라는 믿음을 가졌던 낙관주의자였다고 생각한다. 그는 아기와 충분히 좋은 엄마 사이에는 기본적인 신뢰가 발생하며, 이러한 기본적인 신뢰는 분석관계에서도 만들어지거나 다시 만들어질 필요가 있다고 믿었다.

위니컷은 '신뢰(trust)'라는 단어를 발달학적으로 사용하였다. 그는 신뢰가 분리와 독립을 즐기게 되기 전에 가졌던 최대한 의존하던 시기의 경험에 바탕을 둔 자신감에서 만들어진다고 기술하였다. 그는 환자의 선한 의도를 믿었다. 그는 증상, 꿈, 퇴행을 언어적으로 전달할 수 없는 것에 대한 표현으로 보았다. 이러한 행동과 환상들은 말할 수 없는 것을 말하고 있다. 만약 분석가가 환자, 자기 자신, 정신분석 작업을 믿는다면, 정신적인 충격으로 인해 얼어붙었던 사건이나 초기의 관계는 시간이 지나면서 녹게 될 것이며,

표현할 수 있는 말을 찾게 되고 이해와 의미가 만들어지게 될 것이다(Winnicott, 1954).

내가 여기서 소개했던 나의 환자들은 나에게 다양한 방식으로 도전 과제를 주었다. 감정을 표현하지 못하는 돈에게서 내가 살아남을 수 있을까? 잭이 나의 이메일에 답장을 보내지 않았을 때 내가 분노나 보복을 하지 않고 나 자신을 통제할 수 있을까? 메리가 나에게 자신은 끔찍한 여자가 아님을 증명해 달라고 요구할 때, 내가 어떻게 진실된 상태로 머무를 수 있을까? 신뢰—다른 사람과 자기에 대한 관계—에 대한 위니컷의 생각은 장기간의 치료에 대한 기초가 될 수 있다. 항상 그렇다.

비록 위니컷은 환자와 분석가 사이의 상호작용에 대해 광범위하게 기술하였지만, 그의 이론은 여전히 치료와 변화에 대한 한 사람 모델이었다. 그는 관계가 얼마나 중요한 것인지를 알고 있었지

붕괴공포(fear of breakdown)

내 환자인 잭은 자신이 '부서지는' 것 같은 경험을 했고 다시 회복되지 못할 것에 대해 걱정하였다. 위니컷은 우리에게 현명한 조언을 해주었다. 그는 임상적인 붕괴공포는 이미 예전에 경험했던 것에 대한 것이라고 기술하였다(Winnicott, 1963c; Little, 1977). 잭은 그러한 격동의 어린 시절을 보냈다. 그는 상상도 할 수 없는 불안을 반복적으로 경험했다. 현재 우리가 할 일은 그가 현재 경험하고 있는 것은 과거에 경험했던 것과 같다는 것을 인정하는 것이었다. 그러나 현재는 관계를 맺고 있는 다른 사람이 있기 때문에 고통스러운 감정적 경험을 겪을 수는 있어도 다른 쪽으로 빠져나올 수 있다. 이것이 그가 어렸을 때는 불가능한 것이었다.

만(Phillips, 1988), 동시에 그의 초점은 각각의 환자 내에 있는 욕동과 발달단계에 있었다. 그는 상황이 원할 때면 중립성이라는 고전적인 입장을 명백히 수정하였으며, 치료적인 맥락에서 감정적으로 조율해 주고 함께 있어 주는 것이 해석보다 더 중요하다고 믿었다. 발린트와는 달리 위니컷은 자신의 환자에 대한 이야기를 할 때 사랑이라는 말을 사용하지 않았지만, 우리가 리틀(1977)의 이야기를 읽어 보면 사랑이라는 단어가 분명히 적용될 수 있을 것 같다.

해리 건트립

페어베언 및 위니컷과 마찬가지로 해리 건트립(Harry Guntrip, 1901~1975)은 영국 사람이었다. 그는 처음에 개신교 목사였다가 나중에 심리학자, 그 이후에는 정신분석가가 되었는데, 처음에 페어베언에게 분석을 받았고 나중에 위니컷에게 분석을 받은 것 이외에는 정규적인 분석 훈련을 받지 않았다. 그는 마음 깊이 자기 성찰을 하였으며, 자신의 꿈과 자신이 받았던 분석 경험에 대해 아주 상세하게 기록해 두었다. 건트립의 개인적인 정신적 외상은 그가 3세였을 때 죽은 자신의 남동생의 죽음에서 비롯된 것이었다. 그는 이 기억을 평생 동안 간직했으며 그것이 자신의 내적 죽음, 우울, 설명되지 않는 질병과 절망—그 자신만의 '분열성 현상(schizoid phenomena)'—의 원인이라고 믿었다. 그는 위니컷에게 받았던 두 번째 분석이 어린 시절 상태로 퇴행하게 만들어 자신의 정신적인 외상에 대한 기억이 결국에는 치료가 되기를 마음 깊이 바랐다. 실제로 그의 전체적인 성격은 두 번째 분석을 통해 확대되고 생명력을 얻게 되었다(Hazell, 1996). 그는 자신의 분석에 대해 많은 기록을 남겼는데, 우리는 이 기록을 통해 위니컷과 페어베언이 어떻게 분석을 했으며 어떤 해석을 했는지에 대한 자료를 모을 수 있었다.

페어베언 및 발린트와 마찬가지로, 건트립은 자기가 조각나지 않고(self fragmentation) 다른 사람들에 대한 내적인 감각을 유지할 수 있는 능력이 없는 상태인 분열성 현상에 매우 관심이 있었다. 그는 이러한 위축되고 흔히 혼자 고립되어 있는 환자들과 했던 자신의 경험을 통해 대상관계학파의 이론을 확장시켰다. 건트립은 『정신분석 이론, 치료 그리고 자기(Psychoanalytic Theory, Therapy, and the Self)』(1971)의 마지막 장에서 치료 기법들이 이러한 초기의 정신적 충격을 치료하지 못하며, 대신 '실제적인 다른 사람(real other)'과의 '실제적인 관계(real relationship)'가 필요하다고 주장하였다. 이것은 그 당시 대부분의 그의 동료가 취했던 중립적이고 해석적인 자세와는 매우 다른 것이었다. 건트립과 발린트 모두는 치료자들과 분석가들에게 자신들의 진료실을 찾는 사람들을 실제적으로 돌봐 주기를 직접적으로 권유하였다. 이들은 분석이 단순히 하나의 직업이 아니라 소명이며, 분석가는 이러한 소명을 자발적으로 따르는 삶을 살아야 한다고 믿었다.

건트립(1969)은 다른 분석가들의 생각에 대해서 기술하고 그 이후에 자신만의 생각을 추가하였다. 예를 들면, 페어베언의 의존, 독립, 상호의존과 관련된 발달 모델에 대해 기술하고 난 이후에 이러한 초기 발달단계의 한 부분으로 '전도덕적(pre-moral)'이라는 개념을 추가하였다. 나는 이 개념이 다른 사람들을 이용하고, 조정하며, 심지어 해를 가할 필요가 있다고 느끼면서 자신의 생각과 행동을 완전히 정당화시키는 환자들을 치료할 때 매우 임상적으로 유용하다는 것을 발견하였다. 비도덕적인 사람보다는 발달에 문제가 있어 고착된 사람과 함께 앉아 있고 문제를 탐색하는 것이 훨씬 더 쉽다.

그는 분석이 오이디푸스 이전 시기인 삶의 초기에 초점을 두어야 한다는 점에 대해서 광범위하게 기술하였다. 그의 논문들은 따듯했고 '사랑'이라는 단어를 많이 사용했는데, 인간에게 왜 사랑이 필요한지, 영아가 적절하게 반사되지 않고 돌봄을 받지 못할 때 어떻게 사랑이 얼어붙게 되는지, 다양하게 변형된 사랑, 치료자와 환자 사이의 사랑이 얼마나 중요한지에 대해 기술하고 있다. 그에게는 아기가 '나' '너' '우리'를 구별하기 시작하는 출생 후 첫해가 중요하였다. 사랑하는 돌봄—'적절한 환경(proper environment)'이라고 불리는—은 이러한 내적인 구조물들이 형성되는 데 매우 중요하다. 우리 모두는 삶의 일상적인 스트레스를 견뎌 내기 위해서 삶의 초기에 다른 사람과 융합된 상태인 우리라는 감각을 필요로 한다. 만약 안전한 다른 사람이 함께 있을 가능성이 없다면, 삶은 너무 어려운 것이 된다. 만약 좋은 우리라는 감각이 없다면, 나는 조각이 나는 공포 없이 존재할 정도로 충분히 강해질 수 없다. 건트립에게 있어서 나쁜 환경은 매우 힘든 무의식적인 내적 세계를 만들어 내는데, 아기의 욕구는 자극되고 감질나게만 될 뿐 결코 만족되지 않는다. 그는 모든 사람에게는 결코 줄어들지 않는 사랑에 대한 욕구가 있으며, 만약 삶의 초기에 이러한 사랑이 주어지지 않으면 우리가 영원히 고통스러운 상태로 남겨지게 된다고 믿었다. 그의 자기에 대한 모델은 내적인 욕동과 갈등에 대한 것이 아니라 어린 시절의 결핍과 정신적인 충격에 대한 것이었다(Klein, J., 1987).

초기의 내적 상태

건트립은 자신의 경험을 통해 영아가 필요로 하는 사랑을 받지 못할 때 두 가지의 가능한 반응이 존재한다고 기술하였는데, '사랑이 화나게 만들기(love made angry)'와 '사랑이 굶주리게 만들기(love made hungry)'이다. 사랑이 화나게 만들기는 우울불안(depressive anxieties)과 같은 것으로, 다른 사람에게 사랑을 강요하는 시도를 한다. 물론 이것은 그 이후에 다른 사람이 화가 나서 떠날 것이라는 두려움을 유발한다. 그렇지 않으면 그것은 다른 사람에게 상처를 주거나 화나게 만들었다는 죄책감을 유발할 수 있다. 모든 성인에게 있어서 이러한 반응들은 일종의 우울감을 유발할 수 있으며 내적인 자원을 고갈시킨다. 만약 자아의 강도가 충분하다면, 이런 유형의 성인은 다시 관계를 맺고 사랑할 수 있는 다른 사람을 찾아 떠나게 된다.

사랑이 굶주리게 만들기는 분열불안(schizoid anxieties)과 일치하는데, 점점 더 사랑에 굶주리게 되면 사랑하는 사람과의 접촉을 필사적으로 갈망하게 된다. 이렇게 되면 자신의 사랑이 너무 지나쳐 사랑하는 사람을 압도하게(또는 심리적으로 파괴하게) 될 것이며 결과적으로 버림받게 된다. 그 이후에 따라오는 우울감은 사랑하는 사람과 거리를 두는 결과를 유발한다. 이러한 종류의 무시하는 우울감은 다음에 또 있을 수 있는 기회의 가능성을 미리 차단하게 된다. 사랑하는 것이 너무 위험한 것이기 때문에 결국 혼자 지내는 것이 유일한 해결책이 된다(Klein, J., 1987).

메리는 건트립이 설명한 어린 시절에 사랑이 결핍하게 되면 무슨 일이 발생하는지를 보여 주는 좋은 예이다. 그녀는 남편과 있을 때 사랑이 화나게 만들기와 사랑이 굶주리게 만들기를 반복한다. 나는 클라인 학파의 모델에서 치료자로서 그녀의 선망과 탐욕을 인식시키고, 이러한 고통스런 감정을 그녀의 과거와 연결시켜, 현재에는 그러한 선망과 탐욕이 충족될 수 없다는 것을 강조하였다. 위니컷과 건트립의 이론에 따르면, 나는 메리의 사랑에 대한 갈망에 공감할 수 있고 현재의 가족에게서 사랑을 얻으려는 왜곡된 방법을 이해할 수 있다. 나는 그녀의 바람이 실제적인 것이고 어린 시절에 만족되었어야 하는 것이라는 점을 인정할 수 있었고, 그녀의 바람이나 욕구가 기본적으로 잘못된 것이 아니라는 점을 확신시킬 수 있었다. 그 이후에 우리는 함께 그녀가 갈망하고 가질 권리가 있었던 사랑을 얻기 위해 시도하는 그녀의 방식을 탐색하고 다듬을 필요가 있었다. 나는 메리가 순수한 욕구와 건강하지 않은 행동을 구별하도록 도와줄 수 있을까?

그녀의 욕구가 거절당했던 것은 메리가 그녀 자신을 미워하게 만들었다. 우리는 진실 및 그녀의 욕구를 함께 다루어야 했다. 나는 그녀가 사랑받지 못한 것에 대한 분노를 받아들임으로써 자신 및 자신의 상황 모두에 대해 다른 시각을 만들어 낼 수 있도록 도왔다. 우리는 그녀가 가졌어야 했지만 가질 수 없었던 것에 대한 애도 반응을 이끌어 낼 수 있을까?

그녀의 애도와 욕구를 받아들이는 것은 약간의 내적인 공간과 자기수용을 가능하게 하였다.

건트립은 페어베언의 세 가지 이론적 대상관계를 사용하였으며 그가 퇴행된 자아(regressed ego)라고 불렀던 중요한 개념을 추가하였다. 자기의 이 조각은 다른 사람들이 전혀 없어도 담겨질 수 있는 상상의 자궁으로 들어간다(Gomez, 1997). 이렇게 다른 사람을 포기한 퇴행된 자아는 어느 누구도 필요로 하지 않는다. 그는 다른 사람과의 관계를 두려워하면서 갈망하기도 하는 갈등에 대해 마음 깊이 공감하였다. 이러한 갈등에 사로잡혀 있는 사람들에게 대인관계는 끔찍한 선택을 나타낸다. 사랑을 받는 것은 그 사람에게 삼켜져서 자신을 잃어버리게 되고, 사랑을 하는 것은 다른 사람을 통제하게 되어 그 사람의 주체성을 소모해 버린다. '우리'라는 주체성에 대한 능력이 존재하지 않는다. 분리되거나 합쳐지는 양극단만 존재할 뿐이다(Klein, J., 1987). 그의 경험에 의하면 출생 후 첫해 동안에 '나와 내가 아닌 사람'은 발린트의 '스며드는 혼합'으로 경험된다. 충분히 좋은 돌봄을 받게 되면, 자아의 다른 구조물들은 강화된다. 나, 너 그리고 가끔은 우리가 존재하게 된다. 만약 돌봄이 부적절하게 되면, 이러한 구조물들은 형성되지 못하며, 정신적 스트레스가 가득하고, 받아들일 수 없는 두 가지 선택—두려워하면서 혼자 있거나 또는 정신적으로 혼합되어 사라져 버리는—을 해야 하는 메리와 같은 성인을 만들어 낸다.

건트립에 따르면, 좋은 정신치료가 개입해야 하는 부분이 이 영역이다. 그들을 돌볼 수 있고, 이해하며, 실제적으로 돌보면서 감정적으로 연결될 수 있는 그들 외부의 누군가를 발견하는 것만이 분열 상태에 있는 사람을 성장할 수 있게 해 주고 삶을 다루고 즐길 수 있는 데 필요한 구조들을 발달시킬 수 있게 해 준다(Guntrip, 1971).

작가인 돈의 이야기로 돌아가서, 나는 그가 전문적인 작가이지만 자신의 내적인 삶에 대한 표현을 하지 못한다고 말했다. 내가 '두려움' '공포'와 같은 단어를 제시해 주었을 때, 그는 이런 단어들이 우리가 이야기하는 경험이라는 것을 지적으로는 알고 있었다. 나는 그가 이야기하지 않고 이런 느낌을 느끼는 순간을 의도적으로 잠깐 지켜보았다. 그는 거의 대부분 희망이 없거나 절망적임을 느끼고 있었다. 그는 이러한 감정을 표현할 수 있을 정도로 그것을 생리적으로 경험하는 것이 힘들다는 것을 발견하였다. 우리는 감정을 건드리고, 잠깐 멈췄다가 다시 돌아가기를 반복했다. 이것은 우리 사이 및 경험과 표현의 공유 사이에서 일어나는 느린 춤과 같은 것이었다.

크리스토퍼 볼라스

중간학파의 계보는 많은 이론가, 분석가 및 저자와 함께 오늘날까지 계속되고 있다. 그러나 현대의 이론가들 중 나에게 가장 많은 영향을 미친 사람은 크리스토퍼 볼라스(Christopher Bollas)이다. 볼라스는 미국에서 태어나고 교육을 받았지만 영국으로 건너가 분석가가 되었고, 영국에서 시민권을 받았다가 현재는 다시 미국으로 건너와 살고 있다. 볼라스는 처음부터 문학, 정신분석, 예술, 사회활동, 저술을 포함한 몇몇 지적인 영역에 동시에 관심을 가지고 있었고 12권 이상의 책을 썼는데, 가장 최근에는 조현병과 장애에 대한 책을 썼다.

그의 가장 유용한 생각들 중 하나는 '생각하지 않고 아는 것(unthought known)'인데, 이것은 1987년에 소개되었다. 그는 아기의 무의식이 돌봐 주는 환경의 행동에 의해 만들어지며, 이러한 행동들은 생각이 아닌 존재하는 방식으로 저장된다. 이것은 우리의 무의식이 억압되는 장소가 아니라 생각하지 않고 생생하게 경험되는 장소라는 것에 대한 훌륭한 설명이다. 우리는 현재 신경과학의 발달 덕분에 우뇌와 좌뇌의 발달에 대해 이해하고 있지만, 볼라스는 이것이 주관적인 정신치료적 관계에서 어떻게 작용하는지를 매우 적절하고도 유용하게 설명하였다.

끔찍한 장면들이 떠오를 때면 자신이 산산조각 나는 것 같다고 했던 잭을 기억하는가? 우리가 치료를 하는 동안, 잭의 '생각하지 않고 아는 것'이 서서히 나타났다. 잭은 자신이 산산조각 나는 것은 과거의 약물 남용 때문이라고 생각하였다. 그러나 잭이 약물을 끊은 지 수년이 지났지만 이러한 끔찍한 장면들은 자주 떠올랐다. 우리 모두는 약물 이외에 잭을 힘들게 하는 다른 것이 있다는 것을 느꼈다. 그리고 서서히 그의 마음속 깊은 곳에 있었던 이야기들이 나타났다. 잭은 어린 시절에 결코 안전하지 않았다. 그의 부모 모두는 다양한 방식으로 위험했다. 그들은 화를 내고 간섭하였으며, 가장 최악인 것은 예측이 불가능하다는 것이었다. 조용한 분위기는 예고 없이 가학적인 분위기로 바뀌기도 하였다. 잭은 이렇게 떠오르는 부모의 모습들을 간직하고 있기가 힘들었다. 이런 모습들은 그의 부모가 교회와 지역사회에서 존경받고 사랑받았던 대중적인 모습과는 너무 상반되는 것이었다. 어떻게 같은 부모의 너무 다른 모습들이 사실일 수 있을까? 그는 나에게 "당신은 우리 부모가 그랬다는 것을 믿나요?”라고 물었다.

잭이 두려움에 몸을 떨거나 화난 얼굴로 나에게 몸을 기울이는 것은 그가 아이였을 때 경험했던 것을 재연하고 있는 것이었으며, 나는 그를 완전히 믿었다. 그의 신체에는 완전한 공포와 분노가 스며들어 있었다. 그의 신체는 그의 아주 어린 시절부터의 이런 기억을 알고 있는 것이다. 잭은 이제야 이러한 경험들이 다시 재연되게 하기보다는 그것에 대해 생각하기 시작했다. 지금까지 그것은 그의 매일의 생활에서 표현되었던 생각하지 않고 아는 것들이었다. 결과적으로, 잭은 혼자 있을 때 및 다른 사람들과 있을 때 만성적으로 안전하지 않다는 것을 느끼고 있었던 것이다.

위니컷은 주관적이기도 하면서 객관적이기도 한 ‘이행대상과 이행공간’이라는 개념을 우리에게 주었다. 볼라스는 엄마는 자신의 행동을 통해서 아기의 존재 상태를 변화시킨다는 ‘변형 대상(transformational object)’이라는 개념을 제시하였다(Bollas, 1987). 엄마가 의도하는 바는 흔히 아기가 불편한 상태에서 편한 상태로, 불행한 상태에서 행복한 상태로 바꾸려는 것이다. 현대의 신경과학적 용어로 표현하자면, 엄마는 ‘정동조절기(affect regulator)’인 것이다. 아기가 출생 첫해 동안에 나와 너의 현실에서 살고 있는 것이 아니라 욕구와 충동의 현실에서 살고 있음을 기억하라. 이런 방식으로 엄마를 보는 것, 조금 확장해서 치료자를 보는 것은 많은 것을 깨우치게 해 준다. 치료자들은 자신의 환자들에게 성장이나 변형이 발생할 수 있는 방식으로 환자들과 함께 있을 필요가 있다. 볼라스가 논문을 쓸 당시에 치료는 교육적이거나 지적인 과정이라기보다는 새로운 가능성과 새로운 존재 방식을 만들어 내는 감정적인 교환이라고 생각되고 있었다. 분석가나 치료자를 변형 대상으로 생각하는 것은 매우 고무적인 것이며 또한 약간은 벅찬 것이었다. 볼라스는 독자들이 자신의 이야기에 창의적인 경험을 하도록 만드는 방식으로 글을 썼다. 나는 이런 방식이 매우 매력적이고 유용하다고 생각한다.

볼라스는 자신의 '운명욕동(destiny drive)'이라는 개념을 통해 위니컷의 진짜자기 개념을 더 정교하게 다듬었는데, 이 욕동은 잘 성장하기 위해서 최선의 환경을 찾게 되는 우리 내부에 있는 무의식적인 힘을 말한다(Bollas, 1989). 볼라스에게 있어서 우리 자신의 욕구를 추구하는 권리는 다른 무엇보다 가장 중요한데, 여기에는 즐거움, 심지어 흥분이 존재하기 때문이다. 우리 각자는 자신의 삶에 대해 표현하는 독특한 방식이 있는데, 이것은 우리의 핵심자기(core self)에 의해 나오며 관계를 맺는 가족의 방식에 의해 형성된다. 의미 있는 삶에는 세상 사람들, 물건들, 생각들과 적극적으로 상호작용을 하는 것이 포함된다. 이들 중 어떤 것도 변형 대상이 될 수 있으며, 우리를 확장시키고 풍부하게 해 준다.

볼라스는 또한 분열성 현상과 정신병에 매우 관심이 많았기 때문에 이를 보이는 사람들을 돕기 위해 자신의 접근법을 기꺼이 수정하였다. 그는 약물치료에 반대하는 사람이었는데, 우리 모두는 대화를 하는 것이 최고의 치유를 유발한다는 것을 알고 있다고 주장하였다. 그는 자신의 책 『태양이 폭발할 때(When the Sun Bursts)』에서 환자를 하루에 두 번씩 수 주 동안 또는 하루 종일 여러 날을 연속으로 봤다고 기술하였다. 그의 경험에 따르면 장애가 있는, 심지어 정신병 환자들이라도 이런 종류의 적극적인 관리는 약물치료를 받지 않더라도 적절하게 상태를 호전시킬 수 있다는 것이었다(Bollas, 2015).

볼라스는 우리 각자는 다른 누군가에 의해서가 아니라 자신만의 욕구에 따라서 자신의 삶을 상상하고 누려 나가야 한다는 것을 강조했다. 우리는 근본적으로 혼자이기 때문에 이러한 혼자 있음을 통해서 개인적인 의미를 발견해야만 한다(Bollas, 1989). 정신분석이 세상을 치료할 수는 없지만 우리 각자가 우리의 존재에 대한 신선한 세계관을 만들어 내는 것을 도울 수 있으므로, 우리의 세상이 보다 풍부한 음색과 색깔로 움직이도록 만들 수 있다. 그는 광범위한 저작을 통해 만약 정신분석이 의미와 목적을 추구하는 잠재력을 충족시키려면 심리학과 정신건강의학과 영역의 경계로부터 벗어날 필요가 있다고 주장했다.

지금까지 우리가 논의했던 내용들을 다시 한번 정리해 보자. 프로이트에게 정신분석은 생물과학이었고, 그런 의미에서 정신분석은 환자의 무의식적인 정신세계에 대한 객관적인 연구였다. 그의 발달에 대한 초점은 아이, 엄마, 아빠 모두가 서로에게 관여하는 매우 성숙한 체계, 즉 지금은 우리가 세 사람 체계의 삼각관계라고 부르는 것에 있었다. 그는 아빠가 아기 자신의 원본능을 조절하고 죄책감을 다루며, 아기가 자신의 재능과 한계를 받아들이는 법을 배울 수 있도록 도와줌으로써 문명화시키는 핵심 인물이라고 믿었다.

1940년대까지 영국에서의 초점은 극적으로 변하였다. 그 당시의 많은 분석가는 세 사람 체계 대신에 영아와 양육자로 이루어진 두 사람 체계를 받아들였다. 그들은 5~6세 이후의 삶에 초점을 두는 대신에 출생 후 첫해에 관심을 두었다. 아빠에 대한 초점은 발달을 촉진시켜 주는 환경으로서의 엄마에게로 이동하였다.

이들은 내적인 세계, 환상의 세계, 상상에 전적으로 관심을 기울이기보다는 실제적인 경험의 중요성을 인정했으며, 영아의 발달에 어떤 종류의 양육—그 당시의 용어로 '환경적 제공(environmental provision)'—이 최선인가를 고민하기 시작했다. 가장 중요한 점으로는 이들 중 일부는 임상적인 상황은 연구하고 치료를 해야 하는 한 주체(subject)와 한 대상(object)에 대한 것이 아니라 두 주체를 나타내는 것이라는 것을 이해하기 시작했다.

지금까지 출생 후 첫해의 삶에 대한 우리의 이해를 깊이 있게 해주고 정신분석의 초점을 욕동의 방출에서 관계와 의사소통으로 변화시킨 세 종류의 학파—클라인의 원본능 힘에 대한 관심, 안나 프로이트의 자아 기능에 대한 주장 그리고 중간학파—에 대해 이야기를 하였다. 이들 학파는 매우 많은 관점의 차이를 가지고 있었음에도 불구하고 프로이트를 자신들의 첫 번째이자 전적으로 영감을 불어넣어 준 사람으로 존경하였다.

5장의 주요 개념

감정적인 창의성의 자발적 표현spontaneous gestures of emotional creativity 각각의 인간이 내면에 가지고 있는 자연적인 생동감에 대한 위니컷의 표현으로, 이러한 생동감이 회복될 수 있도록 해 주는 것이 치료의 목표이다.

객관적인 사랑과 미움objective love and hate 환자들에게는 호감과 반감을 불러일으키는 측면들을 가지고 있다는 개념으로, 이러한 부분은 신중하게 걸러서 해석해 주어야 한다.

거절하는 대상rejecting object 너무 많은 시간 동안 아기를 좌절시키는 엄마의

측면에 대한 페어베언의 용어

근본적인 결함basic fault 아기가 돌봄을 받거나 받지 못하여 자연스럽게 세상이 좋은 순간들과 나쁜 순간들로 분리되는 생애 초기의 기간을 나타내는 발린트의 용어

내부파괴자 또는 반리비도 자아internal saboteur or anti-libidinal ego 거절하는 대상과의 관계에서 만들어지는 자기의 한 부분

놀이play 위니컷에 따르면, 놀이는 아이에게는 자신의 내적인 삶을 즐기고 극적으로 표현할 수 있는 단순한 능력이며, 성인에게는 경직성이나 불안 없이 진짜자기를 표현하기 위해 언어와 다른 상징들을 사용할 수 있는 능력을 말한다.

누적된 부딪힘collecting impingements 다른 사람들이 자신을 잘 대해 주지 않을 것이라고 가정하고 맺게 되는 관계 양상을 말하며, 따라서 그 예상과 같은 경험을 만들어 내게 된다.

대상엄마objcet mother 아기를 돌봐 주는 '실제' 또는 개인적인 엄마

전도덕적pre-moral 아기는 삶의 초기에 옳고 그른 것에 신경을 쓰지 않고 생존에만 신경을 쓴다. 배려와 도덕성은 돌봄을 받는 과정에서 얻게 되는 발달적인 성취물이다.

리비도 자아libidinal ego 흥분시키는 대상과의 관계에서 만들어지는 자기의 한 부분

발생영역area of creation 아기가 필요한 것을 다 가지고 있고 잠재력으로 충만되어 있는 출생 후 첫 몇 개월을 나타내는 발린트의 용어

배려하는 능력capacity for concern 위니컷에 따르면, 아기는 발달을 하면서 다른 사람의 존재를 알게 되고, 다른 사람을 배려하고 영향을 미칠 수 있게 된다.

변형 대상transformational object 엄마는 아기의 정신신체적 욕구를 조절함으로써 아기의 내적 및 외적 환경을 변형시키는 사람이라는 볼라스의 개념

부딪힘impingements 진행하는 존재를 방해하는 어떤 것

분리splitting 출생 초기에 아기가 세상을 좋은 순간과 나쁜 순간으로 분리

하여 경험하는 것은 정상적인 것이지만, 만약 너무 많은 박탈로 인해 건강한 양가감정이 발생하지 않게 되면 병적인 것이 된다.

분열성 요소schizoid factors 아기의 욕구가 충족되지 않고, 자신의 실제적인 욕구를 충족시키기 위해 내적인 공상에 지나치게 의존할 때 발생하는 정신적인 상태에 대한 페어베언의 용어

사랑이 화나게 만들기와 사랑이 굶주리게 만들기love made angry and love made hungry 아기의 욕구가 충족되지 않았을 때 아기가 보일 가능성이 높은 반응에 대한 건트립의 설명

살아 있는 감정적 경험lived emotional experience 발린트와 건트립 모두는 환자가 새로운 감정적 경험을 가지기 위해서는 실제로 존재하는 다른 사람과의 실제적인 관계가 필요하다는 것을 강조하였다.

생각하지 않고 아는 것unthought known 행동과 활동의 무의식적인 근원에 대한 볼라스의 표현. 이것은 생의 초기에 다른 사람들과의 상호작용에 의해 발생하며 결코 생각해 보지 않은 것이다.

생존survival 아기를 대하는 엄마와 환자를 대하는 치료자는 부정적인 경험에도 보복이나 위축됨 없이 '생존'해야 할 필요가 있으며, 각자가 분리된 두 명의 개별적인 사람임을 경험할 수 있어야 한다.

실제관계real relationship 전이관계와 구별하기 위해 사용되는 용어. 두 관계 모두 계속 진행되는 것이지만 실제관계는 오이디푸스 이전 시기의 문제를 다룰 때 특히 더 중요하다.

악성퇴행malignant regression 일부 환자는 의존하는 것에 고착되어 애도와 새로운 시작을 하지 못한다는 발린트의 관찰

양성퇴행benign regression 환자가 다시 시작하기 위해 분석가를 신뢰하는 의존 상태로 퇴행할 필요가 있다는 발린트의 믿음

운명욕동destiny drive 우리 각자는 잘 성장하기를 원하며 우리의 개인적인 본질을 경험할 수 있게 해 주는 최고의 환경을 발견하기를 원한다는 볼라스의 믿음

이상적 대상ideal object 아기가 의존하고 있는 사람에 대한 내적인 평가로

중심 자아와 짝을 이룬다.

이행공간transitional space 엄마와 아기, 분석가와 환자에 의해 함께 만들어지는 공간으로 여기에서 변화가 가능해진다. 이곳은 외적이면서도 내적이기도 한 삶의 영역이다.

이행대상transitional objects 자신의 엄마와 엄마의 돌봄을 떠올리게 하고, 아기를 달래 주는 부드러운 물건들. 이행대상은 아기를 엄마에게 연결시켜 주기도 하고 분리되는 과정도 일어날 수 있게 해 준다.

인정 있는-인정사정없는ruth-ruthless 아기는 출생 초기에 자신의 욕구가 즉각적으로 충족되어야 한다고 요구하는데, 위니컷은 이 단계를 인정사정없는 단계라고 불렀다. 시간이 지나면서 아기는 인정이 생기게 된다.

일차모성몰두primary maternal preoccupation 자신의 신생아에게 일차적으로 관심을 두는 '일반적인' 엄마의 상태

정동조절기affect regulator 각자의 감정적 안녕을 유지하기 위해 달래 주고 생동감을 주는 다른 사람들이 얼마나 중요한지를 말해 주는 현대적 용어

조화롭게 스며드는 혼합harmonious interpenetrating mix-up 엄마와 아기 사이의 이상적인 관계에 대해서 발린트가 한 표현으로, 이것은 힘들지 않고 상호적인 것이다.

중심 자아central ego 활기를 빼앗긴 원래 자아의 의식적인 측면에 대한 페어베언의 용어

진짜자기/가짜자기true self/false self 각 개인은 진짜자기를 가지고 있는데 그것이 억압되거나 하나 이상의 가짜자기에 의해 가려진다고 하더라도 결코 사라지지 않는다는 위니컷의 파격적인 제안

진행하는 존재going-on-being 보살핌을 잘 받은 아기는 최소한의 부딪힘만 경험하게 되고 자신을 생동감 있고, 지속적이며, 만족스럽게 느끼게 된다는 위니컷의 생각

최초의 사랑primary love 아기와 엄마 사이의 첫 번째 대상관계

충분히 좋은 엄마good enough mother 완벽하거나 엄격하지도 않지만 대부분의 시간을 아기의 욕구를 마음속으로 받아 주고 그것을 충족시켜 주려고

노력하는 엄마

환경엄마environmental mother 아기는 삶의 초기에 어떤 사람이 자신을 돌봐주는 것이 아니라 환경이 자신의 욕구를 충족시켜 준다고 경험한다.

흥분시키는 대상exciting object 아기를 흥분시키면서 좌절시키는 엄마의 측면에 대한 페어베언의 용어. 때때로 좌절시키면서 흥분시키는 대상이라고 불리기도 한다.

참고문헌

Abram, J. (1996) *The Language of Winnicott*. Northvale, NJ: Jason Aronson.

Balint, M. (1957) *The Doctor, His Patient and the Illness*. New York: International Universities.

Balint, M. (1965) *Primary Love and Psycho-Analytic Technique*. New York: Liverwright.

Balint, M. (1968, 1979) *The Basic Fault*. New York: Brunner/Mazel.

Bollas, C. (1987) *The Shadow of the Object*. London: Free Association.

Bollas, C. (1989) *Forces of Destiny*. Northvale, NJ: Jason Aronson.

Bollas, C. (2015) *When the Sun Bursts*. New Haven, CT: Yale University.

Davis, M., & Wallbridge, D. (1981). *Boundary and Space*. New York: Brunner/Mazel.

Fairbairn, W. R. D. (1943, 1952) *An Object-Relations Theory of the Personality*. New York: Basic Books.

Gomez, L. (1997) *An Introduction to Object Relations*. London: Free Association Books.

Grosskurth, P. (1986) *Melanie Klein: Her World and Her Work*. New York: Knopf.

Guntrip, H. (1969) *Schizoid phenomena, objects relations and the self.* New York: Basic Books.

Guntrip, H. (1971) *Psychoanalytic Theory, Therapy, and the Self.* New York: Basic Books.

Hazell, J. (1996) *H. J. S. Guntrip: A Psychoanalytical Biography.* London: Free Association Books.

Herman, J. (1992) *Trauma and Recovery.* New York: Basic Books.

Klein, J. (1987) *Our Need for Others and Its Roots in Infancy.* New York: Routledge.

Little, M. (1977) *Psychotic Anxieties and Containment.* Northvale, NJ: Jason Aronson.

Mitchell, S. A., & Black, M. (1995) *Freud and Beyond.* New York: Basic Books.

Phillips, A. (1988) *Winnicott.* Cambridge, MA: Harvard University Press.

Rodman, F. R. (2003) *Winnicott: Life and Work.* Cambridge, MA: Perseus.

Winnicott, D. W. (1947) Hate in the counter-transference. In *Through Paediatrics to Psychoanalysis.* London: Hogarth, 1975.

Winnicott, D. W. (1951) Transitional objects and transitional phenomena. In Winnicott, D. W. (1971) *Playing and Reality.* Harmondsworth, UK: Penguin.

Winnicott, D. W. (1954) Metapsychological and clinical aspects of regression within the psycho-analytical set-up. In *Through Paediatrics to Psychoanalysis.* London: Hogarth, 1975.

Winnicott, D. W. (1956) Primary maternal preoccupation. In *Through Paediatrics to Psychoanalysis.* London: Hogarth, 1975.

Winnicott, D. W. (1960a) Ego distortions in terms of a true and false self. In *Through Paediatrics to Psychoanalysis.* London: Hogarth, 1975.

Winnicott, D. W. (1960b) The theory of the parent-infant relationship.

In *The Maturational Process and the Facilitating Environment.* Madison, CT: International Universities Press, 1965.

Winnicott, D. W. (1963a) From dependence towards independence in the development of the individual. In *The Maturational Process and the Facilitating Environment.* Madison, CT: International Universities Press, 1965.

Winnicott, D. W. (1963b) The development of the capacity for concern. In *The Maturational Process and the Facilitating Environment.* Madison, CT: International Universities Press, 1965.

Winnicott, D. W. (1963c) Fear of breakdown. In Winicott, C., Shepherd, R., & Davis, M. (Eds.) *Psycho-Analytic Explorations.* London: Karnac, 1989.

Winnicott, D. W. (1964) *The Child, the Family and the Outside World.* Cambridge, MA: Perseus.

Winnicott, D. W. (1967) Mirror role of mother and family in child development. In Winnicott, D. W. (1971) *Playing and Reality.* Harmondsworth, UK: Penguin.

Winnicott, D. W. (1968) The use of an object and relating through identification. In Winnicott, D. W. (1971) *Playing and Reality.* Harmondsworth, UK: Penguin.

Winnicott, D. W. (1988) *Babies and Their Mothers.* New York: Addison-Wesley.

Young-Bruehl, E. (1988) *Anna Freud: A Biography.* New York: Norton.

6 *Heinz Kohut*

하인즈 코헛

우리는 우리의 안녕을 위해 그리고 우리의 가치를 만들어 내기 위해 항상 다른 사람들이 필요하다.

Heinz Kohut

하인즈 코헛(1913~1981)은 자신의 문화적인 삶, 의학 교육, 그의 첫 번째 분석을 중단하고 1939년에 비엔나를 탈출하였다. 그는 처음에 런던으로 갔다가 다음에 시카고로 가게 되는데 거기에서 조금은 어려운 그의 어머니와 만나게 된다. 그는 의학 수련을 마치고 고전적 정신분석가가 되기 위해 시카고 정신분석연구소에서 분석 수련을 받았다. 그는 1948년에 결혼했으며 부인 및 아들과 함께 그의 분석치료와 논문 작성을 중심으로 돌아갔던 자신의 삶을 형성하였다(Strozier, 2001).

코헛은 비엔나에서 태어났고 항상 프로이트에게 충실하기를 원했지만, 분석을 전혀 다른 방식으로, 철저하게 미국적인 방식으로 바라보는 방법을 만들어 내었다. 그는 1959년에 공감(empathy)에 대한 논문을 발표하였는데, 이 논문은 프로이트 학파의 욕동에서 그가 자기(self)라고 부르는 것으로의 변화를 나타내 주었으며, 분석가는 공감을 통해서만 환자를 진정으로 알 수 있게 된다고 주장하였다(Kohut, 1959). 이것은 매우 혁신적인 입장이었다. 공감은 객관적으로 이해하는 사람 또는 관찰자의 그것과는 매우 다른 것이다. 공감, 특히 '공감적 몰입(empathic immersion)'이라는 개념은 분석가의 중립적이고 객관적인 자세를 자신의 환자와의 보다 주관적인 관계로 이동시키는 것이다. 코헛은 결국 자신의 치료 기법에 그가 공감적 몰입과 '대리 자기성찰(vicarious introspection)'이라고 불렀던 개념을 포함시켰다. 이 두 가지 기법 모두는 '다른 사람의 시각에서 본 세상은 어떤 느낌일까?'라는 질문에 초점을 둔 것이다. 이러한 관점의 변화는 그로 하여금 다른 사람을 어떤 특정한 신념이나 이론에 끼워 맞추기보다는 다른 사람의 가치와 중요성을 생각해 볼 수 있게 해 주었다(Kohut, 1984).

공감(empathy)

공감은 신경생물학적으로 우리가 다른 사람의 느낌들을 알 수 있게 해 주는 생존의 기술이다. 우리는 이제 우리의 뇌 속에 다른 사람의 움직임을 흉내 내고 다른 사람의 행동을 예측할 수 있게 해 주는 거울신경세포(mirror neurons)가 있다는 것을 알고 있다. 우리의 뇌는 태어날 때부터 사람의 얼굴 표정을 읽을 수 있도록 고안되어 있다. 공감은 우리의 인식 및 다른 사람들과 연결될 수 있는 우리의 능력을 확장시켜 준다. 공감은 또한 연습이 가능한 기술이다. 공감은 치료적으로 '친절하게 되는 것'을 의미하는 것이 아니다. 그보다는 지금 이 순간에 이해한 다른 사람의 감정적인 욕구에 반응하는 것을 의미한다.

그러나 코헛의 생각이 광범위하게 변화되었다는 것이 그 당시의 분석 사회에 분명하게 알려진 것은 1971년에 출판된 그의 첫 책 『자기의 분석(The Analysis of the Self)』에 의해서였다. 그는 더 이상 프로이트 학파의 욕동들의 내적 생물학적 전투와 금지된 소망에 대한 죄책감에 초점을 두지 않고, 발달 과정에서의 결핍, 개인적인 고립과 소외, 가치를 만들어 내려는 투쟁에 관심을 두었다. 코헛은 자기애(narcissism)에 대해 우리가 이해하고 있던 부분을 완전히 바꾸었으며, 이러한 연약하고 덜 성숙한 환자들도 도움을 받을 수 있다고 기술하였다. 그는 『자기의 분석』에서 발달 중인 아기는 실제적인 부모의 사랑 및 한계의 중심이 될 필요가 있다고 주장하였다. 그는 중간학파가 주장한 평균적이고 예상 가능한 환경보다 더 강력한 환경이 필요하다고 믿었다. 프로이트는 영아는 일차 자기애(primary narcissism)에 빠져 있고 자신이 전능하다는 생각을 하는데, 만약 이것이 어른이 될 때까지 유지된다면 이러한 미성숙한 과대성은 반드시 직면시켜 주어야 한다고 하였다. 코헛은 임상적인 치료를 하는 동안 자기애성 환자에게 그들의 단점을 직면시키는 것은 도움이 되지 않으며, 그들을 깊은 부적절감, 고통스러운 수치심, 심지어 절망에 빠뜨릴 수 있다는 것을 발견하였다. 그들은 전지전능하고 우월한 상태에서 위험하고 연약한 상태로 곤두박질쳤다. 비현실적인 자기애는 번뜩이는 재능과 흥분을 제공하지만 사랑을 하고 다른 사람과 관계를 할 수 있는 능력은 가지고 있지 않다. 코헛은 자기애성 환자들은 자신들의 순수하고 인간적인 자기가 보인 적이 없고 가치를 인정받지 못했기 때문에 '가장자기(as-if self)'를 만들어 낸다고 믿었다. 이들의 부모들은 자신들의 발달 중인 아기들의 욕구를 즐겁게 만족시켜 주기보다는 아기들이 자신들의 욕구를 따르도록 만든다(Kohut, 1971).

『자기의 분석』이 뉴욕 정신분석 사회에 미친 영향은 처음에는 약했지만 점차적으로 대부분의 사람이 코헛의 기본적인 전제, 즉 발달 과정에서의 정신적인 외상이 결정적인 사건이며 아기는 오랜 기간 이상화된 상태를 유지해야 한다는 전제는 욕동이론과 오이디푸스 삼각관계를 부수적인 역할로 밀어낸다는 이유로 거부하였다. 한때 미국정신분석학회의 왕좌 계승자로 여겨졌던 코헛은 이제 안나 프로이트를 포함한 다른 모든 사람들과 갈등 상태에 놓이게 되었다(Strozier, 2001). 정신분석 사회는 항상 혁신가들에게 가혹했다. '프로이트는 이 생각에 동의했을까?'라는 리트머스 검사에 적합하지 않은 사람과 생각은 아주 빠르게 축출되었다. 그리고 분명히 코헛의 생각은 프로이트가 동의하지 않을 것이라고 보였다.

그러나 코헛이 완전히 정신분석의 전통을 깬 것은 그의 두 번째 책『자기의 회복(The Restoration of the Self)』에서였다. 코헛은 이미 자신의 이론을 설명하기 위해 자기만의 용어를 개발했다. 그중 하나가 '자기-대상(self-object)'였는데, 이것은 아기의 발달하는 자기의 견고함, 지속성, 긍정적인 가치를 지지해 주는 아기의 부모 그리고 다른 사람을 지칭하는 말이다(Kohut, 1971). 자기-대상은 한 사람이나 한 사람의 측면을 말하는데, 내적인 안정감, 지속성, 안녕을 만들어 내는 기능을 하는 데 사용된다. 코헛은 시간이 지나면서 우리는 자기-대상 및 그것이 우리의 삶 동안 만들어 내는 가치가 필요하다고 주장하였고, 그의 이론에서 자기-대상의 중요성을 강조하기 위해 철자를 '자기대상(selfobject)'으로 바꾸었다. 코헛은 우리는 결코 완전한 독립과 분리를 달성할 수 없다고 생각하였다. 그보다 우리의 목표는 우리에게 중요한 사람들과 점점 더 깊이 관여하고 연결을 유지하는 것이다. 친근함이 행복의 근원이지 고도의 독립성이 행복의 근원은 아니다.

코헛은 자기애가 하나의 방어라기보다는 발달 정지의 한 부분이라고 생각함으로써 자기애에 대해 우리가 이해하던 부분을 완전히 바꾸어 놓았다. 자기애성 환자의 비극은 전체성의 결핍과 실제를 느끼지 못하는 것에 있었다. 비록 자신의 절망을 숨기려고 노력하지만, 그들은 마음속으로는 자신이 부족하며 어느 정도 열등하거나 조각이 나 있다는 것을 알고 있다. 환자가 스스로 하는 경험은 '기본적으로 나는 결점이 있다'는 것이다. 코헛에게 있어서 이것은 자기-대상 실패의 결과이기 때문에, 부모가 제공해 준 환경 자체가 문제인 것이다. 그는 자신의 이런 관점을 프로이트의 '죄책감을 가진 사람(guilty man)'과 구별하기 위해 '비극적인 사람(tragic man)'이라고 표현하였다(Kohut, 1977).

프로이트는 우리에게 건강한 삶의 핵심은 사랑하고 일을 하는 능력이라는 격언을 남겨 주었다. 의심할 여지 없이 이것은 사실이지만 코헛이 생각하는 건강한 삶에는 즐거움, 내적 생동감뿐만 아니라 자신이 이룩한 것에 대한 자부심을 느낄 수 있는 능력이 반드시 포함되어야 한다. 그는 치료자들에게 환자의 결함이나 한계점에만 초점을 맞추지 말고, 환자의 장점과 재능에 초점을 맞출 것을 권장하였다(Kohut, 1984). 그는 해석보다는 재건에 더 관심이 많다고 주장하였다(Kohut, 1977).

공감은 코헛이 1959년 자신의 논문에서부터 죽기 일주일 전에 한 마지막 강의에서까지 가장 강조했던 주제였다. 그는 자신의 치료방법을 자기성찰적-공감적 방법(introspective-empathic method)이라고 불렀다(Strozier, 2001). 코헛은 처음에 '공감'을 다른 사람을 대신해서 자기성찰을 하는 것이라고 정의하였다. 시간이 지나면서 공감에 대한 그의 시각은 보다 복잡해지고 사람 간의 관계에 대한 것이 되었다. 그는 공감의 생물학적 근원이 생존을 위해 필요한 것이었다는 것을 인정하였다. 그러나 공감은 그것 이상의 의미가 있다. 공감이 지속된다는 것은 누군가가 다른 사람을 돌보면 그 사람은 돌봄을 받을 가치가 있다는 것을 나타낸다. 시간이 지나면서 공감이 상처를 회복시켜 줄 수 있다는 것이 밝혀졌다. 공감을 하기 위해서는 감정적이고 지적인 발달이 필요하다. 공감은 신뢰와 믿음—처음에는 사람에 대한, 그다음에는 삶에 대한—의 기초가 된다. 코헛은 삶의 후반부에 공감이 치유를 유발한다고 믿었다.

코헛은 '공감적 몰입'이 이상적인 것이라는 견해를 유지했지만, 우리는 이러한 이상에 따라 살지 않으며 또 살 수도 없다는 것을 깨달았다. 그는 다른 사람의 느낌과 욕구에 공감하는 것의 중요성을 강조했으며, 특히 치료자로서의 우리가 환자의 치료에 실패하거나 환자를 실망시켰을 때 더 중요하다고 하였다. 우리는 우리가 치료에 실패했을 때 환자가 느끼게 되는 실망에 공감하고, 그것을 인정하며, 그 상황을 회복시켜야 할 필요가 있다(Kohut, 1984). 그는 보다 고전적인 치료법을 주장하는 자신의 동료들을 조심스럽게 비판했는데, 그들의 치료 기법들이 스스로를 곤경에 빠뜨리고 있으며 보다 따듯하고 인간적이 되는 것이 규칙들을 깰 수 있게 해 주고 그들에게 죄책감이 들게 만들 것이라고 말하였다.

코헛은 또한 자신의 책 『자기애성 분노(Narcissistic Rage)』—분석적 생각과 임상적 치료에 가장 많은 기여를 한 그의 책들 중의 하나—를 다시 편찬하였다. 프로이트는 자기애성 분노를 죽음본능(death instinct)의 한 부분으로 보았다. 코헛은 자유롭고 건전한 공격성이 필요한 것이며 건강한 야망을 만들어 줄 수 있다고 느꼈다. 그의 이론에 따르면, 만약 부적절한 분노가 있다면 그것은 분명히 적절하게 자기주장을 하거나 자신의 욕구를 표현하는 능력이 없어야만 하는 것이다. 이런 견지에서 우리 치료자들은 분노—심지어 아주 약한 형태의 분노라도—에 대해 조사할 때 우리가 과거와 현재를 연결시켜 이야기하고 있음을 흔히 발견한다. 분노는 화난 부모와 함께 있으면서 방치된 아이들, 힘이 없었던 아이들, 또는 자신의 환경에서 욕구가 충족되지 않았기 때문에 결코 자신의 욕구가 충족되지 않을 것이라고 확신하게 된 아이들에게서 나온다(Kohut, 1972).

우리 모두는 삶의 초기에 자기애적이며 생존하기 위해, 그리고 나중에는 잘 성장하기 위해 우리가 원하는 것을 우선적으로 얻으려고 한다. 어린 시절의 공상 속에서 우리는 인간적인 측면이 없는 영웅들과 강력한 힘들이 존재하는 세상에서 산다. 우리는 우리가 무엇이든 할 수 있고 무엇이든 얻을 수 있는 가치가 있다고 믿는다. 우리는 우리를 보호해 주고 이러한 공상들을 다룰 수 있도록 가르쳐 주는 충분히 좋은 부모 밑에서 자랐을 수도 있고, 가끔 우리에게 좌절감을 주는 부모 밑에서 자랐을 수도 있으며, 우리를 항상 실망시키는 부모 밑에서 자랐을 수도 있다. 코헛은 시간이 지난 후에 아이들이 성숙하기 위해서는 세 가지 다른 종류의 부모 경험이 필요하다는 가설을 세웠다. 아이들은 자신들의 내적 감정적 상태를 반영해 주는 '거울(mirror)'이 필요한데, 이 거울은 그들의 과대한 자기애적 상태를 지지해 주고 내적인 생명력과 활력을 강화시켜 준다. 아이들은 또한 '이상화할(idealize)' 누군가가 필요한데, 이렇게 힘 있는 사람과 합쳐짐으로써 안전함, 내적인 평온, 확실성을 만들어 내게 된다. 아이들은 또한 자기와 '쌍둥이(twin)' 같은 사람이 필요한데, 이는 '나는 당신과 같아요. 그리고 우리 두 사람은 모두 훌륭해요.'라는 뜻을 내포하고 있다. 코헛과 그의 계보에 있는 분석가들의 말에 따르면, 삶의 초기에 이러한 상태들을 증진시키고 현실이 이러한 상태에 대한 변형 작업(transformative work)을 서서히 하도록 단순히 내버려 두는 것이 중요하다. 이러한 과정에서 아이들은 내적인 탄력성과 자신의 내면에 안전한 집과 같은 기지를 만들어 내게 된다(Kohut, 1977).

따라서 코헛에 따르면 자기의 전체적인 감각을 모으는 것은 아기의 건강한 과대성에 대해 부모가 거울반사(mirroring)를 해 주는 것으로 시작된다. 이것은 그다음에 건강한 자부심과 건강한 자기주장을 유발하게 된다. 코헛은 부모가 이렇게 아이에게 필요한 기능을 수행하지 않거나 할 수 없을 때 그 결과가 수치심과 분노로 나타나며, 이 둘 모두는 성격이나 자기감을 와해시킨다고 기술하였다(Kohut, 1972). 따라서 그는 정신분석 사회 내에서 수치심이 죄책감과 다른 것이라는 이야기를 하기 시작했다. (몇몇 다른 사람이 코헛 이전에 수치심의 중요성에 대한 구별을 했지만, 이러한 주제는 수십 년 동안 주된 흐름에 통합되지 못했다.) 몇몇 자기심리학자는 수치심을 약화되고 결핍된 느낌, 우아함과 전체성에서 떨어지는 느낌으로 표현하면서 그 중요성을 확장시켰다. 임상적으로, 이러한 과장되고 부적절한 자기애가 심각한 수치심을 숨기고 있다는 점을 이해하는 것은 이러한 환자들을 치료하는 데 매우 중요하다(Morrison, 1984).

코헛은 이러한 발달에 필요한 욕구들을 자신의 환자들, 특히 자기애성 환자들에게서 보이는 다양한 전이 반응으로 해석하였다. 그의 치료 기법은 세 개의 자기-대상전이와 함께 치료를 하는 것이 되었다. 그는 적절하게 반응해 주고 흔히 해석을 하지 않는 환경이 주어지면 각각의 개인은 자연적으로 자신들의 독특하고 의미 있는 목표로 이동하게 된다고 믿었다. 코헛은 분석적 관계가 매우 특별한 방식으로 지지적이어야 할 필요가 있다고 생각했다. 소위 말하는 '거울반사전이(mirroring transference)'에서, 분석가는 환자의 감정 상태가 보이고 인식되었으며 가치가 있다는 것을 지속적으로 환자에게 반영해 준다. 이것은 위니컷의 보듬어 주는 환경이 환자로 하여금 실제를 느끼게 해 주는 것과 같은 방식으로 환자가 '실제'를 느끼게 해 준다. '이상화전이(idealizing transference)'는 환자가 자신을 위해 행동하는 타고난 능력과의 연결을 촉진시켜 준다. '분신(alter ego)' 또는 '쌍둥이전이(twinship transference)'는 '우리는 똑같고, 인간으로 살아간다는 것이 무엇을 의미하는지에 대한 감각을 함께 나누고 있어.'라는 말로 환자를 안심시켜 준다(Kohut, 1971, 1977).

그의 모델은 정지된, 순수한 환자의 생명력이 재점화되기 위해서는 환자가 이러한 전이 상태에 빠져들 필요가 있음을 인정하였다. 분석가는 각각 개별적인 관점에서 해석을 제공해 주기보다는 자신이 내재화되어 서서히 환자의 정지된 발달을 변화시킬 수 있는 기능을 하도록 허락해 주어야 한다. 항상 성장하고 성숙하려는 환자의 바람을 예상하고 존중해 주는 것이 중요하다. 자기심리학자들에게는 프로이트의 공격적 및 성적 압력들이 여전히 부수적인 것으로 남겨져 있다.

코헛은 처음에 프로이트의 이론을 확장시키고 싶어 했지만, 정신분석을 자아의 기능을 통해 원본능을 다루는 것에서 내적인 응집력, 생명력, 창의성에 대한 문을 열어 타고난 발달을 다시 시작하게 해 주는 것으로 기본적인 개념을 새로 만들게 되었다(Kohut, 1977). 코헛은 자기의 회복에서 우리 각자의 내부에는 많은 자기가 있다고 기술하면서, 프로이트 학파의 자아가 담당했던 부분은 결코 없었으며 이미 죽었다는 점을 강조하였다. 조금은 혼란스럽게도, 그는 우리가 자기를 심리적 세계의 중심으로 생각하는 동시에 프로이트의 구조적 모델에 있는 정신적 기관의 한 내용물이라고 생각할 필요가 있다고 결정하였다. 코헛에게 있어서 '나'는 자기이고, 자기는 자기-대상이 없으면 의미가 없다. 어떤 상황이 없으면 자기도 있을 수 없다. 자기(self) ↔ 자기-대상(self-object). 자기(self) ↔ 상황(context).

그의 저서에서 비극적인 사람이라는 개념은 가장 생생하게 드러난다. 우리 모두는 가족에 의해 만들어졌든 또는 특정 개인과 상관없는 역사에 의해 만들어졌든 실현하지 못한 꿈들에 대해 애도를 해야 한다. 절망은 반사되지 못한 야망과 이상을 상실한 것에 대한 논리적인 반응이다. 자기는 우리의 현재 세상에서 지속성을 유지하고, 조각나는 것에 저항하기 위해 노력해야만 한다. 이것은 매우 실존적인 주제이며, 프로이트 학파의 이론과는 명백히 다른 것이다.

코헛은 복잡성, 인본주의, 맥락주의를 좋아했는데, 우리 자신의 관점은 기본적으로 개인의 과거와 감정적인 확신에 의해 형성되고 제한된다는 생각을 유지하였다(Kohut, 1984). 자기심리학의 관점에서 볼 때, 우리는 좋은 부모가 필요하고, 평생에 걸쳐 다른 사람들과의 관계가 필요하며, 우리의 가치와 진정성을 만들어 낼 필요가 있다. 좋은 부모와 다른 사람들과의 관계는 우리가 우리의 가치와 진정성을 만들어 내는 데 필수적인 조건이다.

유대인 대학살 및 이와 연관되었던 자신의 개인적인 과거에도 불구하고, 코헛은 본질적으로 낙관주의자였으며 사람들과 삶의 선함을 믿었다. 그에게는 심지어 비극적인 환경도 창의성을 만들어 낼 수 있는 것이었다(Strozier, 2001).

나는 코헛에 대한 논의를 코헛과 컨버그 사이의 비교를 하지 않고는 끝낼 수 없는데, 두 사람 모두 자기애에 대한 많은 저술을 남겼다. 이들의 차이는 부분적으로는 자기애에 대한 정의의 차이, 특히 자기애성 장애에서 보이는 공격성의 역할에 대한 정의의 차이에서 비롯된 것이다. 나는 이미 컨버그에 대해서 설명을 했는데, 그는 보다 클라인 학파의 관점에 서 있었다. 컨버그는 병적인 자기애가 발달적인 측면에서 볼 때 체질적인 것이며 경계성 장애와 연결선상에 있는 것이라고 제안하였다. 컨버그에게 있어서 자기애성 장애 환자는 지나친 공격성을 가지고 있는데, 이런 부분은 통합되기 위해 반드시 직면되어야 하는 것이었다. 게다가 그의 환자들은 흔히 도움을 받기 위해 집단치료나 입원이 필요한 환자들이었다.

코헛에게 있어서 자기애성 갈등의 주된 근원은 환경적인 실패때문이다. 그는 자기애성 환자의 문제는 발달의 정지이며, 치료를 위해서 환자들은 분석가에 의해 제공되는 새롭고 안전한 틀 속에서 자신의 초기 욕구들을 표현할 필요가 있다고 보았다(Kohut, 1971). 컨버그와는 달리, 코헛에게는 이러한 문제들이 이야기되어야 할 본능적인 소망이 아니었다. 자기애성 환자들은 발달 과정에서의 욕구들이 충족되지 않았는데, 이런 욕구들은 다시 표현되고 이해되어야 한다. 다음 장에서 이야기할 스티븐 미첼(Stephen Mitchell)은 이러한 이론과 기법의 충돌에 대한 해결책을 제공하고 있다(Mitchell, 1993; Mitchell & Black, 1995).

코헛은 나를 찾아오는 사람들과 함께 앉아 있고 상호작용을 하는 데 실제적으로 많은 영향을 미쳤다. 그의 공감 및 공감적 몰입에 대한 강조는 내가 환자들과 함께 치료를 하는 데 있어 기본이 되었다. 메리의 선망, 제스의 조용함과 시간에 대한 필요, 잭의 공포, 돈의 고립 모두는 코헛이 제안한 감정적으로 '함께 있는 것'에 반응하였다. 이들 모두는 어떤 때는 활기가 넘치는 것이 필요하고 또 어떤 때는 진정하는 것이 필요했지만, 이 모두는 조율된 거울반사에 의해 제공되는 전후 사정을 고려한 인간적인 연결을 통해서만 가능했다.

코헛의 이론들은 여전히 전통적인 한 사람 심리학에 뿌리를 두고 있다. 분석가는 환자라는 '아기'의 '부모'이다. 이것은 권위자로서의 의사와 문제를 가지고 있는 환자라는 전통과 같은 것이다. 코헛은 이런 위치를 포기한 적이 없다. 그러나 그의 공감적 몰입—분석가는 다른 사람의 세상을 경험하려고 노력해야 한다는 주장—은 사람 대 사람 영역의 연구에 대한 토대를 마련해 주었다.

조지 애트우드와 로버트 스톨로로우: 서로 영향 주고받기

코헛의 자기심리학은 '서로 영향 주고받기(Intersubjectivity)'라고 알려진 매우 중요한 분파를 포함하는 자기심리학만의 분파를 가지고 있다. 나는 이런 식의 생각에 현재 중요한 기여를 한 조지 애트우드와 로버트 스톨로로우(George Atwood and Robert Stolorow)를 소개할 예정이다. 이들의 서로 영향 주고받기 모델은 코헛의 이론과 체계이론(system theory)을 통합한 것이다. 체계이론은 가족치료자들에 의해 심리학으로 처음 소개되었다. 코헛의 공감적 몰입에 체계이론의 생각들이 소개되면서, 분석의 초점은 환자와 분석가 사이에 '서로 영향을 주고받는 것(reciprocal mutual influence)'을 인정하면서 전후 사정을 고려하는 두 사람 사이의 상호작용이 되었다(Stolorow & Atwood, 1992). 분석가가 환자에게 영향을 미칠 뿐만 아니라 환자 역시 분석가에게 지속적으로 영향을 미친다는 것을 깨닫고 받아들이는 것은 분석의 초점을 바꾸어 놓았다. 서로가 영향을 주고받는다는 것은 전이-역전이(transference-countertransference)보다 더 완전하고 복잡한 개념이다. 역전이는 그동안 해결되어야 하는 하나의 문제로 인식되어 왔다. 서로가 영향을 주고받는 것은 보편적인 현상으로 인정되고 있으며 치료의 한 부분으로 이용되었다.

정신분석 영역으로서의 서로 영향 주고받기는 발달단계가 어떤 수준—언어적 또는 언어 이전, 공유하는 또는 독립적인—인지에 관계없이 모든 경험이 발생하는 전후관계를 고려한 대인관계를 의

체계이론(systems theory)

체계이론은 정신분석과는 별개로 개발되었다. 체계라는 개념은 과학의 다른 영역에서 유래되어 나중에 정신치료에 적용되었다. 체계치료자들은 가족 전체와 치료를 하는 데 관심이 있으며, 가족이 사람들 사이의 전후관계를 정의해 주는 데 필수적이라고 본다. 이 모델에서의 중요한 변화는 원인과 결과라는 직선적인 사고에서 순환적인 사고로의 이동인데, 여기서의 의사소통—언어적 및 비언어적 모두—은 되먹임 고리(feedback loop)를 통해 이루어진다. 되먹임 고리라는 개념은 기계적인 직선적 사고보다는 인간의 경험에 대한 보다 나은 비유이며, 이것은 모든 형태의 정신치료에 영향을 미쳤다(Ruesch & Bateson, 1951).

미하게 되었다. '서로 영향을 주고받는 영역(intersubjective field)'은 상호작용하는 경험적인 세상에 의해 형성되는 어떠한 체계도 포함된다고 정의된다. 이것은 한 사람 안에는 독립된 뇌-마음이 있다는 믿음에 도전하는 것이다. 게다가 이것은 어떤 경험을 하든지 간에 전제조건이 되는 것이다. 이러한 역동적인 서로 영향 주고받기 체계에서는 발달 또는 치료 과정의 결과가 알려지지 않은 것이고, 새로 나타나는 것이지 미리 계획되거나 정해진 것이 아니다. 더 많은 문이 열리고 더 많은 가능성이 생겼지만 동시에 더 많은 것이 알려지지 않았고 아직 알 수가 없게 되었다.

스톨로로우(2007)는 자신의 사랑하는 아내를 잃고 나서 정신적인 충격과 상실로부터의 회복 및 회복하지 못하는 것에 대해 개인적이고도 광범위한 내용의 글을 썼다. 그는 우리에게 종결이라고 부르지 말고 두 가지 모두를 진행하는 상태로 유지하라고 요구하

돈과 제스는 내가 개인적으로 서로 영향 주고받기를 경험했던 두 가지의 예를 나타내 준다. 두 사람 모두 내 진료실에 들어올 때 조용하고 위축되어 있었지만, 매우 다르게 나에게 영향을 미쳤다. 나는 제스가 들어오면 의자에 등을 기대고 조용히 호흡하면서 그녀가 표현할 말을 찾을 때까지 마음을 이완하고 있는 나를 발견한다. 나는 돈과 함께 있으면 약간 불안해서 몸을 앞으로 기울이고 조금은 다르게 집중하게 된다. 돈은 내가 말을 해 주기를 바라지만, 나는 내가 무슨 말을 해야 할지 모르고 있다. 나는 기다려야 하며, 돈과 내가 우리를 연결해 줄 수 있는 말을 발견할 수 있을 것이라는 점을 믿어야만 한다. 이 두 상황 모두에서 우리 사이의 비언어적인 되먹임은 지속되고 있다. 나는 현재 존재하고 있으며 환자들과 연결되어 있기 위해 내 환자들의 신체 상태와 하는 말뿐만 아니라 나의 내적인 상태에도 주의를 기울이기를 원한다.

였다. 이것은 애도에 대한 매우 다른 입장이며 내가 내 환자와 나 자신을 통해서 했던 경험과 비슷한 것이다. 내적인 경계들은 필요하기도 하지만 완전히 깔끔하게 고정된 것이 아니다. 스톨로로우의 개인적인 이야기는 정신분석 문헌에서의 엄청난 지각 변동을 나타낸 것인데, 그것이 나에게는 환영하고 싶은 내용이었다. 역사적으로, 정신분석은 하나의 과학이 되고 객관적인 상태를 유지하는 것에 초점을 두어 왔다. 몇몇 예외를 제외하고 스톨로로우 이전에는 개인적인 고백과 거의 비슷한 것은 역전이에 대한 논의와 영국 중간학파 몇몇 사람에 의해 표현된 사랑에 대한 인간적인 욕구뿐이었다.

스톨로로우와 애트우드는 공동 저자로 아이-부모, 환자-분석가의 서로 영향 주고받기 과정과 발달 정지에 대해 가장 도움이 되는 글을 썼다(1992; Stolorow & Lachman, 1980). 코헛에 따르면, '발달 정지(development arrest)'는 어린 시절의 세 가지 욕구—거울반사받기, 이상화하도록 허락되기, 힘 있는 부모와 쌍둥이가 되기—가 충족되지 못한 결과로 나타나는 것을 말한다. 이러한 욕구가 충족되지 못한 성인은 어린 시절의 욕구가 현재의 상황에서 충족되기를 바라는 다소 적절하지 못한 방식으로 삶을 살게 된다. 서로 영향 주고받기 모델에서의 분석 작업은 두 사람 사이에서 일어나는 과정에 초점을 맞춘다. 체계적 사고에 틀을 두고 있기 때문에 두 사람 사이에 발생하는 것은 독특하며 알지 못하는 것이다. 그것은 새로 나타나는 것이며 두 사람이 함께 독특하게 만들어 내는 것이다. 이 모델에서 전후 사정을 고려하여 치료를 한다는 것은 환자와 분석가 사이에 발생하는 현재의 상황과 동시에 환자의 과거를 발달적으로 다룬다는 것을 의미한다. 이것은 환자의 과거, 현재, 미래에 계속 민감하게 초점을 유지하는 것과 현재에도 머무르는 것 사이의 균형을 맞추는 매우 섬세한 작업이다. 우리 모두는 어딘가로부터 왔으며, 우리 각자는 어딘가로 가고 있는 중이다.

이러한 생각—새로 나타나며 알려지지 않은 것이고, 미리 계획되거나 정해진 것이 아니라는—을 인정하는 것은 분석가와 환자 모두를 서로가 매우 다른 방식으로 존재하게 만든다. 그렇다. 이들은 서로 다른 의도와 욕구를 가지고 있는 두 명의 분리되고 다른 사람—한 사람은 고통받고 있고, 다른 한 사람은 그 고통을 해결해 주려고 한다—이지만, 자신과 자신의 일에 대한 분석가의 주관적인 감각은 완전히 다시 쓰이게 된다. 우리는 이제 함께 있고 함께 존재함으로써 뭔가 가치 있는 것이 나타날 것이라는 과제—또는 신념이라고 말할 수도 있겠다—를 가지고 있다. 이것은 원본능 충동, 선망, 또는 탐욕을 밝히는 문제가 아니며, 이런 고통스런 감정을 회피하는 문제가 아니다. 이 분석가에게 있어서 그것은 함께 앉아 있고, 호기심을 유지하면서 질문을 하고, 희망을 가지고 기다리면서 어떤 욕구가 새롭게 드러나든지 환영하는 것의 문제이다.

버나드 브랜드섀프트

버나드 브랜드섀프트(Bernard Brandchaft, 1916~2013)는 서로 영향 주고받기 학파에 기여한 또 다른 미국인이다. 의과대학을 졸업한 이후 그의 지적인 여행은 자아심리학(대부분의 미국 정신분석학자와 마찬가지로)에서 시작되었다. 그는 그다음에 영국 대상관계 이론가인 위니컷 및 바이언과, 그다음에는 코헛과 함께 공부하였으며, 마지막에는 애트우드 및 스톨로로우와 함께 저술 활동을 하면서 서로 영향 주고받기 모델을 받아들이게 되었다. 그의 마지막 기여는 그의 두 동료에 의해 촉진되었고, 보다 완전한 형태의 서로 영향 주고받기 치료법을 개발하게 되었다.

『해방된 정신분석을 향하여(Towards an Emancipatory Psycho-analysis)』는 정신분석을 완전히 두 사람 심리학의 세계로 바꿔 놓았다. 그가 말한 모든 기본적 가정은 두 사람에 기초를 두고 있다. 예를 들면, 모든 정신내적 현상은 두 사람이 함께 만들어 낸 것이다. 무슨 일이 진행되고 있든 간에 그 뿌리는 두 사람 사이의 상호작용에 있다. 게다가 두 사람 사이의 오해에 각자가 어떻게 영향을 미쳤는지에 대해 이해하려는 시도는 치료적인 과정을 더 진행시킬 것이다. 결국 두 사람 모두가 자기의 경험을 보호하고 발달시키려는 노력을 하고 있는 것이다.

그는 스톨로로우 및 애트우드와 마찬가지로 환자와 분석가는 독특하고, 떼려야 뗄 수 없는 심리적 체계를 형성한다고 믿었다. 두 사람 사이 연결의 핵심은 각자가 이야기하는 말에서 진실한 것이 무엇인지를 찾는 것이며, 환자는 항상 자신의 고통을 표현할 방법을 찾고 있다는 것을 믿는 것이다. 이러한 대화를 통해 각자는 가치를 발견하거나 만들어 낼 것이다. 그에게 있어서 학습은 항상 두 사람의 연합으로 이루어지는 과정이다.

브랜드섀프트는 분석가가 환자라는 아주 특별한 다른 사람을 만남으로써 변화될 수도 있다고 명확하게 밝혔다. 위니컷 역시 그가 의사 대 환자로서의 전통적인 입장을 유지함에도 불구하고 환자들은 배우기 위해 자신에게 치료비를 지불한다고 말함으로써 이러한 점을 언급하였다. 브랜드섀프트는 보다 급진적이었으며, 분석가가 겸손해지고 실수를 할 수도 있도록 격려하였다.

병적 적응

'병적 적응(pathological accommodation)'은 한 개인이 중요한 애착 결합을 보호하기 위해 자신의 욕구를 왜곡해야 하는 내재화된 요구 조건을 말한다. 브랜드섀프트는 이것이 분석가에게도 똑같이 적용된다는 점을 지적했는데, 분석가의 개인적 및 직업적인 부분에 모두 적용된다. 병적 적응은 다음과 같이 요약될 수 있다. '만약 내가 나 스스로를 위해 어떤 것을 선택하거나 굴욕감을 주는 당신의 요구에 따르지 않는다면, 당신은 나를 버리고 나를 피하거나 나를 경멸할 것이다. 그러면 나는 결국 그리고 영원히 혼자 남게 될 것이다'(Brandchaft et al., 2010). 어떠한 가족 체계에서도 이러한 선택은 비록 병적이지 않은 형태일지라도 경험하게 된다. 언제 가족 중의 한 사람이 가족과 시간을 함께 보내기 위해 또는 가족의 평화를 유지하기 위해 다른 가족 구성원에게 적응을 하며, 언제 가족 구성원들이 가족의 누군가가 하라고 시킨 것을 하는 것이 중요할까? 적응은 이것이 '나'의 한 부분으로 내재화—나는 당신에게 적응해야만 해, 나는 나 스스로를 위해 뭔가를 선택할 수 없어—될 때 문제가 된다. 일단 병적 적응이 내적 조직의 한 부분이 되면, 우리는 오직 반응적으로 살게 되고 결코 창의적으로 살 수 없게 된다. 브랜드섀프트의 관점에서 볼 때, 우리 각자의 세상은 외부 세계와의 상호작용을 통해 형성된다. 따라서 이러한 왜곡을 보다 건강한 균형으로 변형시키기 위해 필요한 것은 통찰이나 해석이 아니라 실제적인 치료적 관계인데, 여기서의 건강한 균형이란 각자가 애착 결합에 대한 위협 없이 자신들의 욕구를 어느 정도 만족시킬 수 있는 상태를 말한다(Brandchaft et al., 2010).

브랜드섀프트는 우리가 우리의 환자들에게서 이러한 병적 적응의 구조를 발견하게 되면, 우리는 그 환자의 부모가 유지했던 특별한 자세—"만약 네가 내가 원하는 아이가 아니라면, 너는 나를 위해 존재할 필요가 없어"—를 추론할 수 있다고 제안하였다. 그는 이것을 '관계외상(relational trauma)'이라고 불렀다. 이러한 고통은 급성이고 역설적이며 해결할 수 없는 것인데, 돌봐 주는 사람과 외상을 주는 사람이 똑같은 한 사람이기 때문이다. 브랜드섀프트는 이런 식의 삶을 사는 사람들에게는 사랑과 인정에 대한 강박적인 갈망, 자기혐오, 무가치감 및 다른 사람에게 즐거움을 주는 것에 실패했을 때 절망감을 느끼는 현상들이 나타난다는 것을 발견하였다. 결과적으로 삶 및 자기의 의미가 없어지고, 무가치하며, 공허한 것이 되고 만다. 그의 이론은 명확한 두 사람 체계로 이루어져 있다. 그는 환자와 환자에게 중요한 사람 그리고 환자와 치료자인 자신 사이의 실제적인 역동에 대한 것 외에는 생각하지 않았다.

브랜드섀프트는 저항이 진정한 자기경험의 부서지기 쉬운 조각들을 보호할 수 있다고 기술하였다. 치료자는 치료를 하는 동안에 지각하는 것, 제때에 치료비를 지불하지 않는 것, 계속 치료시간의 변경을 요구하는 것과 같이 우리를 자극하는 일들에 관심을 기울이는 것이 중요하다. 우리는 코헛의 공감적 몰입을 통해 주의 깊고 비판하지 않는 질문을 함으로써 이러한 '저항들(resistances)'의 의미를 발견할 수 있고, 무의식에 저장되어 있는 병적 적응을 발견할 수 있다. 우리를 자극하는 행동들 각각은 지나친 의존을 동반한 병

저항(resistance)

프로이트에게 있어서 저항은 분석가가 알지 못하도록 충동을 숨기고 회피하려는 시도였다. 코헛은 저항을 부서지기 쉬운 자아가 조각나는 것을 보호하기 위한 시도로 보았다. 브랜드섀프트는 환자가 자기를 파괴시키는 순종에 대항하고 있는 곳으로 우리를 안내하고 있다는 것을 믿어야 한다고 주장하였다. 우리는 이 개념만으로도 분석의 발전을 볼 수 있다. 우리가 동의하지 않을 수도 있지만, 저항은 늘 존재하고 있었다.

적 적응을 나타내 주는 암호와도 같은 것이다. 브랜드섀프트의 접근 방식은 자기애적 분노의 재연과 현시점에서 과거의 균형을 맞추기 위해 복수해야 할 필요성에 대한 이해와 치료에 또 다른 방법을 제공해 주고 있다.

브랜드섀프트의 이상적인 목표는 그가 '해방시키는 치료(emancipatory therapy)'라고 불렀던 것을 만들어 내는 것이었다. 그는 위니컷이 클라인 및 클라인이 주장했던 생물학적으로 타고난 욕동 체계로부터 스스로 벗어났던 과정에 대해 감탄하는 내용의 글을 썼다. 그는 위니컷의 진짜자기/가짜자기 개념을 매우 잘 알고 있었으며, 어떻게 순종이 '진짜자기'를 질식시키는지를 잘 알고 있었다. 하지만 그는 이러한 개념들을 더 발전시켰다. 그는 두 사람이 치료를 하는 상황에서 과거의 외상을 다시 경험하는 것이 불가피하다는 것을 알고 있었다. 과거의 외상을 다시 경험하지 않으려는 욕구와 다른 사람과 연결되려는 욕구 사이에 균형을 맞추는 것은, 자신을 살아 있게 해 주는 다른 사람과의 연결을 유지하기 위해 다른 사람에게 계속 적응할 필요가 있다는 브랜드섀프트의 이해를 증명해 준다.

안전하고 활기를 불어넣어 주는 데 기초를 두고 있는 어떠한 정신치료에서도 외상을 다시 경험하는 것과 병적 적응은 계속 나타날 가능성이 있는데, 이 둘이 부딪힘(impingement)의 양쪽 측면이기 때문이다. 두 명의 개별적인 사람이 연결되는 어떤 순간이라도 우리가 각자에게 상처를 주거나 각자에게 지나치게 순응하는 것이 가능하다. 앞에서 언급했듯이, 우리는 다른 사람과의 연결을 유지하기 위해서 어느 정도의 적응을 해야 한다. 그런데 너무 많이 적응한다는 것은 어떤 것인가?

나에게 있어서 다른 사람을 도와주고 치료하는 핵심적인 힘으로서의 서로 영향 주고받기 자세를 유지한다는 것은 치료자로서의 내가 나의 내적인 생각과 느낌을 알고 있어야 할 뿐만 아니라 내가 환자에게 어떤 것을 재연했을 때를 알고 있어야 하며 이러한 문제를 회복시킬 수도 있어야 한다는 것을 의미한다.

제스는 계속 나와 다른 사람들 모두에게 지나치게 적응하였다. 그녀의 이러한 태도는 내가 그녀와의 치료를 조금 더 천천히 진행하도록 만들었다. 예를 들면, 내가 치료시간을 변경하자고 제안했을 때 그녀는 왜곡된 적응 방식에서 나오는 답변을 할까, 아니면 순수하고 편안한 마음으로 답변을 할까? 내가 너무 날카롭거나 심지어 수치스럽게 만드는 어떤 말을 했을 때, 그녀는 그것을 결코 나에게 말하지 않을 것이다. 내가 우리의 치료시간에 대해 다시 생각해 볼 때, 나는 때때로 내가 말했던 내용을 그녀가 이런 식으로 경험했을 수도 있다는 것을 깨달았고, 다른 방법을 찾을 필요가 있었다. 나는 그 순간으로 다시 돌아갈 수 있는 방법을 발견해야 하며 나중에 그것을 더 탐색해야 할 것이다.

코헛의 자기심리학과 서로 영향 주고받기 모델로의 정신분석의 발전은 미국 정신분석 영역을 급격히 바꾸어 놓았다. 욕동, 내적 갈등, 억압이 여전히 정신적 구조물들의 한 부분으로 존재하지만, 이제 중요한 문제는 대인관계, 양육의 실패, 정신적 결핍, 관계 외상이 되었다. 환경이 아기의 욕구들을 만족시켜 주지 못했을 때,

막 발달하기 시작한 자기감은 고통을 받게 되며 수많은 방식으로 왜곡되게 된다. 게다가 이러한 이론의 학파는 많은 현대적 연구에 영향을 미쳤다. 나는 이 영역에 큰 영향을 미쳤던 사람들 중 몇몇에 대해 설명할 것이다.

대니얼 스턴

미국인인 대니얼 스턴(Daniel Stern, 1934~2012)은 연구자로서 그리고 임상가로서 정신분석에 기여하였다. 그의 연구가 한 기여는 나와 정신치료 사회에 매우 귀중한 것이었다. 스턴이 1985년에 그의 책 『영아의 대인관계 세상(The Interpersonal World of the Infant)』을 출간했을 때, 코헛의 이론은 엄청난 신뢰를 받게 되었다. 스턴은 자신의 연구실에서 시행한 많은 연구를 통해 영아는 삶의 초기부터 강력한 연결과 분화를 반복한다는 사실을 확인하였다. 그는 빨기 및 어린 아기가 대답할 수 있는 질문에 고개를 돌림으로써 의사소통하는 영아의 능력을 사용하였다. 그가 연구한 발달의 단계는 말러의 것과는 달랐으며, 그가 '출현하는 자기감(emergent senses of self)'이라고 부른 것에 기초를 두고 있는데, 이것은 삶의 초기에 생물학적인 상태나 잠재력으로 나타난다. 이들은 기관(agency), 정동성(affectivity), 응집(cohesion), 역사(history)이다. 각각의 사람은 이러한 타고난 잠재력을 발달시키고 억제한다. 그의 연구는 볼비의 연구처럼 모든 정신치료와 정신분석에 영향을 미쳤지만 자기심리학 사회에서 가장 완전하고도 빠르게 받아들여졌다.

스턴은 태어날 때부터 '핵심(core)' 또는 신체적 자기감(physical sense of self) 또한 사용이 가능한데 여기서 영아는 분리된 신체를 인식할 수 있지만 자신의 신체적 경험에 대한 심리적 중요성은 아직 이해할 수 없다고 주장하였다. [내가 생각하기에 이것은 오그던의 자폐-접촉위치(autistic-contiguous position)와 비슷하다.] 생후 9개월 전후로 '주관적 자기감(subjective sense of self)'이 나타나며, 영아는 자기와 다른 사람들의 차이를 인식한다. 그 이후에는 경험의 두 가지 방식—전주관적 핵심 자기감(pre-subjective core sense of self) 또는 신체적 자기감(physical sense of self)과 함께 주관적 자기(subjective self) 또는 심리적 자기(psychological self)—이 공존한다.

영아는 자신과 자신의 엄마가 독특하고 분리된 심리적 삶을 가지고 있다는 것을 깨닫자마자 공감적 연결이 필요하다는 경험을 하게 된다. 말러는 이것을 그녀가 '화해기(rapprochement phase)'라고 부른 것으로 처음 발표했지만, 스턴은 이것을 조금 다르게 보았다. 영아는 두 개의 마음이 함께 나누면서 즐길 수 있다는 것을 깨닫는 반면 두 개의 마음이 다르다는 것 또한 구별할 수 있기 때문에, 이러한 정신적인 다름에 대한 첫 인식은 갈등, 분리, 버려지는 것에 대한 새로운 불안을 유발하게 된다. 만약 양육자가 이러한 중요한 시점에 조율을 더 잘해 줌으로써 반응한다면, 영아는 새롭게 인식된 다른 사람의 다른 마음에 대해 호기심을 계속 가질 수 있게 된다. 그러나 이 시기에 조율을 더 잘해 주지 않으면, 영아의 자연적인 호기심은 불안으로 뒤덮이게 된다. 스턴에게 있어서 끔찍한 두 살은 발달적으로 정해진 것이 아니며, 만약 부모가 걸음마기 아이와 자신들 모두에게 조율한 상태를 유지할 수 있다면, 발달은 큰 손상이나 극적인 변화 없이 앞으로 잘 진행될 수 있을 것이다.

출생 시에 존재하는 관계를 맺는 능력에 대한 인식은 자기심리학자들이 정신분석적 치료를 할 때 정동적 요소에 큰 강조를 하게 만들었다. 자기심리학자들에게 정동(affect)은 관여하는 모든 요소를 연결시켜 주는 것으로, 인간에게 주된 동기를 제공해 준다고 생각되었던 욕동(drive)을 대체하는 것이었다. 자기감은 정동적인 대인관계적 경험을 통해 형성된다. 그러나 이러한 자기감의 형성은 정동적인 경험이 자기-자기대상 관계에 의해 적절하게 조절되었을 때에만 나타나고 개방적이며 융통성 있게 유지될 수 있다.

치료자로서의 스턴(2004)은 생각보다는 느낌을 더 강조했으며, 환자의 과거를 이해하는 것보다 현재 치료자와 환자 사이에서 나타나는 것들을 더 중요시하였다. 그의 과거와 현재를 넘나드는 치료적인 과정에 대한 자세한 이해는 엄마-아기 관계에 대한 그의 방대한 연구와 그의 민감한 진료 방식을 잘 설명해 준다.

베아트리스 비브와 프랭크 래치먼

베아트리스 비브(Beatrice Beebe)와 프랭크 래치먼(Frank Lachmann)은 뉴욕에서 자신들만의 논문, 함께 작성한 논문 그리고 다른 사람들과 함께 작성한 논문을 발표하였다. 나에게 가장 유용했던 논문은 엄마-아기 한 쌍에 대한 연구와 그 결과를 성인 환자들과의 정신치료에 적용했던 것이었다(Beebe & Lachmann, 2002). 비브는 자신의 연구에서 엄마와 아기의 얼굴을 동시에 촬영하는 비디오카메라를 사용하였다. 그 이후에 두 사람을 찍은 각각의 장면을 한 화면에 분할하여 보여 주었고 화면 밑에는 동영상의 시간이 표시되도록 하였다. 그녀는 이 방법을 사용하여 일반적인 시각으로는 볼 수 없었던 엄마와 아기 사이의 상호작용을 증명하였다. 예를 들면, 영아를 찍은 동영상을 볼 때 아기가 얼굴을 찡그리고 고개를 떨어뜨리는 것을 볼 수 있지만 무엇이 이런 반응을 유발했는지는 볼 수 없다. 우리가 일반적인 시각으로 볼 때는 엄마의 목소리도 괜찮았고 그녀의 얼굴 표정도 괜찮아 보였다. 아기가 얼굴을 찡그리고 고개를 떨어뜨리는 것이 분명히 내적인 요인에 의한 것이라고 추측할 가능성이 높다. 비브가 동영상의 재생 속도를 느리게 하고 엄마와 아기를 동시에 분할된 화면으로 보여 주자, 우리는 아기가 그런 반응을 보이기 직전에 아주 짧은 순간 엄마의 싫어하는 표정을 볼 수가 있었다. 비브는 이러한 상호작용이 나타나는 수많은 자료를 바탕으로 엄마와 아기는 서로에게 맞추려는 무의식적인 과정을 항상 하고 있다는 주장을 자신 있게 하였다. 다른 사람들을 대상으로 한 그녀의 연구는 우리가 어떻게 사람의 얼굴에 의식적·무의식적으로 조율을 하는지를 증명하였다. 이것이 '병적 적응'을 유발할지 또는 활력을 더 불어넣을지는 엄마-아기의 조합이 함께 만들어 내는 것이다. 우리 대부분은 엄마, 어른의 마음이 대인관계에서의 전반적인 감정적 상태에 반응을 한다는 데 동의하겠지만 아기들의 경우에는 이렇게 하는 것이 얼마나 힘든 일인지를 경시해서는 안 된다. 조화(fit)의 개념이 실제적으로 핵심적인 부분이다.

비브와 래치먼이 설명한 심리적 치유의 핵심 개념들 중의 하나는 '불화와 회복의 순환(cycle of rupture and repair)'이다(Beebe &

볼 수 있는 동영상(available videos)

오늘날의 많은 연구자와 치료자는 많은 시청자가 볼 수 있도록 자신들이 한 작업들을 인터넷상에 올려놓고 있다. 비브와 그녀의 학생들은 그녀가 초 단위로 추적해 놓은 실험에서 봤던 것을 우리가 볼 수 있도록 동영상을 올려놓았다. 또 다른 훌륭한 3분짜리 동영상이 보스턴 아기 연구자인 에드워드 트로닉(Edward Tronick)에 의해 올려져 있는데, 그것은 무표정 실험(still-face experiment, 2007)이라 불리는 것이다. 이 동영상은 실험자의 요구에 따라 엄마가 아기와의 상호작용을 중단하고 얼굴을 무표정하게 만들면, 영아가 1분도 되지 않아서 어떻게 신체적 · 심리적으로 무너지는지를 보여 준다.

Lachmann, 2002). 치료자 및 환자 사이와 마찬가지로, 엄마와 아기는 다양한 방식으로 서로를 오해하거나 서로에게 화가 나거나 서로 떨어지고 싶을 수 있다. 우리가 치료자로서 최선을 다함에도 불구하고 우리는 환자에게 조율을 잘못 할 수 있는데, 이것은 피할 수 없는 현상이고 심지어 필요할 수도 있다는 점을 명심하는 것이 중요하다. 만약 이러한 잘못된 조율을 회복시키고 이해하면 더 많은 것을 이해할 수 있게 되며, 실제로 그것이 우리 사이의 결합을 강화시켜 줄 것이다. 비브와 래치먼은 동영상을 통해서 엄마가 놓쳤던 아기의 신호를 어떻게 배울 수 있는지, 엄마의 반응에 대해 아기가 어떻게 알아차리는지를 배울 수 있다는 점을 지적해 주었다. 완벽함은 불가능한 것이지만 우리가 했던 실수를 통해서 배울 수 있다는 점은 분명한 사실이다.

잭은 두려움으로 인해 부서진 상태가 아닐 때에도 내가 그의 말을 바로 이해하지 못하면 참지 못하였다. 나는 그가 부서져 조각난 채로 말하는 것을 경험했는데, 여러 가지 사건들을 마치 우리가 예전에 여러 번 이야기했던 것처럼 넌지시 둘러서 말했다. 그는 흔히 "알고 계시죠, 그렇죠?"라고 말을 끝맺었는데, 내가 모른다고 말하면 의기소침해지거나 무시하였다. 그가 무시를 할 때면 나는 방어적 경멸을 경험할 수 있었는데, 나는 그가 어렸을 때 그의 욕구들을 말하지 않아도 마치 알고 있었던 사람처럼 알고 있어야만 했다. 잭은 자신들의 일에만 열중했던 부모에게 고용된 보모에 의해 키워졌다. 그들은 아들을 위해 할애할 시간이 없었으며 잭이 그것을 알도록 알려 주었다. 그들은 아들이 달성한 성과에만 관심이 있었는데, 특히 정치와 같은 대중적인 영역에서의 성공을 선호하였다. 잭은 코헛이 말했던 발달 과정에서의 상처와 여전히 씨름하고 있다. 그는 자신을 발견하기 위해 강력하고도 깨끗한 거울의 기능이 필요했다. 내가 그의 말을 이해하지 못하는 것은 그에게 그가 나와 연결되지 않았다는 것을 의미하였으며, 이것은 또 다른 버림받음이었고 또 다른 상실이었다. 우리의 이러한 순환—내가 알지 못함으로써 차단되는 것, 그의 좌절, 다시 연결되려는 우리의 시도—은 많이 반복될 것이다. 비브와 래치먼의 단절과 회복 고리는 우리 사이의 신뢰를 형성하게 해 주었다. 그는 내가 그를 항상 이해하지는 못한다는 것을 알고 있었지만, 내가 충분히 돌봐 주려 하고 있고 지금 현재 무엇이 필요한지를 파악하기 위해 그리고 어떤 종류의 관심과 인정이 안전함과 생기를 불어넣어 줄 수 있는지를 파악하기 위해 호기심을 가지고 있다는 것을 경험하기 시작하였다.

투사동일시/서로 영향 주고받기식 생각
(projective identification/intersubjective thinking)

우리는 이제 한 사람 이론가들이 '투사동일시'라고 부르는 과정에 대해 매우 다른 이해를 하게 되는 시점에 도달하였다. 투사동일시는 직선적인 것이다. 환자의 숨겨진 무의식적 의도가 분석가에게 강한 감정을 유발한다. 그러나 서로 영향 주고받기식 생각에서는 우리 모두가 복합적인 체계에 포함되어 있다. 우리 각자는 항상 상호작용에 영향을 준다. 우리 모두는 알지 못하는 무의식적인 의도를 가지고 있다. 우리가 일단 체계적 생각(systems thinking)과 서로 영향 주고받기의 영역에 들어오게 되면, 직선적인 원인과 결과적 생각을 포기하거나 최소한 수정해야 한다. 우리는 언어적 · 비언어적으로, 의식적 · 비의식적으로 계속 서로에게 영향을 미치며, 어떠한 한 요소도 혼자 동떨어질 수 없는, 예측이 불가능한 경로를 만들어 내게 된다. 이것은 이제 모든 연결된 사람 사이에서 진행되는 완전히 정상적인 과정이라고 간주되고 있다.

이 모든 가정의 변화를 고려해 볼 때, 분석가는 이제 한 체계에 영향을 미치는 자신의 부분을 살펴볼 필요가 있게 되었다. 분석가는 더 이상 자신이 중립적이라고 생각하거나 자신의 역전이를 감내할 수 있다고 예상될 수 없다. 비브의 분할된 동영상 장면에서처럼, 두 사람은 서로에게 아주 짧은 순간마다 서로에게 영향을 미친다. 폴 에크먼(Paul Ekman, 2003)의 연구를 통해서, 우리는 이제 다른 사람의 얼굴 표정에 무의식적으로 반응하도록 신경회로가 이미 형성되어 있으며 항상 알면서도 모르면서도 그렇게 하고 있다는 것을 알게 되었다. 우리는 무의식적으로 의도하거나 투사하는 기전을 생각할 필요가 없다. 우리는 분석가와 환자 사이의 상호작용적인 흐름을 생각할 필요가 있으며, 분석가는 자신이 영향을 미치는 부분을 주시할 필요가 있을 뿐만 아니라 두 사람이 함께 만들어 내어 영향을 미치는 부분도 주시해야 한다.

도나 오렌지

나는 코헛의 계보를 끝맺기 전에 현재 뉴욕과 로마의 정신분석가 집단의 대표인 도나 오렌지(Donna Orange)에 대해 이야기하고 싶다. 그녀는 심리적인 문제를 해결하려는 정신분석가들의 노력에 더 많은 생기를 불어넣어 주기 위해 철학으로 관심을 돌린 사람이다. 오늘날의 미국 정신건강의학과는 심리적인 문제에 대한 생물학적 해결책에 주로 관심이 있다. 이런 시각으로 인해 인간의 고통은 완전히 '의학화(medicalized)'되었으며 많은 사람이 치료제가 환자의 문제를 치료할 수 있다고 생각한다. 심한 우울증 및 불안과 같은 일부 유형의 문제는 신경화학적 치료로 해결될 수 있으며, 많은 사람은 치료제가 진정한 신이 보낸 선물로 불려야 한다고 말한다. 반면에 실제를 느끼고 가치 있음을 느끼며 의미와 목표를 발견하는 것은 인간들 사이의 관계를 통해서만 만들어질 수 있거나 아마도 더 정확하게는 함께 만들어질 수 있을 것이다.

오렌지는 철학을 공부하는 것이 임상적으로도 우리에게 도움이 될 것이라고 주장하였다. 나는 특히 해석학 및 특별한 철학자들 그리고 이들이 우리의 임상적인 방식에 어떻게 영향을 미쳤는지에 대해서 쓴 그녀의 글에 많은 영향을 받았다.

해석학(hermeneutics)

그리스 신들의 전령인 헤르메스(Hermes)가 그 어원인 해석학은 해석을 연구하는 학문이다. 헤르메스는 신들의 소식을 인간에서 전달하였으며, 해석학은 처음에 신성한 문자들에 대한 연구였다. 이것은 시간이 지나면서 철학과 사회과학에 대한 일반적인 이해를 하는 것으로 바뀌었다. 오렌지는 해석학이 그녀가 임상가들을 위한 윤리적 임상적 감수성(ethical clinical sensibility)이라고 부른 것과 모든 설득의 한 부분이 되어야 한다고 제안하였다. 우리는 환자에게 어떻게 접근해야 하며, 우리가 가진 기본적인 가정은 무엇인가?(Orange, 2011)

오렌지(2011)는 자신의 철학에 대한 연구에서 치료자가 가져야 할 자세로 '신뢰의 해석학(hermeneutics of trust)'과 '의심의 해석학(hermeneutics of suspicion)'을 제공하였다. 신뢰를 가지고 다른 사람에게 접근하는 것은 우리는 일하고 놀며 의미를 추구한다는 공통점을 가정하는 것이다. 신뢰의 해석학은 모든 것이 명백하고 분명하다는 것을 가정하는 것이 아니라 선한 의지와 믿을 수 있음을 가정하는 것이다. 이것은 프로이트와 다른 사람들, 특히 클라인과 컨버그에 의해 주장된 의심의 해석학과 구별되는 것이다. 여기서는 뭔가가 숨겨져 있다고 가정되며, 임상가들은 표면적으로 드러나는 의미 아래의 진실을 찾아야만 한다. 프로이트가 정반대(negation)—환자가 자신이 말하는 것의 정반대의 것을 의미할 때—에 관심을 두었던 것은 이러한 임상적인 자세의 명확한 예이다. 미첼(Mitchell, 다음 장에서 이야기함)이 위니컷과 코헛이 아무 의심 없이 서로를 받아들임으로써 오래된 방식이 계속 유지되게 했다고 말한 점으로 볼 때, 그는 자신이 의심의 해석학의 입장에 있다는 것을 주장하는 것이었다.

오렌지(2010)와 함께했던 두 철학자인 마르틴 부버(Martin Buber, 1878~1965)와 엠마누엘 레비나스(Emmanuel Levinas, 1906~1995) 역시 나의 임상적인 치료 유형에 많은 영향을 미쳤다. 마르틴 부버는 오랫동안 나의 안내자 역할을 해 주었고, 가장 최근에 엠마누엘 레비나스가 많은 영감을 불어넣어 주었다.

부버와 레비나스 모두 나치가 유럽을 침공하여 모든 유대인을 말살하려고 했을 때 살아남았던 유럽 유대인들이었다. 이런 배경을 고려해 봤을 때, 이들이 만들어 낸 주장들은 더 주목할 만한 것들이었다. 부버(1958)는 우리는 인간적인 관계에서 다른 사람들을 '당신'으로 간주해야지 어떤 방식으로 사용하는 대상으로 간주해서는 안 된다는 말로 유명해졌다. 그는 사랑이란 '당신'에 대한 '나'의 책임감이라고 기술하였다. 그는 똑같은 사람들 사이의 대칭성과 연결성을 주장하였다. 그는 우리가 실제적이고 조율된 태도로 의사소통을 하고 있다고 믿는 동안에도, 흔히 대화에서 떠나고 있거나 개인적인 자기몰입을 계속하고 있을 수도 있다는 점을 경고하였다. 우리가 이러한 산만함을 완전히 걸러 낼 수 있을 때에만 우리는 '나-당신(I-thou)' 관계를 만들어 낼 수 있고 직접적이고 의미 있는 의사소통을 할 수 있다. 부버는 이러한 만남들이 드물며, 심지어 사람이 늘 할 수 있는 것보다 다소 이상적인 것이라는 점을 잘 알고 있었다.

오렌지에 따르면, 레비나스는 이러한 자세를 더 혁신적으로 발전시켰다. 그의 윤리는 매우 수치스럽고 비인간적 환경이었던 나치 강제 노동수용소에서 보냈던 4년의 기간 동안 형성되었다. 그러나 그는 살아있는 동안 취할 수 있는 유일한 윤리적인 태도는, 다른 사람에게 끝없는 책임감을 느끼는 매우 분균형적인 관계를 맺는 것이라고 주장하였다. 그는 우리가 다른 사람을 연구해야 하는 어떤 것이 아니라 항상 하나의 '얼굴(face)'로 간주해야 한다고 결론 내렸다. 이러한 얼굴은 항상 우리의 개념, 표상, 생각을 초월한다. 다른 사람은 보호와 돌봄에 대한 무한한 요구를 하면서 나와 함께 존재한다. 그 얼굴은 "당신은 나를 죽이지 않을 거야."와 "당신은 내가 혼자 죽게 내버려두지 않을 거야."라고 말한다.

오렌지는 부버에게는 '사람들 사이'가 중요한 것이었으며, 레비나스에게 중요한 것은 고통스러워하고 있는 사람의 얼굴이었다는 점을 지적하였다. 게다가 그녀는 우리가 다른 사람과 함께 있을 때 감정을 서로를 위해서 사용할 수 있는데, 이것은 다른 사람에게 접근하고 반응할 준비가 되어 있는 도덕적인 자세의 한 부분이며, 또한 어떠한 형태의 정신치료에도 도움이 된다고 믿었다.

이제 우리는 현대 정신분석이라 불릴 수 있는 영역에 도착하였다. 오늘날의 이론들은 치료적인 만남이 두 사람이 어떤 상황에서 어떤 일이 펼쳐질지 모르는 상태에서 서로 상호작용하는 것이라고 제안한다. 이것은 지난 150년 동안 발견되고 설명되어 온 정신세계에 대한 것들을 부정하는 것이 결코 아니다. 각각의 임상가는 수련의 내용과 방향성에 따라서 욕동이나 죄책감, 편집성 요소들, 병적 자기애, 생동감의 결여, 또는 여기서 설명한 다른 이론들 중의 어떤 것을 추구할 것이다. 현대 정신분석은 실제로 치료를 할 때 사회적 · 비언어적 연결이 얼마나 중요한지를 인식하고 있기 때문에 얼굴을 마주 보면서 하는 치료가 더 많이 행해지고 있다. 오늘날의 임상가들은 해석을 해 주기보다는 질문을 더 많이 할 것이다.

치료를 유발하는 요소로 해석과 통찰보다는 '함께 있는 것'에 더 많은 강조를 하고 있다. 치료의 틀은 여전히 중요하다. 비록 분석가는 한 사람의 현명한 권위자라기보다는 실수를 할 수 있는 실제적인 인간으로서의 자신을 나타낼 수는 있지만 자기의 개인적인 신상을 노출하는 것은 여전히 하지 않고 있다.

관계정신분석(relational psychoanalysis)과 애착이론(attachment theory)에 대해 다룰 다음의 두 장은 우리가 보다 현대적인 입장을 취할 수 있도록 해 줄 것이다. 앞으로 보게 되겠지만, 관계이론은 두 명의 분리된 살아 있는 사람이 진료실에 함께 있고, 가장 효과적인 대화는 두 사람 사이에서 현재 교환하고 있는 것에 초점을 두는 것이라고 주장하는 반면, 애착이론은 담아 주는 사람이 충분히 안전할 때에만 성장이 발생할 수 있다고 주장한다. 두 이론 모두 관계의 질이 치료와 건강에 핵심적인 것이라고 보고 있다.

6장의 주요 개념

거울반사mirror 아기의 내적인 삶, 자신의 느낌들이 엄마의 얼굴, 목소리에 의해 거울반사되고 싶어 하는 아기의 첫 번째 기본적인 욕구

거울반사전이mirroring transference 환자의 감정이 분석가에 의해 다시 반향됨으로써 현실을 인정하고 이러한 감정들을 인정받고 싶어 하는 환자의 기본적인 욕구

공감empathy 다른 사람들을 감정적으로 이해함으로써 그들과 연결될 수 있는 타고난 능력. 자기심리학의 용어들 중 매우 중요한 치료적 용어이다.

공감적 몰입empathic immersion 분석가에게 환자의 욕구와 느낌을 통해 세상

을 바라보도록 권장했던 코헛의 분석 기법

관계외상relational trauma '긴장외상(strain trauma)'이라고도 불린다. 부모가 아기에게 조율해 주지 않고 거울반사를 해 주지 않을 때 아기는 생존하기 위해 일련의 방어기제를 개발하여 자발적이고 즐거운 삶의 가능성을 미리 차단하게 된다.

나-당신I-thou 우리는 다른 사람을 신성하고 중요한 존재로 다루어야 한다는 부버의 권고로, 그는 이것이 이상적이라는 것도 깨닫고 있었다.

단절과 회복의 순환cycle of rupture and repair 엄마와 아기 사이에서 발생하는 조율, 잘못된 조율, 스트레스, 이러한 스트레스의 회복 양상에 대한 비브와 래치먼의 설명

대리 자기성찰vicarious introspection 코헛이 믿었던 공감의 형태로, 환자가 이해를 받았고 가치가 있다고 느끼도록 해 준다.

발달 정지developmental arrest 자기심리학에서의 병리는 발달하는 영아의 기본적인 욕구들이 충족되지 않을 때 발생하며 성장이 중단된다.

병적 적응pathological accommodation 무의식적인 순종적 애착이 병리와 고통의 주요 원인이라는 브랜드섀프트의 이론

비극적인 사람tragic man 정신분석이 죄책감의 고통으로부터 회복시킬 필요가 있다는 것을 발견한 프로이트와 구별하기 위해 코헛이 발견한 정신분석의 의미

서로 영향 주고받기intersubjectivity 환자와 분석가를 한 사람의 주체와 한 사람의 객체로 보는 것과 반대되는 것으로, 환자와 분석가 사이의 상호작용의 복잡한 영역이 감정적인 연결을 만들어 낸다는 개념

서로 영향을 주고받는 것reciprocal mutual influence 아기와 엄마는 서로에게 영향을 미치며 서로가 계속 필요하다는 스톨로로우와 애트우드의 생각으로, 자기심리학과 관계심리학 모두에서 중요한 개념이다.

수치shame 축소되고 결함이 있는 것으로 느껴지는 감각, 우아함과 전체감으로부터 멀어지는 감각. 이것은 임상에서 관심이 점차 증가하고 있다.

신뢰의 해석학hermeneutics of trust 환자들과 있을 때 인본주의적 심리학과 일

부 치료자가 적용시키는 시각에 대한 오렌지의 용어로, 환자는 안전함과 돌봄이 제공될 때 자신만의 시간을 가지면서 속마음을 드러낸다는 것

쌍둥이 되기twinning 힘 있는 다른 사람과 합치거나 그런 사람처럼 되려는 또 다른 아기의 기본적인 욕구

쌍둥이전이twinship transference 일부 환자는 자신들을 분석가와 같다고 봄으로써 긍정적이게 될 필요가 있다는 코헛의 믿음

얼굴face 레비나스에게 있어서 얼굴은 다른 사람에게 무한한 연민과 돌봄을 제공하도록 해 주는 도덕적 요청을 나타낸다.

의심의 해석학hermeneutics of suspicion 전통적인 프로이트 학파의 시각에 대한 오렌지의 용어로, 모든 것은 보이는 것과 같지 않다는 것

이상화전이idealizing transference 많은 환자는 새로운 긍정적인 측면들을 함입하기 위해 자신의 분석가를 이상화하는 것이 매우 중요하다는 코헛의 믿음

이상화하다idealize 매우 존경하는 것. 특히 코헛에게 있어서 아이는 자신의 부모를 아주 훌륭한 사람으로 볼 필요가 있으며, 그렇게 함으로써 아이는 부모의 강함과 능력을 내재화할 수 있다.

자기-대상self-object 자기감을 만드는 데 사용되는 어떤 사람에 대한 코헛의 용어. 자기-대상은 잘 성장하기 위해서 평생 동안 필요하다.

자기심리학self psychology 프로이트의 욕동이론과는 다른 코헛의 이론

자기애narcissism 건강한 기관에서 병적인 자기중심주의로의 연속선상에 있는 성격을 나타내는 데 사용되는 용어

자기애적 분노narcissistic rage 강한 수치심을 느끼는 상황에서 나오는 분노로, 이러한 수치심을 유발한 원인을 파괴하고 싶은 욕구를 포함한다.

주관적 자기감subjective sense of self 영아는 발달이 진행되면서 자기와 다른 사람이 다르거나 분리되어 있다는 것을 인지하기 위해 충분한 자기를 모으게 된다.

출현하는 자기감emergent sense of self 각각의 영아는 기관, 정동성, 응집, 자기역사를 가지고 있다는 스턴의 연구를 통한 관찰

함께 결정한co-determined 분석관계를 포함한 모든 관계는 모든 참여자에게서 나오는 감정적, 비언어적 · 언어적 자료를 포함한다는 현대적 가정

해방시키는 치료emancipatory therapy 병적 적응과 존재적 자유를 강조하는 브랜드섀프트 분석의 이론과 실제

해석학hermeneutics 철학적 용어였다가 해석의 과학에 대해 설명하는 정신분석적 용어가 된 것으로, 우리가 다른 사람들에게 해석을 할 때 사용하는 우리의 시각이 그다음에 일어나는 일을 결정한다고 설명하고 있다.

핵심 자기감core sense of self 아기의 출현하는 자기감이 거울반사가 되고 잘 성장할 수 있도록 허락될 때 형성되는 아기의 자기감에 대한 스턴의 용어

참고문헌

Beebe, B., & Lachmann, F. M. (2002) *Infant Research and Adult Treatment*. Hillsdale, NJ: Analytic Press.

Brandchaft, B., Doctors, S., & Sorter, D. (2010) *Towards an Emancipatory Psychoanalysis*. New York: Routledge.

Buber, M. (1958) *I and Thou*. New York: Scribner.

Ekman, P. (2003) *Emotions Reserved*. New York: Times Books.

Kohut, H. (1959) Introspection, empathy and psychoanalysis: An examination of the relationship between mode of observation and theory. In *The Search for the self*, vol. 1. Medison, CT International Universities Press, 1978.

Kohut, H. (1971) *The Analysis of the Self*. New York: International Universities Press.

Kohut, H. (1972) Thoughts on narcissism and narcissistic rage. In *The Search for the self*, vol. 2. Madison, CT International Universities Press, 1978.

Kohut, H. (1977) *The Restoration of the Self.* New York: International Universities Press.

Kohut, H. (1984) *How Does Analysis Cure?* Chicago: University of Chicago Press.

Mitchell, S. A. (1993) *Hope and Dread in Psychoanalysis.* New York: Basic Books.

Mitchell, S. A., & Black, M. (1995) *Freud and Beyond.* New York: Basic Books.

Morrison, A. P. (1984) Shame and the psychology of the self. In Stepansky, P. E. & Goldberg, A. (Eds.) *Kohut's Legacy.* Hillsdale, NJ: Analytic Press.

Orange, D. M. (2010) *Thinking for Clinicians.* New York: Routledge.

Orange, D. M. (2011) *The Suffering Stranger.* New York: Routledge.

Ruesch, J., & Baterson, G. (1951) *Communication: The Social Matrix of Psychiatry.* New York: Norton.

Siegel, D. J. (2007) *The Mindful Brain.* New York: Norton.

Stern, D. N. (1985) *The Interpersonal World of the Infant.* New York: Basic Books.

Stern, D. N. (2004) *The Present Moment in Psychotherapy and Everyday Life.* New York: Norton.

Stolorow, R. D. (2007) *Trauma and Human Existence.* New York; Analytic Press.

Stolorow, R. D., & Atwood, G. E. (1992) *Contexts of Being: The Intersubjective Foundations of Psychological Life.* Hillsdale, NJ: Analytic Press.

Stolorow, R. D., & Lachman, F. M. (1980) *Psychoanalysis of Developmental Arrests.* Madison, CT: International Universities Press.

Strozier, C. B. (2001) *Heinz Kohut: The Making of a Psychoanalyst.* New York: Farrar, Straus & Giroux.

7 *Harry Sullivan*

해리 설리번

우리는 우리의 불안을 다루기 위해 그리고 성장하기 위해 대인관계가 필요하다.

Harry Sullivan

미국 정신건강의학과 의사인 해리 스택 설리번(Harry S. Sullivan, 1892~1949)은 흔히 관계학파(relational school)라고 불렸던 미국 대인관계학파(interpersonal school)의 핵심 창시자였다. 뉴욕 주 북부에서 외롭게 보냈던 그의 아동기는 그의 고립, 불안, 외로움, 심지어 가난에 대한 공감적 이해에 깊은 영향을 미쳤다. 그는 그를 매우 사랑해 주지만 불안정했던 어머니와 지냈고 대학 때는 그가 잠깐 동안 정신병을 앓았는데, 이러한 경험들이 그의 심각한 정신질환에 대한 통찰에 더 많은 기여를 하였다(Perry, 1982). 그는 제1차 세계대전 때 민간인 의사로 활동했으며 그 이후에 자신의 전문적인 삶을 동부 해안에 있는 병원에서 일을 하면서 보냈고, 나중에는 뉴욕에서 개인 진료를 하면서 다양한 연구소에서 교육을 하였다. 그는 많은 논문을 발표하지는 않았지만 많은 다른 중요한 분석가를 가르치고 그들과 교류하면서 프로이트의 이론을 혁신적으로 개정한 자신의 이론을 알렸다. 그의 강의들은 1940년에 수집되고 발간되어 정신분석의 역사를 새롭게 이끌게 된다.

설리번은 젊었을 때 자신의 진로에 대해 많은 고민을 하다가 결국은 정신건강의학과를 선택하게 된다. 그는 제1차 세계대전 이후에 윌리엄 앨런슨 화이트(William Alanson White)의 관리하에 있었던, 워싱턴 DC의 병원에서 행정직 일을 하게 되었다. 화이트는 똑똑하지만 사회적으로 위축되어 있었던 설리번에게는 매우 중요한 인물이었는데, 그는 설리번에게 많은 연구소와 사람을 소개해 주었고, 이를 통해 설리번은 많은 지적 호기심과 꿈을 나눌 수 있었다(Perry, 1982).

그는 그 이후에 메릴랜드에 있었던 세퍼드 프랫 병원(Sheppard Pratt Hospital)의 조현병(schizophrenia) 환자 병동에서 일하였다. 그는 정신병에 깊은 관심이 있었고, 그 당시에 보편적이었던 미국 정신건강의학과의 조현병에 대한 생물학적 이론이 도움이 되지 않는다는 것을 발견하였다. 따라서 그는 화이트가 그에게 소개해 준 프로이트의 대화치료(talking cure)로 관심을 돌렸다.

설리번이 자신의 환자들과 했던 경험은 프로이트의 경험과는 매우 달랐다. 프로이트는 받아들일 수 없는 충동과 공상으로 가득 차 있는 무의식을 발견하고 이런 무의식이 밝혀져야 한다고 보았다.

설리번은 자신의 환자들이 견딜 수 없는 외로움과 불안을 차단하기 위해 만든 자신들만의 체계를 갖고 있다는 것을 발견하였다. 그는 곧 인생은 사람들과의 관계 속에서 영위되어야 하며 전후 사정이 발달에 중요하다는 것을 믿게 되었다. 그는 인간은 항상 대인관계를 하는 순간들을 통해 자신을 형성하며 정신병리의 원인은 프로이트가 말한 정신내적인 원인에 있는 것이 아니라 대인관계를 하는 세계에 있다는 이론을 만들었다. 그는 성격이 대인관계를 하는 상황에서만 드러난다고 보았다. 그는 또한 가난이 자신의 환자들에게 미치는 영향도 인정하였다. 연구의 대상은 개인의 내면적인 것이 아니라 대인관계 영역이 되었다(Sullivan, 1940, 1953).

오늘날 설리번의 이론과 치료 기법이 어떻게 급격하게 자리를 잡게 되었는지는 상상하기가 힘들다. 1920년대에 있었던 유일한 형태의 정신치료는 프로이트식 정신분석이었고 이것은 미국에서 잘 알려지고 이미 자리를 잡고 있었기 때문이다. 분석가가 되기 위해서는 분석을 받아야만 했고, 분석은 신경증 환자들을 위한 것이었으며, 분석적 자세는 중립성을 유지하는 것이었다. 설리번은 처음에 따돌림을 받았지만, 과거에 개발된 것들과 원칙들을 깨고 뭔가 완전히 새로운 것을 개발하면서 이러한 부분들을 이야기하고 가르치는 것에 열중하였다.

그는 자신의 병동에서 조현병 환자들과, 그 이후에는 다른 유형의 환자들과 관계를 처음 맺기 위해서 자신의 치료 형태를 프로이트식의 중립적인 이야기 듣기 및 가끔 해석해 주기 방식에서 적극적으로 질문을 하는 방식으로 바꾸었다(Mitchell & Black, 1995). 설리번이 발견한 모든 것은 집중과 질문을 통해서 이루어졌다. '나와 함께 있는 이 사람과 실제로 무슨 일이 일어나고 있는가? 뭔가가 만들어지고 다시 만들어지는 양상은 무엇인가?' 그는 정신건강의학과 의사는 바로 그 순간에 다른 사람이 무엇을 경험하고 있는지에 대해서 마음속으로 계속 살펴보아야 한다고 주장하였다. '그가 무슨 생각을 할지에 대한 나의 최선의 추측은 무엇인가?' 설리번은 다른 사람이 어떤 진단명을 가지고 있더라도, 정신건강의학과 의사는 이러한 상태에 대해 뭔가를 주관적으로 알고 있다는 입장을 유지하였다(Sullivan, 1940, 1970).

그는 언어 자체 및 우리 각자가 언어를 어떻게 다른 방식으로 사용하는지에 관심을 가지게 되었다. 그는 심각한 정신질환이 있는 환자들은 전적으로 방어—자기 자신들과 자신들의 자존감을 보호하기 위한—를 위해 언어를 사용하는 반면, 일반인들은 안전한 느낌을 가지고 자신들에 대해 보다 많은 것을 언어를 통해 드러낼 여유가 있다고 주장하였다. 그는 다른 사람을 알게 되고 이해할 수 있는 유일한 방법은 질문을 사용하여 의미 있는 대화를 하는 것이라고 믿었다. 그는 과거의 것이든 현재 순간의 것이든 관계없이 치료시간에 실제로 발생하는 모든 것의 상세한 부분까지도 발견하려고 노력하였다. 설리번에게 있어서 모든 인간의 삶은 이러한 대인관계 공간—두 사람 사이 공간—에서 발견될 수 있었다. 그가 죽은 뒤에 출간된 책 『정신건강의학과적 면담(The Psychiatric Interview)』은 그의 이러한 지속적인 관심을 나타낸다. '우리는 어떻게 다른 사람을 알 수 있게 될 것인가?' 이는 매우 어려운 질문이다(Sullivan, 1970).

그는 우리가 객관적으로 거리를 둔 상태로는 다른 사람을 알 수 없다는 점을 명확하게 밝혔다. 그가 남긴 유명한 말대로 '참여적 관찰자(participant observer)'가 되어야 하는 것이다(Sullivan, 1940).

분석가는 환자에 대한 자신의 반응을 내적으로 인식하며 이러한 정보를 환자의 욕구, 공상, 방어가 드러날 수 있도록 돕는 데 사용한다. 동시에 정신건강의학과 의사는 전문가로서의 자세를 유지하면서 자신들의 방어에 따라 행동하지 않고 환자에게 어떤 것도 요구하지 않는다.

그는 1920년대 초반에 병원에서의 '환경치료(milieu therapy)'를 개발했는데, 이것은 대인 간의 공간이 정신병리와 치유 모두에 중요하다는 그의 신념에서 나온 합리적인 형태의 치료였다. 그는 한동안 병원에서 살았으며 병원 의료진에게 자신에게 들러 자신들의 환자들과 어떤 경험을 했는지에 대해 이야기해 주기를 권하였다. 그는 이러한 관찰들에 근거하여 젊은 남자 정신병 환자들과 모두 남자 의료진으로 구성된 병동을 만들었는데, 이 병동에서 매우 높은 치료 성공률을 거두었다. 이들은 그가 '사회적 회복(social recoveries)'이라고 부른 방법도 개발하였다(Perry, 1982). 그가 개발한 이러한 방법들은 그의 후계자들에게 계승되어 계속 높은 성공률을 보였다.

설리번의 모델에서 욕구는 우리를 연결시켜 주는 것이었는데, 이것은 욕구는 해결되어야 할 문제라는 프로이트의 모델과는 대조되는 것이었다. 그는 욕구가 사람들을 함께 모이게 하고, 평생 동안 서로에게 만족을 주는 사람을 통합시키는 경향이 있다고 보았다(Mitchell & Black, 1995). 그의 발달 모델은 영아는 편안함과 긴장 사이를 오가는데 항상 '다른 사람'과의 전후관계가 관여한다는 점을 포함한다. 만약 아기의 욕구가 만족되면, 긴장이 감소되고 자기(self) 및 대인관계가 안전해지며 계속 진행할 수 있게 된다. 영아는 합법적으로 자신에게 중요한 다른 사람을 필요로 한다(Sullivan,

1940). 이러한 다른 사람에 대한 욕구는 모든 발달단계에서 계속되며, 이러한 욕구가 적절하게 충족되지 않았을 때 강렬한 외로움과 다양한 형태의 병리가 발생하게 된다.

다른 사람과의 연결에 대한 이러한 욕구와 만족은 타고난 것이다. 만약 이러한 욕구가 만족되지 않으면 긴장이 증가하고 불안으로 바뀌게 되는데, 이것은 타고난 것이 아니다. 언어의 사용에 대한 그의 흥미로운 관점에 의하면 두려운 느낌 자체는 서로를 통합시키는 경향이 있는데, 두려움을 표현했을 때 양육자가 더 가까이 오도록 해 주기 때문이다. 불안은 다른 사람을 연결시켜 주는 타고난 두려움은 아니다. 그보다 불안은 다른 사람들로부터 오는 것이며 기본적인 붕괴충동으로 구성되어 있다. 나는 설리번 자신의 개인적인 과거 때문에 불안에 대한 자신의 기본적인 이론에 흥미로운 반전을 포함시켰다고 믿고 있다. 그는 아기가 느끼는 불안은 아기가 만들어 내고 직접적으로 경험하는 것이라기보다는 양육자가 가지고 있는 불안에서 나오는 것이라고 제안하였다. 그는 다른 사람들과 마찬가지로 이러한 점이 불안을 해소되지 못하게 만든다는 점을 깨달았는데, 아기가 느끼는 불안의 근원이 사실은 아기를 편안하게 해 주어야 하는 부모의 불안이기 때문이다. 아기는 자신을 달래 주는 사람과 불안의 근원이 외부에 있는 똑같은 다른 사람에게 있을 때 해결할 수 없는 갈등을 겪게 된다. 설리번은 불안과 불안하지 않은 것은 '나쁜' 엄마 또는 '좋은' 엄마에게 달려 있다고 보았다. 그는 '선택적 부주의(selective inattention)'라는 말을 만들어 내었는데, 이것은 아기가 스스로 불안을 느끼는 것을 피하기 위해 엄마의 불안을 무시하는 과정을 말한다(Mitchell & Black, 1995).

설리번(1940, 1953)의 모델에서 자기(self)는 시간이 지나면서 환경과의 상호작용을 통해 형성된다. 아기는 자신에게 접근하는 다른 사람을 자신이 통제할 수 없다는 것을 서서히 깨닫게 된다. 그러나 나중에 어린아이는 자신의 행동이 다른 사람에게 긍정적 · 부정적으로 영향을 미칠 수 있음을 알게 된다. 다른 사람에게 따듯함을 유발하는 자신의 행동은 점차적으로 '좋은 나'가 된다. 자신의 주변에 불안이 있을 때, 아기는 자신만의 '나쁜 나'를 경험하게 된다.

그의 건강한 자기체계는 보존을 위한 것이지만 경직되거나 고착된 것은 아니다. 만약 너무 많은 불안이 존재하게 되면, 자기체계는 지나치게 경직되어 새로운 경험을 학습이나 성장에 사용할 수 없게 된다(Sullivan, 1940).

설리번은 욕구의 서열을 구별하였는데, 이것을 안전에 대한 욕구와 만족에 대한 욕구로 불렀다(Mitchell & Black, 1995). 안전은 고전적 이론의 한 부분이 아니었기 때문에 새로운 기법들을 만들어 낼 필요가 있었다. 개인은 안전함에 대한 욕구가 충족되었을 때에만 진정한 만족을 추구할 수 있다. 우리는 이것을 생존과 발달의 차이라고 말할 수 있을 것이다. 설리번 계통의 대인관계 분석가들은 자기발견을 위해 최선의 질문들을 만들어 내어 많은 질문을 한다. 결국 질문은 불안을 관리하는 체계를 각성시켜서 직면하고 이해하며 달래 줄 수 있게 한다. 이들은 지금-여기서의 문제, 환자 현재 삶에서의 문제, 분석가와의 현재 경험에 주로 초점을 유지한다. 이것은 서로 영향 주고받기를 모델로 하고 있는 분석가들(intersubjective analysts)과는 대조적인 것인데, 이들은 자신들만의 발달 모델을 염두에 두고 창의성과 즐거움을 저지하는 발달 정지를 살핀다.

설리번은 병원에서의 생활 및 치료 경험 이후에 뉴욕으로 가서 개인 진료실을 열었으며, 동부 해안 주변에서 교육을 하였고, 동료들 및 예술가들과 생각을 교환하였다. 그와 몇몇 다른 사람은 1930년대에 윌리엄 앨런슨 화이트 정신의학 재단(William Alanson White Psychiatric Foundation)을 설립하고 『미국 정신건강의학과 학술지(American Journal of Psychiatry)』를 창간하였다. 이 둘 모두는 결국 미국에서 정신분석을 이끄는 지적인 중심이 되었으며 나중에 생긴 관계학파의 기초를 마련하였다.

설리번은 그 이후 제2차 세계대전 동안에 군대 동원에 대한 미국정신의학회(American Psychiatric Association)의 위원회에서 활동하였다. 그는 정신건강의학과적 검사를 사용하여 최정예 군대를 창출하는 데 기여하고 군대에는 적합하지 않지만 다른 방식으로는 생활을 매우 잘할 수 있는 사람들이 낙인이 찍히는 것을 피할 수 있도록 도와주었다. 이것은 이루어 내기에 매우 어려운 균형이었지만 그와 다른 사람들은 전쟁 기간 동안에 이를 이루기 위해 노력하였다. 그는 전쟁 이후에 세계 평화를 위한 기관들을 설립하는 데 전념하였다. 그는 심각한 심장질환이 있었음에도 불구하고 1949년에 파리에서 열리는 교육, 과학, 문화의 국제연합 회의에 참석하기 위해 출발했다가 가는 도중에 사망하였다(Perry, 1982).

설리번은 자신의 대인관계이론이 정신분석에만 국한되는 것이 아니라 정신건강의학과에 속하는 이론이라고 간주하였다(Mitchell & Black, 1995). 그는 불안에서의 탈출부터 심각한 병리까지를 하나의 연속선으로 보았고, 자기가 드러나는 현상들에 대한 조사가 다른 사람들을 이해하는 핵심이라고 가르쳤다(Sullivan, 1953). 그는 시간이 지나면서 똑같은 사람의 문제를 매우 다른 시각—신체,

성욕, 쾌락, 공격성, 체질, 심지어 '좋은 삶'에 대한 개념까지—으로 관찰함으로써 프로이트의 욕동이론을 완벽하게 대체할 수 있는 새로운 이론을 만들어 내었다. 그의 동료들은 성격, 정신병리, 치유에 대한 진정한 두 사람 이론을 개발하였다. 이 장의 나머지 부분은 이러한 생각을 가진 동료 분석가들과 그들의 생각들 중 내가 가장 유용하다고 보는 것들에 할애한다. 관계학파는 정신내적 삶의 내용들은 욕동보다는 현실에서 만나는 대인관계 경험이 내재화됨으로써 형성된다는 주장을 유지하고 있다.

에리히 프롬

에리히 프롬(Erich Fromm, 1900~1980)은 인본주의 심리학, 정치심리학, 사회심리학에 중요한 이론적 기여를 하였으며 관계학파에 강한 영향을 미쳤다. 그는 1920년대에 독일에서 정신분석가가 되었으며 1927년에 자신의 개인 진료실을 개원하였다. 그러나 그는 다른 많은 사람과 마찬가지로 나치 독일을 탈출하여 처음에는 스위스로, 그다음에는 미국에 도착하였다. 그는 1930년대에 설리번을 만났고 화이트 연구소의 창립자 중 한 사람이었다. 그는 그 이후의 삶을 미국과 멕시코에서 정신분석을 가르치고, 정신분석에 대한 글을 쓰고, 치료를 하면서 보냈다. 그의 책들은 분석가들뿐만 아니라 더 넓은 독자층들에게까지 인기가 많았다. 그의 작은 책 『사랑의 기술(The Art of Loving)』은 수백만 명의 독자가 읽었고 많은 나라의 언어로 번역되었다. 프롬에게 있어서 사랑은 노력과 의지가 요구되는 대인관계적이고 창조적인 활동이었다. 사랑은 감정이라기보다는 돌봄, 책임감, 존중, 다른 사람에 대한 지식을 종합한 것이다. 그는 우리가 다른 어떤 것보다도 고립과 외로움을 두려워하는데 이러한 두려움에 대한 해독제가 사랑하는 관계라고 믿었다. 그는 사랑, 사람과의 연결 및 성욕을 포함하는 많은 문제에 있어서 프로이트와는 공개적으로 의견을 달리하였다(Fromm, 1956).

오늘날에도 여전히 인기가 있는 그의 첫 번째 책은 1941년에 발간된『자유로부터의 도피(Escape from Freedom)』이다. 프롬에게 있어서 자유 또는 자유의지는 항상 사용 가능한 것이며, 우리는 이를 받아들이거나 부정한다. 그가 삶을 경험하는 방식에 따르면, 우리가 자유로워질 수 있는 우리의 능력을 부정할 때 우리는 갈등과 비난의 세상으로 들어가게 된다. 우리는 자율성보다 순응에 더 가치를 둠으로써 우리 자신과 다른 사람들에게 거짓말을 한다. 그는 개인적 책임감의 회피가 다양한 측면으로 나타날 수 있다고 하면서 다음과 같이 설명하였다. "나에게 '자동적 순응(automaton conformity)'은 나의 진짜자기를 내가 살고 있는 사회가 더 좋아하는 이상으로 바꾸기를 요구한다. 그 이후에 나는 더 이상 나의 행동과 나 자신에 대한 책임이 없다. 대신에 사회가 나를 책임지며 나를 대신해서 내가 할 수 있는 선택을 해 준다. 만약 내가 세상과 '권위주의적인 관계(authoritarian relationship)'에 참여하고 있다면, 나는 선택을 할 수 있는 나의 능력을 다른 사람들에게 넘겨 주게 될 것이다."(Fromm, 1941)

그는 우리 각자는 세상에서 우리에게 맞거나 소속될 수 있는 우리만의 장소를 발견할 필요가 있다고 말하였다. 이상적으로, 우리는 우리의 어머니에게 첫 번째 안전함을 받지만, 이러한 안전함을 넘어서 더 넓은 세상에서 우리의 집을 발견하는 것은 우리의 과제이다. 그는 이러한 과정을 장려하지 않는 사회적인 상황에 매우 비판적이었다. 좋은 삶과 가치에 대한 그의 모델은 이러한 자유와 선택을 포함하고 있다. 그는 소외와 고립을 떨쳐 버리고 세상에서 적극적으로 사랑하고 일하는 선택을 할 것을 권하였다.

프롬에게 있어서 무의식은 우리 자기감의 나머지 부분과 마찬가지로 하나의 '사회적 창조물(social creation)'인데, 무의식은 우리의 어린 시절 초기 관계 내에서 형성되며 그 이후에는 그가 '자유에 대한 두려움(fear of freedom)'이라고 부른 것에 의해 유지된다. 만약 우리가 우리의 진정한 자기를 표현하려고 한다면, 우리는 고립되는 위험을 감수하게 될 것이다. 그는 자신의 글에서 세상을 살아가는 우리만의 독특한 방식을 만들어 내면서 다른 사람들과의 연결 및 개별화 사이의 긴장을 유지하라고 우리에게 권하였다(Fromm, 1947).

프롬은 두 가지의 매우 중요한 방식으로 관계학파에 영향을 미쳤다(Mitchell & Black, 1995). 먼저, 그는 분석시간에 환자가 현재 어떻게 살아가고 있는지에 초점을 유지하고 현재의 문제에 초점을 맞출 것을 강조하였다. 두 번째로, 그는 분석적 중립성이 진짜가 아닌 삶에 인위적으로 기여했다고 기술하였다. 심지어 설리번의 참여적 관찰자도 프롬에게 있어서는 너무 거리를 두는 것이었다.

그는 진실성(authenticity)에 대한 그의 신념 때문에 분석가, 인간중심의 분석가는 자신의 환자들에게 정직하고 솔직하게 반응함으로써 사회의 만성적인 부정직함에 대한 해독제를 제공해 주어야 한다고 기술하였다(Mitchell & Black, 1995). 그의 초점은 발달적 문제에 있지도 않았고 갈등과 관련된 문제에 있지도 않았다. 그보다 그는 외로움, 다른 사람과의 연결에 대한 욕구, 삶 및 삶의 책임감에 갇혀 있다고 느끼지 않도록 하기 위한 자유에 대한 욕구에 초점을 두었다. 그의 책은 읽고 생각하기에 훌륭하지만 집단적 · 정치적 · 종교적 삶에 대한 주제를 다루고 있기 때문에 이 책의 범위를 넘어선다.

나는 제스와 함께 있을 때 프롬의 자유와 외로움에 대한 강조를 자주 생각한다. 그녀와 그녀의 남편은 은퇴하였고, 그녀의 아이들은 다 성장하여 결혼했으며, 그녀의 어머니는 돌봄을 잘 받고 있다. 그러나 제스는 자신이 여전히 갇혀 있는 것 같다고 말한다. 첫째는 자신의 생각하고 느리게 말하는 방식 때문이었고, 둘째는 그녀 가족의 요구 사항들 때문이었다. 그녀는 자신을 사랑하는 사람들에게 둘러싸여 있음에도 불구하고 많은 시간을 외롭다고 느낀다. 그녀가 진료실에서 말을 시작했을 때, 나는 그녀가 개인적으로 무엇을 원하고, 느끼며, 필요로 하며, 갈망하던 관계는 어떤 것인지에 대해 물어보았다. 그녀는 남편과 함께하는 두 사람만의 시간을 더 필요로 한다는 것을 발견했는데, 3세대가 함께 사는 집안은 변화가 많고 재미있기는 하지만 그녀의 개인적인 방식의 삶에는 별로 도움이 되지 않는 것이었다. 그녀는 더 깊은 관계를 원하는 자신의 개인적 욕구를 만족시키기 위해 가족 구성원 한 명과의 시간 및 여자 친구들을 만나는 시간을 할애하였다. 그녀가 과거에 존재했던 방식은 다른 사람의 욕구를 만족시켜 주는 것에 기초를 두고 있었기 때문에 이렇게 하는 것이 매우 어려웠다. 프롬이 말했듯이, 그녀는 자신이 원하는 것을 요구함으로써 관계를 잃을 것에 대한 두려움이 매우 컸기 때문에 많은 노력이 필요하였다.

클라라 톰슨

클라라 톰슨(Clara Thompson, 1893~1958)은 화이트 연구소의 창립을 포함하여 관계학파에 중요한 기여를 한 또 한 명의 미국 정신건강의학과 의사이자 정신분석가였다. 그녀는 학업적으로 총명했으며 처음에는 의료선교사가 되려고 하였다. 시간이 지나면서 그녀는 종교에 대한 관심을 포기하고 처음에는 약물치료에 관심을 두었다가 나중에는 정신분석에 관심을 두게 되었다. 그녀는 1925년에 개인 진료실을 개원했고, 논란이 많았지만 인기도 많았던 산도르 페렌치에게 분석을 받기 위해 1931년에 부다페스트로 이사하였다. 그녀는 1933년 페렌치가 죽을 때까지 그에게 분석을 받았다(Moulton, 1986).

그녀는 미국으로 돌아와 그녀의 미국 동료들이자 친구들—특히 설리번과 프롬—의 이론과 페렌치의 이론을 통합하였고, 자신의 분석 작업에 대한 초점을 과거에서 현재로 변화시켰다. 그녀는 다른 사람들과 마찬가지로 아동학대가 상상된 내적 관계적 역동이라고 제안한 프로이트의 생각과는 반대로 실제적인 사실이라고 느꼈기 때문에 프로이트를 포기하였다. 교육자로서 톰슨은 현대의 모든 정신분석학파에 대해 잘 알고 있었고, 이런 이론들을 존중했기 때문에 항상 정신분석을 더 많은 사람에게 적용하고 모든 사람이 더 인간적이 되도록 도와주기 위해서 정신분석이 발전할 필요가 있다고 주장하였다(Thompson, 1950).

톰슨은 남자와 여자의 차이에 초점을 둔 첫 정신분석 이론가들 중의 한 사람이었으며, 여성의 심리학에 대한 많은 논문을 작성하였다(Moulton, 1986). 그녀는 우리의 사회와 문화가 어떻게 여성에게 가능한 역할을 변화시켰는지에 대해 주목하였고, 이러한 역할의 변화에 내재되어 있는 갈등에 대해 언급하였다. 자기희생을 하는 엄마와 아내에서 전문적인 직업을 찾고 가정 밖에서의 성취감을 추구하는 것으로의 여정은 길고도 복잡한 것이었다. 그녀는 여성이 선천적으로 열등하다는 프로이트의 편견을 강하게 비판하였으며 훨씬 더 긍정적인 측면에서 여성의 성에 대한 글을 썼다. 이 책이 여성평등주의 운동을 확장시키는 곳은 아니지만 톰슨과 그녀의 많은 동료는 여성의 심리학이 남성의 심리학과 다르기는 하지만 결코 열등한 것은 아니라는 여성 심리학의 정상화를 위해 도와주었다.

톰슨의 치료적인 자세에 대한 시각은 설리번과 마찬가지로 '참여적 관찰자'와 비슷한 것이었다. 분석가의 역할은 돌봄과 지적인 호기심을 가지고 몰입하면서도 상호작용에서 약간 떨어져 있는 것이었다. '여기 우리 사이에 무슨 일이 일어나고 있는 것인가? 무엇이 환자를 더 편안하게 느끼도록 만드는가? 무엇이 현재의 감정을 유발했나?' 그녀에게는 환자와 분석가 사이의 관계가 핵심이었는데, 현재의 관계가 과거의 발달에 중요했던 모든 측면을 포함하고 있기 때문이었다. 진지하고 순수한 돌봄이 치유의 핵심인데, 그것이 환자가 내적으로 자신을 탐색하고, 그 이후에는 무엇이 자신을 힘들게 했는지를 밝혀 줄 수 있는 안전함을 제공해 주기 때문이다(Thompson, 1950).

제스에게로 돌아가 보자. 그녀가 하던 과거의 방식은 자신이 무엇을 바라는지도 모르는 채 모든 사람에게 우선권을 주는 것이었다. 이제는 은퇴하여 괜찮은 외부 활동을 하고는 있지만 내면에는 여전히 만성적인 외로움이 있었다. 나는 이것이 훌륭하고 사랑스러운 측면을 가진 전형적인 여성이 관계를 맺는 방식이라고 본다. 아기는 태어날 때 항상 우선권이 주어지며, 아이들이 잘 성장하기 위해서는 수년 동안 돌봄이 필요하다. 제스는 톰슨이 수십 년 전에 말했던 진실을 발견하였다. 여성들은 자신들의 인생에서 아이들을 키우고 집안을 돌보는 것 이상이 필요하다. 제스가 필요한 것은 자기표현과 친근감이었으며 우리의 치료를 통해서 그녀는 두 가지 모두를 발견하고 있다.

변화하는 분석가의 역할

현대 관계정신분석에서 분석가는 이제 더 이상 환자와 자신 모두에 주의를 기울이지만 약간은 두 사람 관계에서 벗어나 있는 설리번이나 톰슨의 참여적 관찰자가 아니다. 이제 두 명의 공동 참여자가 있고, 각각은 진료실에서 발생하는 상호작용에 함께 기여한다. 현대 관계분석가들은 두 사람 모두 욕구와 불안뿐만 아니라 자신들만의 안전 유지 장치 또는 방어를 가지고 있다고 가정한다(Aron, 1990). 우리는 이제 두 사람 모두가 현재 발생하고 있는 일을 함께 만들어 내는 진정한 두 사람 체계에 도달하였다. 분석가는 상황에 대한 자신들의 반응을 내적으로 주시하며 이러한 감정적 반응들을 현재 하고 있는 대화와 연관된 자료로 사용한다. 게다가 현대 관계분석가들은 분석가에 대한 환자의 신념이 생생한 경험에 기초를 두고 있다는 자세를 견지한다. 이러한 경험은 단순히 환자의 과거와 상상에 따른 것이 아니다. 사건은 두 사람 모두에게 중요한 치료시간 내의 전후관계에 따라 발생하는 것이다(Aron, 1991, 1996).

이러한 분석가에게 중립성은 더 이상 불가능하다. 이들은 이제 더 이상 비어 있는 화면이나 반사해 주는 거울이 아니다. 이러한 분석가는 두 사람 사이의 역동이 우리가 재연(enactments)이라고 부르는 것을 만들어 낼 것이라고 가정한다. 환자가 행동화(acting out), 즉 치료의 기본 틀을 깨거나 기본적인 권고 사항에 저항하는 것의 재연에만 초점을 맞추는 것이 아니라 분석가도 행동화할 능력이 있음을 인정함으로써 환자의 진짜자기와 환자의 실제적인 반응이 자신의 역할에 영향을 미칠 수 있도록 해 준다. 이제, 환자 삶에서의 중요한 대인관계적 역동은 두 사람의 관계를 통해 다시 나타나고 재연된다고 믿어지고 있다. 이상적으로는, 분석가는 이러한 재연을 알게 되고, 그에 대해 생각할 수 있으며, 그것을 다시 반영해 주어, 환자가 한 역할에 대해 알려 주고, 각자가 기여한 부분을 이해하게 된다. 다시 한번 말하지만, 이것은 이상적인 상황이고 현실은 흔히 그렇지 않다. 간단한 진리는 두 사람의 불완전한 인간이 진료실에 함께 있다는 것이다. 그럼에도 불구하고 이를 통해 많은 성장이 일어난다.

이렇게 많은 차이가 있는 분석적 자세는 그 나름의 문제점들을 가지고 있다. 우리는 이러한 문제점들에 대해 루이스 애런(Lewis Aron), 스티븐 미첼(Stephen Mitchell), 필립 브롬버그(Philip Bromberg)에 대한 논의를 하면서 다루어 볼 것이다.

나는 수년 동안 학대관계를 벗어난 몇 명의 여성을 치료하였다. 그들은 신체적 및 정서적 학대의 상처—내적인 얼어붙음, 관계를 맺는 새로운 방식을 배우지 못함, 두 사람이 느끼는 것은 다를 수 있다는 것을 믿지 못함—를 가지고 있었다. 나는 치료시간에 가끔 의도하지 않게 그들의 반복적인 양상에 대해 언어적으로 꾸짖으며 나의 참을 수 없는 마음을 표현하였다. 그들은 내가 했던 말의 단어 선택이나 목소리의 높음에 결코 불평하지 않았다. 이것은 우리 모두에서의 명백한 재연을 나타낸다. 약간 조절된 형태이기는 하지만, 나는 이들 희생자에 대한 학대자가 되었던 것이었다. 나는 그럴 때마다 나 자신의 행동을 파악하고 사과했으며 자신들의 편이 되어 주어야 했을 사람에게 꾸짖음을 당하는 것이 얼마나 두려웠는지를 표현할 수 있도록 그들을 도와주었다. 이것은 그들의 자동적인 순응에 의해 유발된 것이다. 나는 마음속으로 궁금해하며 물었다. "꾸짖음을 당했을 때 기분이 나빴나요? 아니면 기분이 나쁠 것이라는 나의 말에 순응하며 따른 것인가요?" 우리는 이 차이를 어떻게 구별할 것인가?

루이스 애런

미국 정신분석가인 루이스 애런(Lewis Aron)은 1990년대 초기부터 관계학파의 주요 인물이었으며, 『정신분석적 대화(Psychoanalytic Dialogue)』의 편집자로, 몇몇 책의 저자로, 스티븐 미첼과 함께 『관계정신분석(Relational Psychoanalysis)』의 공동 편집자로 활동해 오고 있다. 나의 관심을 처음 끌게 된 것은 한 사람 및 두 사람 심리학에 대한 그의 논문이었다(Aron, 1990). 그는 이 논문에서 고전적인 분석이 어떻게 한 사람 심리학이며 왜 이러한 자세가 환자에게 실제로 도움이 되지 않는지에 대해서 기술하고 있다. 그는 엄마-아기 비유를 통해 엄마는 아기를 돌보는 사람만이 아니라 실제적인 자신의 내적인 삶을 가지고 있는 사람이라고 설명하였다. 성장하는 영아는 자신의 엄마가 한 명의 사람이라는 것을 알게 된다. 애런에 따르면, 환자는 자신의 분석가의 실체—즉, 환자는 분석이 치료적이기 위해서 자신의 분석가를 한 명의 사람으로 인식할 필요가 있다—를 알 필요가 있다. 애런과 다른 모든 관계분석가는 비어 있는 화면이 아니라 두 사람 심리학이 필요하였다.

이와 같은 선상에서 그는 해석을 통해서가 아니라 보다 자유롭게 대답할 수 있는 질문(open-ended inquiry)을 통해서 분석가에 대해 환자가 한 직접적인 경험을 검토해 보아야 한다는 점을 강조하였다. 모든 정신분석적 관계는 심지어 두 사람 심리학의 관점에서도 역할과 책임감에 있어서 비대칭적인 것이다. 분석가는 치료를 진행시키기 위해 최선의 반영을 해 줄 수 있을 것이라고 스스로 믿는 질문들을 책임감을 가지고 물어보아야 한다. 우리는 설리번과 톰슨이 환자의 삶과 대인관계에 대한 질문을 하리라 예상할 수 있다. 물론 이런 질문을 할 수도 있지만, 애런(1991)이 더 많은 초점을 둔 것은 즉각적인 관계와 바로 그 순간의 느낌에 대한 것이었다. "당신의 직장 상사에게 그런 말을 했을 때 당신의 마음속에서는 어떤 생각과 느낌이 들었나요?"라고 질문하는 것과 "내가 방금 그 말을 했을 때 당신은 나에 대해서 어떤 생각이 들었나요?"라고 질문하는 것은 매우 다른 것이다.

프로이트와 그의 동시대 사람들은 마음이 각각의 사람들 머릿속에서 자율적이고 독립적으로 활동하는 것이라고 생각했다. 애런, 관계학파, 가장 현대적인 치료자들은 마음이 선천적으로 두 사람, 사회적, 상호작용적 및 대인관계적인 것이라고 생각한다. 이런 관점에서 볼 때, 다른 사람의 마음을 조사하는 것은 어느 정도는 자기심리학자들처럼 서로 영향을 주고받는 영역을 조사하는 것이 된다. 자기심리학자들과 관계심리학자들 사이의 많은 차이점은 다음 주제인 스티븐 미첼의 이야기를 다룰 때 정리할 것이다.

애런은 환자와 분석가 사이에서 발생하면서 함께 만들어 내는 의미들에 계속 관심을 가져야 한다고 주장하였다. 이 두 사람은 매 순간 서로에게 영향을 미친다. 애런의 개념은 프로이트 학파의 '그때 거기(there and then)'가 아니라 '지금 여기(here and now)'에서를 더 강조한다. 이것은 치료적 과정에 매우 다른 영향을 미친다.

애런과 스타(Starr)의 책 『사람들을 위한 정신치료(A Psychotherapy for the People)』(2013)에서, 이들은 정신분석이 모든 사람을 돕기 위해 광범위하게 적용되기를 원했다는 프로이트의 말을 인용하면서 이야기를 시작한다. 이 책은 흥미롭고 친근한 정신분석적 개념들의 역사에 대한 책이지만 나에게 가장 도움이 되었던 개념은 '상호취약성(mutual vulnerability)'에 대한 것이었다. 애런은 초기부터 상호성의 전체 범위—영향에서 공감까지—에 대해 항상 이야기하였다. 그러나 여기에 새로운 개념이 있다. 분석가는 그들이 '침투할 수 있는, 언젠가는 죽는, 인간(permeable, mortal, human)'이라고 불릴 수 있는 사람이 될 필요가 있다는 것이다. 그들은 상호취약성이 변형된 정신적 치유를 유발한다고 기술하였다. 나에게 있어서 이것은 마치 근엄하고 정형화된 고전적인 분석이 지적인 열정의 희생 없이 매우 인간 중심적인 자세로 변형된 것으로 느껴졌다. 우리는 밝기도 하고 어둡기도 하며, 의식적이기도 하고 무의식적이기도 하다. 만약 우리가 진심으로 이야기를 듣고 주의를 기울인다면 현재의 순간을 충분히 이용할 수 있을 것이다.

나는 돈과 함께 있을 때면 애런의 현재 순간에 초점을 맞추는 방법을 자주 사용한다. 그의 감정이 말라 있었기 때문에 어떠한 의식적인 바람도 유발하지 못하였다. 돈의 건조함은 언어적 및 비언어적 표현을 방해하였다. 그는 자신의 외부에서의 삶에 대해 이야기를 잘 하지 않았기 때문에 주로 우리 사이에 있는 공간과 진료실에 대한 이야기를 하게 되었다. 내가 처음에 돈에게 진료실로 운전해서 오는 동안 무슨 공상이 들었는지, 약속된 날에 나와 이야기를 하는 생각을 했을 때 무엇이 마음속에 떠올랐는지를 물었을 때 그는 당황해하였다. 나중에 그는 우리 사이에 발생한 일에 대해 탐색하면서 우리 사이의 관계에 참여하는 우리의 방식에 조금 편안해졌다. 우리는 우리가 어떻게 연결되고 연결되지 않는지를 인식함으로써 그가 외부 세계와의 연결을 더 바라게 만드는 데 무엇이 더 도움이 되고 무엇이 도움이 안 되는지를 생각할 수 있도록 해 주었다.

스티븐 미첼

미국 정신분석가인 스티븐 미첼(Stephen Mitchell, 1946~2000)은 대인관계 및 관계분석에 가장 많은 영향을 미친 사람들 중의 한 명이었으며, 그의 공헌이 2000년에 그의 때 이른 죽음으로 인해 끝난 것은 비극이었다. 미첼은 관계정신분석의 이론과 기법을 다른 학파들과 연결시키는 많은 글을 썼으며, 내가 사용하는 치료 방식에 매우 많은 영향을 미쳤다. 그는 자신의 많은 저서에서 프로이트에서 코헛, 위니컷, 설리번까지의 모든 사람을 언급하였다(Mitchell & Black, 1995). 이것은 어떠한 임상적 또는 이론적인 탐색에 대해서도 그를 매우 가치 있는 근거가 되게 만들었다. 나는 그를 일종의 사상가로 분류하고 싶은데, 그가 많은 이론과 접근법의 가치를 발견하였기 때문이다. 그러나 그는 분명히 욕동이론보다는 관계이론에 더 관심을 두었다(Aron & Starr, 2013). 그는 특정한 주제에 대해 한 명의 사상가의 입장에서 공손하게 표현한 다음에 왜 대인관계적 또는 관계적 접근이 더 나은지에 대해 논지의 정당함을 표현하였다. 이러한 접근법은 각각의 임상가가 그 문제에 대해 자신만의 방식으로 생각할 수 있는 공간의 여지를 만들어 주었다. 미첼에게 있어서 연구의 기본적인 단위는 독립된 개체로서의 개인이 아니라, 과거와 현재의 한 사람과 그 사람에게 중요한 다른 사람들 그리고 환자와 분석가 사이에 상호작용하는 영역이었다. 이러한 과정은 접촉을 시도하고 이해가 되면서 계속되고 진행되는 것이다. 그의 모델에서 욕망은 항상 대인관계의 전후 사정 속에서 경험되며, 마음은 이러한 관계 속에서 형성된다. 분석은 과거력이나 발달 문제에 초점을 맞추는 것이 아니라 분석가와 환자 사이에서 현재 무슨 일이 일어나고 있는지에 초점을 맞춤으로써 고통을 해결한다(Mitchell, 1993).

중간학파 및 자기심리학자들과는 달리, 미첼(1993)에게 있어서 분석가는 거울이 아니며 환자에게 조율하는 것에 전적으로 몰입하는 사람이 아니었다. 대신에 분석가는 가치를 만들어 내는 한 사람을 만나서 함께 가치를 만들어 내는 또 다른 한 사람이다. 문제는 여기에 두 사람이 있고, 여기에 같이 앉아 있으며, 여기서 함께 노력하고 있는 현실을 두 사람이 함께 어떻게 다루어 나갈 것이냐는 것이 되었다. 분석가는 무엇을 알고 있는가? 환자는 무엇을 필요로 하는가?

미첼은 다양한 학파의 이론, 개인적인 사상가들 그리고 특별한 개념 및 이들과의 관계에 대한 그의 깊은 이해를 증명하면서 정신분석의 발달에 대한 광범위한 글을 썼다(Mitchell & Black, 1995). 그는 생각하는 것을 좋아했고, 정신분석을 사랑했으며, 자신을 찾아오는 환자들을 마음 깊이 보살폈다. 그는 각각의 관계는 독특하다는 자신만의 입장을 존중하면서 자신이 환자들에게 했던 반응에 대해 두 사람 심리학의 방식으로 글을 썼다(Mitchell, 1993). 그는 자신의 환자들에게 무엇을 제공해야 하는지에 대해서 알고 있었다. 즉, 환자들은 치료를 통해서 자신들을 확대하고 풍부하게 만들 수 있으며, 자신들의 기억에 더 잘 접근할 수 있게 될 것이고, 자신들만의 독특한 복합성에 대해 더 나은 감각을 가지게 될 것이며, 보다 미래 지향적이 될 것이다. 가장 중요하게는 자신의 개인적인 미래에 영향을 미치는 능력을 가지고 있다는 더 강한 감각을 가지게 될 것이다. 사람들은 어떤 방식으로든 고통—아마도 이들은 외부 환경의 희생자("내 남편이 갑자기 나를 떠났어요.")이거나 내적 무의식적, 대개는 자기파괴적인 충동("무슨 일이 일어났는지 몰라요. 난 그냥 그 상태를 벗어났어야 했어요.")의 희생자이다—을 받고 있기 때문에 분석을 받으러 온다. 미첼에게 있어서 치료의 성공은 고통이 끝나는 것이 아니라 그의 환자가 자신들이 처한 환경의 한계 내에서 자신들의 삶을 만들어 가는 것은 자기 자신들이라는 점을 알게 되는 것을 의미한다. 이것은 곧 그들이 자신들의 삶에 대한 작가가 되는 것을 의미한다(Mitchell, 1997).

발달에 대한 지나친 강조 및 갈등에 대한 강조

현재에 집중하는 것은 미첼이 '발달에 대한 지나친 강조(developmental tilt)'라고 불렀던 것을 피할 수 있도록 도와준다. 그것은 어린 시절 발달에 중요했던 시기를 지나치게 강조하는 것을 의미하며, 환자가 과거에 얼어붙어 있다는 것을 암시한다(Mitchell, 1988). 미첼은 출생 첫해의 삶에 강한 이론적 관심을 가졌던 대상관계 이론가들뿐만 아니라 자기심리학의 기본이 되는 코헛의 발달 정지 모델을 언급한 것이었다. 미첼은 자기심리학 분석가들은 아기의 강렬한 욕구를 직면시키고 통합시키기보다는 공감적 몰입을 통해 만족을 제공한다고 믿었다. 미첼은 우리가 이러한 욕구와 바람을 분류하여 어떤 것이 어른에게 적절한 것인지 그리고 어떤 것이 이러한 강렬한 불안을 동반했던 과거를 나타내고 있는 것인지에 대해서 이야기하고 있다고 주장하였다.

미첼은 페어베언과 마찬가지로 이론과 실제는 일치해야 한다고 기술하였다. 그는 발달 정지를 너무 강조하면 치료적 관계에서 현재 발생하고 있는 갈등을 이야기하기보다는 환자를 너무 애지중지하게 되고 어린아이처럼 취급하게 되는 경향이 있음을 걱정하였다. 미첼은 환자가 어른으로 보이기 위해서 그리고 결국은 스스로를 어른으로 보기 위해서 갈등과 의견의 불일치가 공개적으로 드러나기를 원했다. 미첼과 관계학파에게 있어서 환자는 발달 정지에 갇혀 아무것도 할 수 없는 아기가 아니라 서로의 상호작용에 항상 적극적으로 참여하는 사람으로 간주되었다. 환자와 분석가는 각각의 관계에서 그들의 알려진 갈등과 알려지지 않은 갈등을 다시 만들어 낸다. 부분적으로는 익숙한 갈등을 다시 만들어 내고, 부분적으로는 탐색할 필요가 있는 알지 못하는 갈등의 영역으로 들어가며, 부분적으로는 안전함을 발견하기 위해 갈등을 다시 만들어 낸다. 두 사람 모두 갈등을 만들어 내야 할 필요성에 동참하고 있으며, 두 사람 모두 필요한 안전함을 만들어 내려고 노력하고 있다(Mitchell, 1988, 1993).

미첼은 가끔 관계 모델을 관계-갈등 모델이라고 불렀다. 환자가 치료를 받으러 왔을 때, 환자는 뭔가 새로운 것을 원하면서도 동시에 오래되고 익숙한 방식을 유지하려고 한다. 환자는 처음에 치료자를 자신의 습관적인 존재 방식에 참여시킬 것이다. 분석가는 솔직하게 반응해야만 하며 분석관계 내에서 계속해서 스스로를 발견하고 드러내야 하고, 자신이 발견한 것을 환자가 스스로의 성장에 사용할 수 있도록 공유하여야 한다. 미첼에게 있어서 치료는 공동작업인데, 두 사람 모두 현재의 순간에 무슨 일이 일어나고 있는지를 이해하기 위해 함께 참여하고 함께 노력해야 하기 때문이다. 분석가는 자신의 걱정 및 좌절감을 표현하면서 두 사람의 관계에 자신을 완전히 몰입시켜야 한다. 이런 것들이 진정한 참여와 진실한 매 순간 연결의 특징이다(Mitchell, 1997).

현재에 대해 작업하기

관계 모델은 현재 순간의 상호작용을 우선시한다. 매 치료시간 동안에 치료자와 환자는 핵심적인 긴장들—자율성과 연결, 개별화와 애착, 자기와 다른 사람에 대한 조절, 주관적 현실과 객관적 현실의 관리—을 유지하려고 노력한다. 에릭슨과 마찬가지로, 미첼은 발달이 평생에 걸쳐 계속된다고 믿었으며 각각의 발달단계는 무감각하게 반복되는 것이 아니라 희망과 변화를 위한 하나의 새로운 기회라고 믿었다. 그에게 있어서 어린 시절의 경험은 의미가 있는 것이었는데, 그것이 고정된 구조적 잔재물을 남겨 놓기 때문이 아니라 다시 계속해서 반복해서 나타날 초기의 양상을 보여 주기 때문이다(Mitchell, 1988). 과거를 이해하는 것은 중요한데, 과거가 현재의 밑에 숨겨져 있기 때문이 아니라 현재가 왜 이러한 특정한 방식으로 흘러가는지를 판독하는 데 도움이 되는 단서를 제공해 주기 때문이다. 미첼은 성인이 서로 의존하는 것에 대한 욕구가 있다는 점을 인정하였다. 그는 대부분의 환자가 직접적이고 적절한 성인으로서의 관계를 차단하여 앞으로 건강한 상호의존으로 발생할 수 있는 관계가 전혀 없는 상태라는 점을 발견하였다.

나는 희망에 대해 쓴 미첼(1993)의 논문에 감사하는데, 나는 희망이 인간이 하는 경험의 기본이 된다고 믿기 때문이다. 그는 정신분석은 희망에 대한 매우 다른 두 가지 접근—퇴행적인 및 발전적인—을 해 왔다고 기술하였다. 프로이트식 전통은 희망을 아이의 공상과 착각이 혼합된 것으로 보았다. 이러한 종류의 희망은 쉽고 빠른 만족을 바란다. 프로이트와 그의 후계자들에게 성숙되었음을 알려 주는 것은 착각의 포기 및 현실에 대한 인정이었다.

희망의 또 다른 측면은 새로운 시작에 대한 순수한 희망이며, 진실된 삶 및 실제적인 바람과 연결되는 것이다. 미첼은 희망의 이런 측면은 에릭슨 및 그의 기본적 신뢰 개념—그에게는 평생을 통한 희망의 근원이었다—에 명확하게 나타나 있다고 제안하였다. 에릭슨에게 있어서 희망은 항상 성장을 유발하는 것이었다. 위니컷 역시 희망을 믿었는데, 특히 청소년들의 나쁜 행동에 대한 그의 논문에서 그들의 행동은 자신들의 욕구가 결국에는 충족될 수 있기를 바라는 희망에 기초를 두고 있다고 보았다(8장의 설명 참조). 코헛과 브롬버그는 자신들 환자의 요구에서 희망을 본 또 다른 분석가들의 예이다.

미첼은 특이하게 분석가들의 희망—자신의 노력을 통하여 자신의 삶을 가치 있는 것으로 만들기 위해 다른 사람들을 돕고자 하는 그들의 바람—에 대해서도 기술하였다. 치료자와 분석가들은 다른 사람을 성장시키고 변화시키는 데 많은 투자를 한다. 이것이 희망이 아니고 무엇인가?

나는 고통받고 있는 사람들에게 내가 도움이 될 수 있다는 희망을 가지고 매일 치료를 시작한다는 사실을 알고 있다. 난관에 봉착하면, 나는 더 많은 자료를 읽고 도움이 되는 지도감독관을 만난다. 내가 지금까지 설명했던 각각의 사람들은 각자 특별한 방식으로 나에게 자극을 주었고, 나는 항상 어떤 방식으로든—보다 순수한 자기를 발견하도록 도왔고, 어떤 얼어붙어 있던 측면을 다시 시작할 수 있도록 도왔다—환자들을 도와왔기를 희망한다.

필립 브롬버그

필립 브롬버그(Philip Bromberg)는 또 다른 현대 미국 정신분석가로서 초기 아동기 외상에 대한 우리의 이해를 상당히 발전시킨 사람이다. 그는 전통적인 분석적 언어(Bromberg, 2006) 및 '정동 조절(affect regulation)'과 '조절장애(dysregulation)' 같은 용어를 포함한 외상에 대한 새로운 언어를 사용하여 글을 썼다(Bromberg, 1998, 2011). 그는 정상 해리 및 병적 해리 모두에 매우 관심이 있었다. 그는 자신의 생각을 밝히기 위해 문헌, 영화, 신경과학을 사용했는데, 이러한 방식은 그의 책을 읽는 것을 매우 즐겁게 만들었다(Bromberg, 2006, 2011). 그의 발달 모델에서는 아이가 삶의 초기부터 부모로부터 완전한 조절을 받을 필요가 있다고 설명하고 있다. 생후 일 년을 전후로 이러한 조절 능력은 서서히 본인 스스로가 할 수 있도록 넘어갈 필요가 있다. 삶의 초기에 너무 많은 외상을 경험하게 되면, 아기는 자신의 감정적인 '진행(ongoingness)'을 돌볼 수 있는 자원을 축적하지 못하게 된다. 현재 '발달외상(developmental trauma)'이라고 불리는 이것은 프로이트의 욕동 및 갈등 개념과는 매우 다른 것이다(Bromberg, 2011). 아이들은 좋고, 실제적이고, 전체적인 느낌을 받을 수 있도록 다른 사람들에 의해 시기적절한 방식으로 거울반사되고 관심을 받아서 자신들만의 주관적인 상태를 가지고 있어야 한다. 만약 이런 돌봄을 충분히 받지 못하게 되면(혼자 통합하도록 내버려 두게 되면), 아이는 자신의 모든 좋은 느낌과 나쁜 느낌을 유동적인 '나'의 한 부분으로 받아들이지 못하게 된다. 브롬버그는 해리(dissociation)가 항상 사용 가능하며 감정적인 삶이 견딜 수 없을 때 정상적인 반응으로 나타날 수 있다고 주장하였다. 너무 많은 외상을 받게 되면, 해리를 할 수 있는 우리의 능력은 하나의 선택 사항이 아닌 내적인 구조물이 된다. 해리는 환자의 삶을 좁게 만들고 제한하며, 자기를 보호하게 만들고, 자기의 상태를 축소시킨다. 이러한 사람은 전형적으로 지나치게 각성되어 있으며, 항상 나쁜 일이 일어나기를 기다리고 바라게 된다.

해리(dissociation)

프로이트의 원래 방어기제들 중의 하나인 해리는 이제 외상이 관계 외상이든 자연재해, 강간, 전쟁 같은 외적 사건에 의한 것이든 외상의 전형적인 특징으로 간주되고 있다. 해리는 정신세계 또는 인식 내에서 분리되는 것을 말하는데, 여기서 자기의 부분들은 자기의 다른 부분들에게 완전히 모르는 것이 된다. 이렇게 잃어버린 부분들은 억압—프로이트식 설명으로 죄책감으로 인해 의식에서 벗어나는 것—되는 것이 아니라, 너무나도 견딜 수 없는 것이기 때문에 정신세계를 압도하지 않고서는 경험될 수 없는 것이다. 따라서 이러한 부분들은 결코 인식하지 못하도록 분리되어 얼리게 된다.

안전한 놀람

브롬버그는 이렇게 발달 과정에서 외상을 입은 환자들은 지속적인 위험, 공포, 수치심, 각성 상태로 살아간다는 것을 우리에게 가르쳐 주었다. 그는 치료적인 관계가 안전함을 제공하면서도 위험을 감수하도록 지지해 줄 수 있는 곳이 되어야 한다고 충고하였다(Bromberg, 2006, 2011). 각각의 특수한 치료적인 관계 속에서 어린 시절 외상의 고통은 증가된 해리, 숨겨져 있었던 고통, 오래된 경험이 나타나는 것 없이 적절하게 조절된 형태로 경험되어야 한다. 현재의 안전한 치료적인 상황에서 흥분은 허락되지만 흥분을 중단시키거나 수치심을 느끼게 해서는 안 된다. 경험을 말로 표현하고 무슨 일이 있었는지에 대해 이해하는 것이 중요하며, 이러한 이해를 통해 생명을 위협하는 위험으로 인해 발생한 감정적인 흥분은 보다 작고 다룰 수 있는 것으로 변형된다. 브롬버그는 이것을 '안전하지만 너무 안전하지는 않은(safe but not too safe)' 또는 '안전한 놀람(safe surprise)'이라고 불렀다. 환자가 감정적으로 안전함과 동시에 치료를 성장하는 쪽으로 이끄는 것은 분석가에게 달려 있다.

브롬버그는 자신의 전문적인 저술에서 개인적인 글쓰기 성향을 사용하여 분석적인 내용들을 기술하였다. 그는 대부분의 경우에 글의 주제와 매우 관련된 내용만을 유지하려고 노력하였으며, 매우 정중한 형태의 3인칭 시점으로 글을 썼다. 하지만 때때로 그는 자신의 개인적인 과거, 개인적인 생각을 밝히고 자신의 연상들을 공유하였는데, 자기 자신을 제한하면서도 글쓰기를 즐거운 '놀이'로 여기는 데 구애받지 않았다(Bromberg, 2011).

코헛에 대한 이야기를 할 때, 나는 잭과 내가 여러 번의 단절 및 회복을 탐색하는 것이 얼마나 필요했는지에 대해 언급했었다. 잭은 발달외상의 세계—브롬버그가 설명한 분노와 공포의 감정적인 세상—에서 살고 있었다. 내가 한 질문과 그의 연상을 통해서, 잭은 과거의 일을 기억할 때 어린 시절의 감정을 해리시켰다는 것이 명확해졌다. 그는 어린 시절부터 지금까지 위험을 항상 주관적으로 느끼고 있었다. 잭에게 있어서 두 가지 가장 큰 위험은 버려지는 것과 수치심을 느끼는 것이었다. 그는 직접적으로 말하기보다 비유를 사용하는 것을 선호했다. 그가 선호하는 비유는 '전쟁'과 연관된 것이었다. 물론 대부분의 시간이 그렇지만, 그가 전쟁 상태에 있을 때는 그의 실제적인 느낌은 중요하지 않았다. 사실 실제적인 감정은 관계도 없고 골치 아픈 것이었다. 일이 잘 진행될 때는 문제가 되지 않았지만, 장애물을 만나게 되면 그는 자신이 '상태(state)'라고 부르는 곳으로 빠져들게 된다. 그가 이런 상태에 있을 때 집에서는 그의 아내를 옆에 앉혀 놓고 TV를 본다. 그는 혼자 있는 것뿐만 아니라 어떤 종류의 대화나 상호작용도 견딜 수 없었다. 나의 진료실에 있을 때 이러한 상태가 순수한 공포라는 것이 명확해졌다. 그는 해리 상태에서 완전히 조절 불능이 되었다. 나의 진료실에서 그는 몸을 떨고 울면서 극도의 공포 상태를 보였다. 나는 이런 상태에 같이 머물면서 큰 파도가 지나가고 가라앉으면서 잭이 생존의 안도감을 느끼는 것을 관찰하였다. 그가 느끼기에 공포의 감정이 완전히 드러나도록 허락할 정도로 충분히 안전한 곳은 다른 어디에도 없었다.

자기상태

브롬버그는 '자기상태(self-states)'라는 개념을 소개함으로써 이론을 변화시켰다. 그는 모든 인간이 가지고 있는 정상적인 여러 자기 및 외상을 경험한 사람들에게 내적 연결성 없이 나타나고 사라지는 여러 자기에 대해 설명하였다(Bromberg, 1998). 그에게 있어서 자아는 원본능을 조절하지 않으며, 대상들, 부분대상들 또는 자기-대상들도 존재하지 않는다. 브롬버그는 하나의 유일한, 진짜인, 순수한 자기는 없다고 명확하게 주장했다. 대신에 우리는 과도한 스트레스 없이 하나의 자기에서 다른 자기로 흘러가는 여러 개의 자기상태 사이에서 살아가고 있다. 그러나 발달 과정에서 외상을 입게 되면 이러한 내적인 상태들은 서로를 모르게 된다. 잭은 스트레스를 받을 때마다 이것을 보여 주는 좋은 예이다. 훌륭하게 일을 잘 하던 사업가—하나의 자기상태—는 사라지고 그의 두려움에 떨고 수치스러워하는 측면이 그의 전체 자기감으로 나타난다. 이 순간에 그는 오직 수치심과 두려움을 느낄 뿐이다. 이 두 가지 자기 모두 실제이며, 그런 의미에서 둘 다 사실인 것이다. 그러나 이러한 상태들은 창의적이지도 않고 즐겁지도 않다. 이들은 자발성에서 유래된다기보다는 고정되고 속박된 것이며 전후 사정에 따라 조절된다.

나는 분석을 할 때 진리의 복합성에 대한 브롬버그(2011)의 개념이 도움이 된다는 것을 발견하였는데, 심지어 그것은 희망적이고 안심시켜 주는 것이기도 하였다. 그는 우리가 반복적으로 시도를 하고 실패를 한다고 주장했다. 이러한 불확실성이 치료자와 환자를 둘러싸고 있다. 이러한 갈등과 놀람은 살아 있음을 나타내는 징후이다. 우리는 항상 서로를 이해하기를 원하고, 관계에서의 친밀함을 만들어 내려고 하며, 더 큰 전체성으로 발전하기를 원하면서 두 사람이 함께 앉아 있다. 각자는 서로를 원하고 있고, 비록 이 관계는 비대칭적임에도 불구하고 부버(1958)의 '나-당신' 개념으로 보면 기본적으로 동등한 상태에 있다.

치료의 틀을 바꾸는 것이 치료/분석에 미치는 영향: 개인적인 생각

고전적인 모델에서 분석가는 한 명의 권위자이며 모든 문제—아주 일상적인 것에서 가장 심리적으로 중요한—는 환자의 내부에서 유래된다. 그러나 치료 틀의 측면에서 볼 때 그것은 분석가에 의해 정해진다. 예를 들면, 역사적으로 각각의 환자는 주중의 특정한 시간들을 '소유'하며, 만약 환자가 이 시간을 사용하지 않는다고 하더라도, 그에 대한 비용을 여전히 지불해야 한다. 흔히 주차장에 대한 비유가 사용된다. 당신이 주차장을 이용하든 그렇지 않든 당신은 그 자리를 소유하고 있는 것이다. 의뢰인의 융통성에 대한 요구가 더 증가된 오늘날은 이런 종류의 확실함이 가능하지 않지만, 분석가 역시 시간과 비용 측면에서 자신들의 요구가 충족되어야 한다.

현재 치료시간을 취소하고 변경하는 것은 일반적인 것이 되었으며 각각의 치료자들은 이러한 문제를 자신만의 방식으로 해결해야 한다. 여기에 일반적인 원칙이 있는가? 결정을 그때그때마다 다르게 해야 하는가? 상황을 고려하는 것은 어떤가? 관계를 치료의 중요한 부분으로 보는 현대의 치료자들은 관계학파가 제시한 연속선상에서 자신들의 위치를 어디에 두어야 할지 고민하게 된다. 일부 치료자는 설리번과 톰슨이 제시한 참여적 관찰자 방식을 사용하며, 다른 치료자들은 애런, 미첼, 브롬버그가 제안한 완전한 참여 방식을 사용한다. 나는 이 두 가지 방식 모두 장기간의 치료에서 각각의 장점이 있음을 발견한다. 언어와 단어의 선택은 매우 중요한 문제이다. 예를 들면, 나는 하루 중의 특정한 시간—일주일에 단 한 번 비어 있는 시간—을 원하는 새로운 의뢰인 때문에 고민을 할 수도 있다. 그가 일 때문에 다른 날 같은 시간에 오기를 원하게 되면 그가 원하는 시간에 내가 시간을 내줄 수가 없다. 나는 "죄송하지만 저는 약속된 치료시간을 잘 변경하지 않습니다."라고 말하거나 "당신이 원하는 시간에는 시간이 비어 있지 않군요."라고 답변할 수 있다. 나는 "저도 시간을 변경해 드리고 싶지만 그럴 수가 없군요."라고 추가적으로 말할 수도 있다. 이러한 각각의 접근법은 조금은 다른 내용을 전달하며 다른 영향을 미칠 것이다. 첫 번째 답변은 책임을 나에게 돌리는 것이다. 두 번째 답변은 책임을 의뢰인에게 돌리는 것이다. 마지막의 추가적인 답변은 내가 명확하게 참여적 관찰자 형태를 취하는 것인데, 우리에게 문제가 있고 나는 그것을 해결할 수 없다는 것을 인정하는 것이다. 나는 '당신의 요구에는 전혀 문제가 없습니다. 하지만 만약 우리가 이번 주에 만날 수 있다면, 우리는 다른 시간을 찾아볼 필요가 있을 것 같습니다. 그리고 나는 우리가 그렇게 할 수 있게 되기를 바랍니다.'라는 뜻을 전달하고 싶은 것이다.

대안적으로, 나는 "왜 그 시간만 가능한지 궁금하군요?" 또는 "나는 우리 모두가 융통성 있게 대처할 수 있기를 바랍니다."라고 이야기의 초점을 좀 더 확대시킬 수 있다. 이런 말 속에서 나는 좀 더 나의 관계-갈등 모델에 처하게 된다. 비록 의식적으로 인식하지 못하더라도 그 영향은 다르게 된다. 몇 가지의 궁금증이 떠오른다. '그는 융통성이 없는데도 나에게는 치료시간을 바꾸는 데 융통성을 보여 달라는 그의 요구에 대해 나는 그와 대화하기를 원하고 있는가?' '그의 시간을 제약하는 것은 무엇일까? 어떻게 외부 현실과 완벽하라고 요구하는 내적인 목소리가 그를 세상에 경직된 방식으로 살아가도록 만들었는가?' '배우자에게 순응하는 것과 연관된 것일까?' '그는 이러한 종류의 이야기를 이해할 수 있을 정도로 자신에 대해 잘 알고 있을까? 아니면 앞으로 이런 종류의 이야기를 할 수 있게 기다려야 하는 것일까?'

치료자들은 항상 관계가 살아 있고, 실제적이며, 그 순간의 생생한 경험을 반영해 줄 수 있도록 유지시켜야 한다. 동시에 치료자로서의 우리의 개인적인 좌절과 욕구는 환자에게 피해를 줄 수 있다. 좋은 치료 기술들 중의 하나는 그 상황에 진실하게 머물면서 우리의 개인적인 반응을 어떻게 적절하게 조절하는지를 배우는 것이다. 물론 우리는 흔히 이러한 내적인 협상에 실패하며, 그렇게 되면 재연이 따라오게 된다. 이러한 일은 인식되고 회복될 수 있다. 만약 우리가 이런 문제를 해결하지 못하게 되면, 안전이 위협받게 되므로 의뢰인은 대개 떠나게 될 것이다.

수십 년을 치료해 온 다른 어떤 치료자들과 마찬가지로, 나는 치료적으로 실패한 관계에 대한 긴 목록을 가지고 있다. 내가 내적인 성찰이나 동료들과 함께 치료에 실패한 관계 또는 나타나지 않는 환자들에 대해 생각해 봤을 때 다양한 가능성을 추측할 수 있었다. 지나고 나서 보니까, 나는 어떤 상황에서는 지나치게 순응을 했다. 예를 들면, 내가 화가 날 때까지 치료비를 낮추어 주거나, 정말 나에게는 불편했지만 주말에 진료를 하거나, 내가 너무 피곤한데도 지나치게 오래 전화 통화를 했다. 때로는 나의 무의식이 부적절한 방식으로 반응했다. 예를 들면, 뭔가 고통스러운 일에 대해 웃었거나 너무 자주 반복되는 이야기에 힘들어하는 표시를 했다. 진실해지기 위한 노력으로 자기성찰을 통해 밝혔던 내용들이 다른 사람에게는 수치심을 주는 것이었을 수도 있다. 때때로 나는 의뢰인이 나타나지 않고 그에게 무슨 일이 일어났는지 모를 때 당황하게 된다. 나는 내가 도움을 줄 수 없었다고 느낄 때면 항상 슬프고 종종 낙담하게 된다.

7장의 주요 개념

관계-갈등 모델relational-conflict model 환자는 새로운 관계 및 직면을 받을 의지가 있다는 점에 대한 미첼의 이해

대인 간의 공간interpersonal space 다른 사람의 내면보다는 두 사람 사이에 있는 공간에 더 초점을 맞추는 설리번의 치료적 초점

발달에 대한 지나친 강조developmental tilt 흔히 분석이 현재의 상호작용보다는 어린 시절의 역사에 초점을 너무 많이 두기 때문에 자기의 책임감과 성장에 손상을 준다는 미첼의 견해

발달외상 또는 긴장외상developmental or strain trauma 부모가 아기의 욕구를 시기적절하고 적절한 방식으로 충족시켜 주지 않을 때 아기는 고통을 받게 된다. 이런 일이 많이 발생했을 때, 영아의 자기감은 돌봄을 받지 못한 자기 주변으로 형성되기 때문에 외상을 입게 된다.

서로 영향 주고받기 영역intersubjective field 분석관계가 환자를 위해 함께 작업하는 두 사람 사이의 공간으로 이루어져 있다고 생각하는 더 발전된 자기심리학

선택적 부주의selective inattention 엄마의 불안에 대해 아기가 스스로를 분리시키는 것에 대한 설리번의 표현

안전한 놀람safe surprise 새롭지만 도전적일 수 있는 생각이나 통찰을 환자가 인식할 수 있게 해 주는 최선의 방법에 대한 브롬버그의 표현

자기상태self-states 우리 각자의 내부에는 많은 다른 '자기'가 존재하며 때때로 이러한 내적 자기들은 겹쳐지지 않거나 서로를 인식하지 못한다는 브롬버그의 생각

자유에 대한 두려움fear of freedom 우리는 완전히 우리 자신이 되는 것에 대해 두려워하며 대신에 다른 사람들의 사랑 및 다른 사람들과의 연결된 관계를 유지하기 위해 다른 사람들의 바람과 요구에 순응한다는 프롬의 입장

재연enactments 분석가와 환자 사이에 발생하는 피할 수 없는 행동으로 무

의식적인 얼어붙은 양상에 의해 유발된다. 이것은 말과 통찰로 번역될 필요가 있다.

적극적으로 질문하기active questioning 환자를 이해하고 돕기 위한 설리번의 기법으로 고전적인 '비어 있는 화면(blank screen)' 분석가와 구별된다.

정동조절affect regulation 내적 연속성을 유지하기 위해 느낌과 생각을 다루려는 보편적인 욕구

조절장애dysregulation 생각과 느낌들이 통제를 벗어났을 때 전체적이지 않고 통합되지 않았거나 좋지 않다고 느끼는 인간의 능력. 흔히 이를 조절하고 안전과 달래 줌을 제공하는 다른 사람이 필요하게 된다.

중요한 다른 사람significant other 우리의 첫 번째 양육자를 시작으로 우리는 우리의 삶에 있어서 특별한 사람을 필요로 한다는 설리번의 관찰

참여적 관찰participant observation 분석가가 관계에 영향을 미친다는 점을 인정한 분석적 자세이며, 동시에 분석가는 환자와 동등한 위치에 있는 것이 아니고 상태를 적절한 거리를 두고 관찰하는 것을 유지한다.

환경치료milieu therapy 입원 병동을 이용하여 삶의 모든 측면을 포함하는 치료적 환경을 만들어 낸 설리번의 치료법

참고문헌

Aron, L. (1990) One person and two person psychologies and the method of psychoanalysis. *Psychoanalytic Psychology*, 7: 475–485.

Aron, L. (1991) The patient's experience of the analyst's subjectivity. In Mitchell, S. A. & Aron, L. (Eds.) (1999) *Relational Psychoanalysis*. Hillsdale, NJ: Analytic Press.

Aron, L. (1996) *Meeting of Minds*. Hillsdale, NJ: Analytic Press.

Aron, L., & Starr, K. (2013) *A Psychotherapy for the People*. New York: Routledge.

Bromberg, P. M. (1998) *Standing in the Space.* Hillsdale, NJ: Analytic Press.

Bromberg, P. M. (2006) *Awakening the Dreamer.* Mahwah, NJ: Analytic Press.

Bromberg, P. M. (2011) *The Shadow of the Tsunami.* New York: Routledge.

Buber, M. (1958) *I and Thou.* New York: Charles Scribner's Sons.

Fromm, E. (1941) *Escape from Freedom.* New York: Avon.

Fromm, E. (1947) *Man for Himself.* Greenwich, CT: Fawcett.

Fromm, E. (1956) *The Art of Loving.* New York: Harper & Row.

Mitchell, S. A. (1988) *Relational Concepts in Psychoanalysis.* Boston, MA: Harvard.

Mitchell, S. A. (1993) *Hope and Dread in Psychoanalysis.* New York: Basic Books.

Mitchell, S. A. (1997) *Influence and Autonomy in Psychoanalysis.* Hillsdale, NJ: Analytic Press.

Mitchell, S., & Black, M. (1995) *Freud and Beyond.* New York: Basic Books.

Moulton, R. (1986) Clara Thompson: Unassuming leader. In Dickstein, L., & Nadelson, C. (Eds.) *Women Physicians in Leadership Roles.* Washington, DC: American Psychiatric Press.

Perry, H. S. (1982) *Psychiatrist of America: The Life of Harry Stack Sullivan.* Cambridge, MA: Havard University Press.

Sullivan, H. S. (1940) *Conceptions of Modern Psychiatry.* New York: Norton.

Sullivan, H. S. (1953) *The Interpersonal Theory of Psychiatry.* New York: Norton.

Sullivan, H. S. (1970) *The Psychiatric Interview.* New York: Norton.

Thompson, C. M. (1950) *Psychoanalysis: Evolution and Development.* New York: Thomas Nelson.

8 *John Bowlby*

존 볼비

관계가 단절되는 것은 충격적인 일이며, 안전한 애착이 안녕의 핵심이다.

John Bowlby

비록 영국 정신분석 사회의 세 가지 분파 모두 존 볼비(1907~1990)를 멀리하였지만, 그는 오늘날의 정신치료와 정신분석 세계에서 핵심적인 인물이다. 그의 생각은 너무 생물학적·기계적이고 심지어 단순하다는 이유로 거절되었다. 그는 인간이 가진 모든 감정과 무의식적 갈등—모든 프로이트의 생각—을 단 하나의 문제로 줄여 버렸다는 비판을 받았다. 인종학에 대한 그의 관심은 그로 하여금 인간을 나중에 양육자에 대한 애착이라고 부르게 될 기본적인 욕구를 가지고 있는 포유류의 세상 속에 포함시키게 만들었다(Fonagy, 2001).

볼비는 영국 상류층의 가정에서 태어났으며, 아이에게 관심을 주면 아이를 망치거나 약하게 만든다고 믿었던 자신의 부모와는 별로 접촉이 없이 보모에 의해 키워졌다. 그는 7세 때 기숙학교로 보내졌는데 그 학교를 싫어하였다. 그는 나중에 이러한 가혹하고도 외로운 경험으로 인해 자신이 정신적인 외상을 입었다고 기술하였다. 그러나 그는 살아남았고 실제로 잘 성장했으며, 결국 케임브리지 대학교를 다녔고 의사 자격을 취득했으며 정신분석가가 되었다. 그는 제2차 세계대전 때에도 의무 복무하였다. 전쟁 이후에는 런던에 있는 타비스톡 병원(Tavistock Clinic)의 원장이 되었으며 세계보건기구(World Health Organization)의 자문의가 되었다(Bretherton, 1995; Holmes, 1995). 1951년에 『모성 돌봄과 정신건강(Maternal Care and Mental Health)』이라는 책을 출판했는데, 여기서 모든 영아는 최소 2년 동안 엄마 또는 엄마를 대신하는 사람과 따듯하고, 친근하며, 지속적인 관계를 가져야 한다고 주장하였다. 볼비는 안전한 애착에 대한 영아의 욕구에 변함없는 관심을 가지고 자신의 평생을 바쳤다. 그는 자신의 연구를 통해 양육자에게 신체적으로 접근하는 것은 타고난 생물학적 욕구이며 의미 있는 관계가 다른 무엇보다도 중요한 생리적 과정이라는 점을 증명하였다. 우리 각자는 우리의 양육자들에게 애착이 되도록 태어나며 이러한 생물학적 욕구는 각각의 아기가 특별한 환경에서 자기감을 발달시키는 심리적인 과정이 된다. 이러한 밀접한 어린 시절의 관계는 현재 '안전기지(secure base)'라고 불리는 것을 만들기 위해 필수적인데, 안전기지란 인간이 생존하기 위해 필요한 음식과 물처럼 필요한 장소와 소속감을 말한다(Bowlby, 1980, 1988).

영국정신분석학회는 제2차 세계대전 직후에 아이의 내적 정신적 구조물들과 환상의 삶에 전적으로 관심을 두었던 클라인 학파와 심각한 갈등을 겪게 된다. 내적인 갈등은 프로이트의 보편적인 욕동 상태의 결과로 발생한다고 생각되었다. 내가 중간학파에 대한 설명에서 언급했듯이, 다른 사람들은 아기의 외부 현실 및 어떤 가족 환경이 특정한 장애가 있는 아이들을 만들어 내는지를 설명하는 것에 점차 관심을 두기 시작했다. 프로이트는 아이들의 상상 때문이라며 자신의 성적 외상이론을 포기하였지만, 볼비는 감정적인 접촉과 지속적인 돌봄이 모두 심리적 건강에 핵심적인 요소라고 주장하였다. 그러나 그 당시에는 사람들이 그의 이야기에 귀를 기울이지 않았다.

볼비와 그의 동료들은 1940년대에 기관으로 보내진 아이들 집단을 대상으로 연구를 하였다. 아이들은 블리츠(Blitz, 1940~1941)에 의해 전쟁 기간 동안에 런던에서 더 안전한 지역으로 보내졌다. 예외 없이, 아이들과 부모들은 모두 이것을 싫어하였다. 이들이 그의 첫 연구 집단이었다. 르네 스피츠(René Spitz)에 대한 논의에서 언급했지만, 당시의 병원들은 부모가 아픈 아이들과 함께 머무는 것을 금지하였다. 간호사들은 부모가 떠날 때마다 아이들이 흥분하는 것—우리는 이제 그들이 저항하고 있다고 말할 수 있다—을 알아차렸기 때문에 아이들을 덜 흥분하게 만들기 위해서는 부모들을 계속 오지 못하게 하는 것이 더 쉽다는 결론을 내리게 되었다. 이러한 상황은 볼비가 아이들과 부모가 부적절하게 분리되었을 때 무슨 일이 발생하는지에 대한 두 번째 삶의 예들을 관찰할 수 있도록 하였다.

볼비와 그의 학생들은 이런 환경에 대한 관찰을 통해 처음에는 '저항하고(protest)', 그다음에는 '절망하며(despair)', 만약 이별이 너무 길어지게 되면 결국 '애착상실(detachment)'이 발생하는 예측 가능한 양상을 발견하였다. 그는 어린아이들에게 분리불안은 견딜 수 없는 것이고, 말로 표현할 수 없으며, 미래에 발생할 모든 불안의 기초가 된다는 것을 깨달았다. 이것은 지속적인 돌봄으로 만들어지는 긍정적인 결합에 대한 영아의 욕구와는 반대되는 것이었다. 볼비에게 있어서 분리불안은 대부분의 심리적 장애의 근원이었다. 그는 이러한 모든 고통스러운 상태는 횟수가 적고, 보다 불규칙한 심장박동수와 같은 측정 가능한 신체적 변화와 함께 동반된다는 것을 증명하였다(Bowlby, 1969; Karen, 1994). 연구자들은 나중에 너무 오래 분리되었을 때 나타나는 코르티솔 조절(cortisol regulation)과 해마 발달(hippocampal development)을 포함하는 몇몇 중요한 생리적 변화들을 증명하였다(Gerhardt, 2004).

일단 애착 상실의 상태에 빠지더라도 아기는 다시 사회적으로 정상적인 것처럼 보이고 다른 양육자를 받아들이는데, 이것이 일반적으로 병원에서 일어나는 현상들이었다. 생존에 대한 욕구가 가장 중요한 것이기 때문에, 정상인 것처럼 보이고 행동하는 가짜 자기를 만들어 내는 것은 생존을 하기 위한 과정이었다. 오랜 기간 분리된 후에 자신의 부모나 일차적인 양육자에게 돌아갔을 때, 아이는 전형적으로 그들을 받아들이지 않거나 심지어 알아보지도 못한다. 그 이후에 일어나는 일은 매달리는 것과 거리를 두는 것을 번갈아 가며 반복하는 것이다. 부모 쪽에서 지속적으로 관심을 가지게 되면, 아이는 잘 받아들이고 그들에게 다시 애착을 형성하거나 또는 안전함과 실제로 존재한다는 느낌을 다시는 느끼지 못할 수도 있다.

볼비는 지속적인 돌봄이 부분적으로 박탈되는 것은 사랑에 대한 지나친 욕구 또는 복수로 나타나는 결과를 유발할 수 있는 반면, 완전한 박탈은 무기력함, 무반응, 발달의 지연이라는 결과를 초래할 수 있다고 하였다. 아이가 계속 생존하였다고 가정하면, 이러한 상태는 표현을 표면적으로만 하기, 실제적인 느낌의 결여, 집중력 저하, 거짓말과 강박적인 행동을 보이는 결과를 유발할 수 있다 (Bowlby, 1969).

비행 행동(delinquent behavior)

특이하게도, 볼비와 위니컷은 모두 1940년대에 비행 청소년들은 문제 행동을 나타내기 이전에 심각한 대인관계의 상실로 인해 힘들어 했으며 이러한 결핍이 비행 행동의 원인일 수 있다는 논문을 발표하였다. 볼비는 병원 환경에서 청소년 절도범들과 통제 집단을 비교하는 연구를 하였는데, 규율을 지키지 않은 집단은 모성박탈로 인해 더 많은 고통을 겪었다는 사실을 발견하였다. 그에게 있어서 객관적인 사실들이 그들을 대변해 주며 사회가 이런 것을 듣고 변화해야 한다고 주장하였다(Bowlby, 1944). 분석가이자 소아과 의사였던 위니컷은 외부 경험에 의해 만들어지는 내적 의미에 관심이 있었다. 그는 모든 아이가 경계를 찾는 과정에서 반사회적이 될 수 있는데, 만약 가족 내에서 경계를 찾지 못하게 되면 그들은 더 큰 사회에서 경계를 찾으려고 하게 된다. 가족이 아이들에게 적절한 경계를 제공해 주지 못하면 아이들은 부모 돌봄의 대체물로서 반사회적 행동을 나타내게 될 것이다 (Winnicott, 1946). 위니컷에게 있어서 이것은 희망의 한 형태였다. 위니컷이 항상 주관적인 과정과 무의식적인 의미 그리고 외부 사건의 결과들에 관심이 있었다면, 볼비는 자기 환자의 외적 삶의 경험에 초점을 두었다. 오늘날 우리는 이러한 두 사람의 관점이 모두 사실이고 필요하다는 것을 인정한다. 외상은 실제적인 것이며 내재화된 외상은 우리가 해결하려고 노력하는 고통을 만들어 낸다.

안전기지에 대한 안전한 애착

영아는 적절하게 반응해 주는 양육자와 함께 현재 '안전한 애착(secure attachment)'과 '안전기지(secure base)'라고 불리는 것을 발달시키는데, 이 둘 모두는 시기적절하고 애정 어린 돌봄을 통해서 만들어진다. 안전기지—외부, 대개는 성인 양육자에게 있는—는 영아를 달래 주고 생동감을 불어넣어 주는 믿을 수 있고 안전한 방식의 신체적 접촉을 제공한다(Bowlby, 1988). 게다가 안전기지는 아기를 내적으로 보듬어 주고 행동을 통해 의사소통을 하는 마음을 제공한다. '나도 마음을 가지고 있고 당신도 마음을 가지고 있는데, 우리는 당신이 가지게 될 수도 있는 속상한 마음을 함께 해결할 수 있다.'(Fonagy, 2001)

항의

일단 이 안전기지가 형성되면, 아기는 탐색하고 놀고, 가장 쉽게 배울 수 있으며, 정신적 기술과 운동 기술을 빠르게 발달시킨다. 이런 맥락에서 아기는 창조하고, 상상하며, 이완하고, 즐길 수 있다. 똑같이 중요한 안전한 애착을 통해 아기들은 또한 자신들의 실제적인 욕구를 만족시키기 위한 노력으로 항의(protest)를 할 수 있게 된다. 안전한 애착의 이런 측면은 부모에게는 덜 즐거운 것이지만, 매우 중요한 측면이다. 만약 항의가 받아들여지지 않게 되면, 아기는 만성적인 분노나 복종(위니컷의 순종 또는 브랜드섀프트의 병적 적응의 근원)의 상태로 들어가게 된다. 게다가 개별화 과정에 지장이 생기는데, 아기는 외부의 요구에 대해 자신의 내적인 요청에 따라 반응하기보다는 순응하거나 반항하는 방식으로 반응하도록 만들어지기 때문이다(Gerhardt, 2004).

내가 제스와 함께 조용히 앉아 있을 때는 그녀의 말, 욕구, 생각이 나오기를 기다렸다. 그녀의 방식으로 볼 때, 제스는 비록 적절한 것일지라도 항의를 하지 않았다. 그녀는 어떠한 방식으로도 반항을 한 적이 없었다. 그녀는 항상 다른 사람들의 요구에 순응하였다. 우리가 치료를 시작했을 때 그녀가 가족에게 자신의 의사를 표현하는 것은 생각해 볼 수도 없는 일이었지만, 이제는 그것이 가능해졌다. 그녀는 자신의 자부심과 건강한 자존감을 알게 되었고, 그녀가 할 말을 찾을 때까지 그녀의 대가족이 기다리도록 요구할 수 있게 되었다. 그녀는 심지어 가끔은 자신의 방식대로 일처리를 해 줄 것을 주장하기도 하였다. 그녀는 단순히 다른 사람들의 바람에 양보하기보다는 자신도 뭔가 큰 결정을 하는 데 똑같은 결정권을 가지고 있다고 느끼기 시작하였다. 그녀는 자신이 항의할 수 있다는 것을 발견함으로써 성장 과정을 다시 시작할 수 있게 되었고, 자신의 신나는 삶을 누릴 수 있게 되었다.

작동 모델

볼비는 자신이 '내적 작동 모델(internal working model)'이라고 부른 개념을 개발했는데, 이것은 자기와 다른 사람에 대한 예상들을 포함하고 있다. 이러한 예상들 중에는 다음과 같은 것들이 있다. '나는 사랑받을 만한가? 다른 사람들은 나를 반기고 나에게 관심을 가질까? 다른 사람들은 나를 걱정해 주고 심지어 나를 돌봐 줄 것인가? 다른 사람들은 나를 도와줄 것인가?'(Bowlby, 1988).

아기의 양육자들 역시 자신들의 세상이 어떻게 작동하는지에 대한 자신들만의 내적 작동 모델을 가지고 있다. 양육자들은 비언어적 · 비의식적으로 친근함과 예상에 대한 자신들의 모델을 아기와 공유한다. 아기는 서서히 자기만의 내적 작동 모델을 만들어 내게 되는데, 이것은 다른 중요한 사람들과 한 자신의 경험들과 혼합되게 된다.

볼비는 이러한 것들을 '작동(working)' 또는 '표상적(representational)'이라고 불렀는데, 이들이 시간이 지나면서 변화할 것임을 그가 알고 있었기 때문이다. 그는 내적인 삶이 계속 진행되는 과정이라는 것을 깨달았다. 아기는 자신의 일차 양육자로부터 세상이 어떻게 작동하는지에 대한 예상을 배우게 된다. 안전한 애착이 점점 더 형성될수록 내적 작동 모델은 점점 더 융통성이 생기게 되고, 점점 더 새로운 환경을 만나고 변화시킬 수 있게 된다. 만약 엄마가 지속적으로 돌보지 않거나 조율을 해 주지 못하게 되면, 이러한 작동 모델은 고정되며 현재의 상황에 부적절하게 된다(Bowlby, 1988). 시간이 지나면서 얼마나 가치 있는 돌봄인가에 대한 자신들만의 예상은 자신 주변의 사람들에게 영향을 미치게 되고, 사람들과의 관계에서 친근함—건강한 것과 건강하지 못한 것 모두–을 만들어 내게 된다. 물론 각각의 치료자는 자신의 내적 작동 모델을 알고 있는 것이 중요한데, 그것이 자신과 환자 사이의 상호작용에 영향을 미치는 한 부분이 될 것이기 때문이다.

아기는 두 살을 전후로 '마음이론(theory of mind)'에 대한 기초적인 지식을 가지고 있는데, 이것은 자신의 마음속 의도를 포함해서 다른 사람들의 마음 상태를 아는 타고난 능력을 말한다(Fonagy et al., 2004). 우리 모두는 다른 사람들이 가지고 있는 기본적인 느낌들을 구별하기 위해 다른 사람들의 얼굴 표정과 신체적 언어를 읽는다. 이런 의미에서 엄마와 아기 모두는 서로의 마음을 읽는다. 이러한 생활의 경험을 통해서 두 사람 모두는 자신의 믿음 및 바람과는 반대되는 것일 수도 있는 다른 사람의 믿음과 바람을 알게 된다. 게다가 두 사람 모두는 다른 사람들이 '거짓으로 말하거나 행동하는 것'을 알아차릴 수 있다. 그래서 그럴 때면 놀이, 탐색, 회피를 위해 창조된 상상의 세계로 들어갈 수 있다.

상실과 버림받음불안

애착이론 내에서 매우 중요한 돌봐 주는 사람과의 연결이 상실(loss)되는 것은 인간이 가질 수 있는 감정적인 스트레스에서 중심이 되는 것이다. 버림받음불안(abandonment anxiety)은 모든 기분장애의 주요한 근원으로 간주되고 있으며, 만약 심한 경우에는 더 취약한 인격장애의 근원이 될 수 있다(Bowlby, 1988; Karen, 1994; Gerhardt, 2004). 완전히 버림을 받은 아기는 죽을 수도 있다. 성인이 되었을 때, 모든 형태의 거절과 상실은 우리가 중요한 다른 사람들에게 연결되어 있음에 대해 안심을 받으려는 우리의 기본적인 욕구를 자극할 수 있다. 만약 너무 어린 나이에 너무 많은 상실을 경험하게 되면, 아기는 처리하거나 다룰 수 없는 암시적 · 비언어적 · 무의식적 느낌을 통해 자신이 희생양이 되었다는 느낌을 받게 될 것이다. 심지어 건강한 성인의 경우에도, 너무 압도당하는 느낌을 받게 되면 그것을 처리하고 통합하기 위해 외부의 다른 사람이 필요하다. 이러한 상실은 우울, 불안, 공황발작과 같은 심리적인 문제와 정신적 고통의 정신신체적 표현을 유발하게 된다. 현재, 관계학파, 서로 영향 주고받기 학파, 애착학파는 신경과학적 용어인 '활성화(activation)' 또는 '조절장애(dysregulated)'라는 용어를 사용하는 데 동의할 것이다(Schore, 2012). 만약 너무 많은 상실이 너무 어릴 때 발생한다면, 애도는 견딜 수 없는 것이 되고 일부 신체적 또는 비의식적인 형태로 갇혀 있게 된다. 상실을 애도하고 통합하는 능력은 성인으로서의 기능을 하는 데 중요한 발달적 성취로 간주되고 있다. 어린아이에게 이러한 끔찍한 느낌들을 통합하고 표현하는 기술이 부족하다는 것은 왜 아동기에 외부에서 조절을 해 주는 사람의 존재가 필요한지를 설명해 준다. 게다가 볼비는 만약 너무 많이 대체되는 사람들과의 외상적 분리—특별한 돌봄이 충분하지 않은—가 있었다면, 아기는 나중의 삶에서 의미 있는 관계를 발달시키지 못할 수 있다고 제안하였다(Bretherton, 1995). 이러한 어린 시절의 애착 대상에 대한 상실을 애도하는 것은 치료에서 중요한 측면이며, 각각의 치료자는 환자들의 상실에 대한 강렬한 감정적인 고통을 환영하고 밀어내지 않도록 하는 자신만의 능력을 개발하여야 한다.

나의 의뢰인인 잭은 스트레스를 받을 때 '부서지는 듯한' 느낌을 받았다. 현대적인 용어로 표현하자면, 그는 쉽게 조절이상이 되는 것이다. 그는 대인관계적으로나 정신내적으로 스스로 안전하다는 느낌을 만들어 내려고 노력하였다. 일 때문에 여행을 해야 할 필요가 있을 때면, 그는 안전한 집을 떠나면 뭔가 끔찍한 일이 일어날 것 같은 불안과 심지어는 공황을 느꼈다. 잭은 집을 떠나는 것에 대한 이러한 공포와 버림받음불안을 연결시키지 않았다. 대신에 그는 자신에 대한 분노, 이러한 요구를 하는 직장에 대한 분노, 이러한 공포를 줄여 주지 않은 나에 대한 분노를 표현함으로써 자신을 방어하려고 하였다. 나는 이러한 공포가 애도 반응으로부터 그를 보호해 주는 것이라고 믿었다. 그의 표면적이지만 매우 강렬한 분노는 그가 결코 빠져나올 수 없는 구멍에 빠지는 것으로부터 그 자신을 보호해 주고 있었다. 우리가 우리의 관계에 대한 신뢰를 함께 만들어 냄으로써 잭은 자신의 강렬한 감정적인 반응 때문에 나를 잃어버릴지도 모른다는 두려움을 포함해서 자신의 분노 밑에 있는 더 깊은 느낌들을 살펴볼 수 있었다.

볼비로부터 시작된 현대의 애착에 대한 문헌들은 어린아이에게 필요한 적절한 상태들—마음이론, 건강한 항의의 중요성, 인간이 받게 되는 중요한 스트레스의 원인으로서의 상실—에 대해 이야기하고 있다. 이러한 문제들은 다른 문화권에서도 연구되었고, 이제는 매우 보편적인 것으로 간주되고 있다. 애착이론에 대한 연구는 안전한 애착(앞에서 언급했던)과 두 가지의 불안전한 애착을 포함하는 하나의 모델을 만들어 내었다. '양가감정형 애착(ambivalent attachment)'은 중요한 다른 사람들에게 지나치게 의존하는 것을 특징으로 한다. '회피형 애착(avoidant attachment)' 유형을 가지고 있는 사람은 자신의 욕구를 부정하며 필요한 다른 사람과의 접촉을 공개적으로 거부한다. 이러한 유형들은 나에게 합쳐져서 하나가 되는 것은 착각이라는 것을 발견하기 위해 두 가지의 무의식적 해결책을 제시했던 발린트의 이야기(5장)를 떠오르게 하였다. 이 두 가지의 불안전한 유형에 더해서 '붕괴형/조절장애형 애착(disorganized/dysregulated attachment)'이라고 알려진 더 극단적인 유형이 있는데, 이는 매우 역기능적인 것이다. 우리는 인간의 병리가 이러한 범주들에 속하는 것으로 생각할 수 있다(Bowlby, 1988; Karen, 1994). 우리는 이제 애착에 대한 욕구는 보편적이며 생물학적으로 정해진 것이라고 간주하고 있다. 각각의 애착 유형은 시간이 지나면서 진행되어 성인이 되었을 때의 대인관계의 질에 영향을 미치며, 따라서 각자가 살게 되는 삶의 질에도 영향을 미치게 된다.

볼비는 어떻게 치료를 해야 하는지에 대해 매우 명확한 주장을 하였다. 그에게 있어서 치료자는 해석을 해 주는 권위자가 아니라 한 명의 동반자이다. 그는 환자가 자신의 가족 역동을 이해하는 것을 포함하여 자신의 내적인 삶에 대해서 찾아가는 것이 환자가 해야 하는 일이라고 주장하였다. 그는 매우 낙관주의자였는데, 인간의 정신은 최상의 환경이 주어지면 성장과 치유가 되는 방향으로 가는 경향이 있다는 것을 믿었다(Bowlby, 1988). 이것은 전통적인 방식보다는 더 인간적인 모델이었다.

메리 에인즈워스

볼비의 가장 중요한 동료들 중의 한 사람은 메리 에인즈워스(Mary Ainsworth, 1913~1999)였다. 캐나다에서 태어나고 공부했던 그녀는 나중에 런던에서 볼비와 함께 연구를 하였다. 에인즈워스는 조직화된 것을 좋아하였고, 통계적 분석을 포함한 과학적인 방법의 중요성을 이해하였다. 그녀는 몇몇 경우의 증례를 일반화시키는 것에 동의하지 않았기 때문에 발달에 대한 연구를 자신의 노력으로 바꾸어 놓았다(Ainsworth et al., 1978). 그녀는 1950년대에 애착 및 엄마와 아기가 떨어지는 양상에 대한 광범위하고 장기간의 추적 연구를 하기 위해 우간다로 갔다. 당시에 애착 유형을 결정하기 위해서는 아이와 부모 모두를 면담하는 관찰자가 필요하였다. 따라서 애착을 이해하려고 했던 이 첫 번째 여행은 매우 시간이 소모되는 것이었으며 많은 자원이 필요하였다. 그녀는 자신의 연구를 계속하기 위해서 지역 언어를 배우는 것을 포함해서 개인적 및 직업적 어려움들을 많이 극복해야 했다. 그녀는 결국 인종학 및 아동 발달 모두에서 가장 중요한 고전으로 남게 될 논문을 출간하였다. 에인즈워스(1967)는 영국에서와 마찬가지로 우간다에서도 똑같은 양상들을 관찰했기 때문에 애착에 대한 욕구는 전 세계적으로 보편적인 것이며 아이들은 잘 돌보든 그렇지 못하든 자신들을 돌봐 주는 사람에게 애착하게 된다는 생각을 확립하였다.

에인즈워스는 1965년에 북미로 돌아와 다음에서 설명할 '낯선 상황(strange situation)'을 고안하였다. 이 모델은 애착에 대한 연구를 집과 마을에서 하던 것에서 통제된 실험적 환경에서 한 시간 이

내의 시간이 소비되는 것으로 변화시켰다(Karen, 1994). 그 결과, 애착에 대한 연구는 번성하게 되었다. 에인즈워스와 많은 사람의 지속적인 노력의 결과로, 애착이론은 아동의 발달에 대한 확고한 연구 모델이 되었다(Ainsworth et al., 1978; Brerherton, 1995).

낯선 상황과 애착의 범주

현재 연구자들은 애착의 유형을 네 가지로 나누고 있으며, 이들 유형은 모두 낯선 상황(Strange Situation)이라고 불리는 실험실 기법을 사용하여 평가된다(Ainsworth et al., 1978). 실험에서 아기와 엄마는 함께 놀이방에 들어가서 장난감을 가지고 놀게 된다. 그 이후에 낯선 사람이 놀이방에 들어가고, 잠시 후(시간 간격은 아이의 나이에 따라 달라진다) 엄마는 방을 나오고 관찰자는 엄마가 나가고 혼자 남겨졌을 때의 아기의 반응을 지켜본다. 관찰자는 아기가 엄마의 떠남—즉, 분리—을 어떻게 다루는지와 그녀의 복귀를 어떻게 다루는지에 대해 관찰한다. 아기가 엄마와의 지속적인 관계에 대한 신뢰를 나타내는 재결합을 함으로써 안전한 결합을 보여 줄까? 그렇지 않다면 아기가 하는 반응의 양상은 그에게 적용할 수 있는 불안전한 범주를 결정해 줄 것이다(Ainsworth et al., 1978; Karen, 1994).

만약 아이가 안전한 범주에 속한다면, 아이는 엄마가 떠나는 것에 대해 항의하면서 엄마가 필요하고 자신에게 특별한 존재라는 것을 확실하게 밝힐 것이다. 그러나 아기는 잠시 후에 다시 장난감을 가지고 놀게 되는데, 만약 낯선 사람이 아기와 함께 놀거나 상호작용하는 것을 제안하면 낯선 사람과 새로운 관계를 맺게 된다.

아기는 엄마가 돌아왔을 때 엄마를 다시 보게 된 것에 대해 기뻐하며 잠깐 동안의 재회를 즐긴 후에 다시 노는 것에 집중한다. 이것이 최상의 상태이며 자신들이 흥분을 조절할 수 있고 세상은 비교적 믿을 만하며 계속 진행되는 곳이라는 신뢰감을 가지도록 해 준다.

만약 아이가 양가감정형 범주에 속한다면, 엄마가 떠나는 것에 대한 아기의 항의는 일반적으로 지나치게 간절한 것이 된다. 낯선 사람은 아기를 달래고 놀이로 돌아가게 하는 것이 힘들다는 것을 발견하게 된다. 엄마가 돌아왔을 때 엄마도 아기를 달래 주기가 힘들다. 아기는 엄마에게 매달리고 엄마를 거부하거나 또는 엄마를 때리기까지 하는 행동을 번갈아 가며 보여 준다. 두 사람 모두 진정되기가 힘들어진다. 양가감정형 애착 유형은 일반적으로 양육자를 신뢰할 수 없거나 관여를 적게 하는 것과 연관되어 있다.

만약 아이가 회피형 범주에 속한다면, 아기는 엄마가 떠날 때 항의하지 않으며 엄마가 없음에 대해 별로 신경을 쓰지 않는다. 아기는 엄마가 떠난 것을 인식하고는 자신이 하던 놀이를 계속 한다. 아기는 엄마를 별로 필요로 하지 않는 것처럼 보인다. 엄마가 돌아왔을 때, 아기는 엄마가 자신에게 별로 중요하지 않은 것처럼 행동한다. 회피형 애착은 양육자와의 상호작용이 간섭하고, 지나치게 자극하며, 통제하는 것과 연관되어 있거나 아기가 시기에 맞지 않게 어른이 되기를 요구하는 양육자와의 상호작용과 연관되어 있다.

네 번째 범주는 후기 연구에서 명확해졌다. 일부 영아는 엄마의 얼굴을 바라보는 동안 두려움을 경험한다. 결국 이러한 영아들은 붕괴형(disorganized), 또는 혼란형(disorienting), 또는 조절장애형

(dysregulated) 애착이라고 불린다. 더 자세한 내용은 다음의 메리 메인 부분에서 설명할 것이다.

추가적인 관찰

광범위한 연구들을 통해 낯선 상황에서 불안전한 애착을 보였던 아이들에게서 코르티솔 농도가 높다는 것이 증명되었다. 게다가 동물 연구에서는 반복적인 과각성은 실제로 뇌 조직을 파괴한다는 것이 밝혀졌다(Gerhardt, 2004). 붕괴형 애착의 경우에는 여러 개의, 분리된, 함께 존재할 수 없는 애착의 작동 모델을 발달시키게 된다. 외상의 특징인 해리 과정이 작동하게 된다. 게다가 붕괴형 애착은 인격장애와 가장 심각한 인격장애의 한 유형인 해리정체성장애(dissociative identity disorder) 모두의 전제 조건이 될 수도 있다(Fonagy, 2004; Bromberg, 2011)

에인즈워스, 메인 그리고 셀 수 없을 정도로 많은 연구자는 정신건강을 예측할 수 있는 방법과 사용 가능한 중재방법을 발견하기 위하여 낯선 상황을 이용하여 다양한 연령대의 안전하게 애착된 아이들과 불안전하게 애착된 아이들을 비교하는 수많은 연구를 하였다(Ainsworth et al., 1978; Main, 2000). 이 시점에서 나는 이러한 연구들은 많은 것을 제안해 주기는 하지만 결론이 내려진 것은 아니라는 점을 이야기하고 싶다. 9개월, 6세, 18세 때의 유형 사이에 많은 연관성이 있다는 연구 결과가 있었다. 그러나 인생에는 아버지, 다른 친척들, 좋은 선생님, 청소년기 친구들을 포함하여 많은 사람이 개입된다. 이들 중 일부는 좋은 환경으로서 영향을 미칠 것이며 다른 일부는 붕괴시키는 데 영향을 미칠 것이다. 메인(2000)

은 장기적인 변화 과정을 관찰한 자신의 연구에서 안전한 애착을 보이는 엄마와 아기는 서로 더 쉽고 자연스러운 대화를 나누며 평생을 통해 실제적이고 넓은 범위의 대화를 한다는 것을 밝혔다. 이 사실은 나에게 그들이 그 이후의 삶에서도 더 긍정적인 관계를 유지하고, 따라서 더 높은 삶의 질을 경험하게 될 것이라는 점을 암시해 주었다.

메리 메인

미국인이자 에인즈워스의 학생이었던 메리 메인(Mary Main)은 애착이론에 많은 기여를 했는데, 특히 성인과 안전하지 않은 애착 유형에 많은 기여를 하였다. 에인즈워스와 마찬가지로, 그녀는 연구과학자였으며 이론이 통계와 연구에 의해 입증되기를 원하였다. 임상적으로 나에게 가장 유용했던 것 두 가지는 그녀가 붕괴형/혼란형 애착 유형(앞에서 언급한)을 추가한 것과 그녀의 성인애착면담이었다.

모든 연구자에게는 자신들의 연구에서 '분류되지 않는' 몇몇의 아이가 있었다. 이러한 아이들은 분리라는 스트레스를 다룰 수 있는 조직화된 방어 양상을 가지고 있지 않았다. 회피형 아이는 잠재적인 위협에 대해 관심을 다른 데로 돌리는 것으로 방어하고, 양가감정형 아이는 집착하고 매달리는 방어를 사용한다. 메인(1995)은 몇몇 연구의 기록과 동영상을 살펴봄으로써 이러한 적은 수의 분류되지 않는 유형들의 특징을 연구하였다. 그녀는 일부 아이는 스트레스를 다루는 데 필요한 전략을 전혀 가지고 있지 않다는 것을 발견하였다. 메인은 자신의 연구 대상들에게서 아이의 엄마가 실제로 아이를 겁먹게 한다는 것을 발견하였다.

이러한 상황에서 아이는 끔찍한 갈등에 처하게 된다. 안전함과 편안함을 제공해야 하는 사람이 지속적으로 신뢰할 수 없고 어떤 경우에서는 겁을 주는 바로 그 사람이었다. 메인과 에인즈워스는 네 번째 범주가 필요하다는 데 동의하고 붕괴형/혼란형 유형으로 이름을 붙였다. 이러한 아이들은 정반대되는 행동을 연속적으로 또는 동시에 보여 주었다. 그들의 행동은 방향성이 없었으며, 불완전하거나 중간에 중단되는 양상을 보였는데, 얼어붙거나 불안해하는 반복적인 양상을 나타내었다. 아이는 돌봄을 필요로 하지만 그의 양육자는 겁을 주기 때문에 해결책이 없는 것이다. 아이는 생물학적으로 양육자에게 돌봄을 받기 위해 다가가게 되어 있지만, 자신의 양육자가 안전함을 제공해 주지 않고 위험할 가능성마저 있다는 것을 배우게 된다(Main, 1995; Gerhardt, 2004). 따라서 이것은 끔찍한 갈등 상황이다. 개인적으로 이 마지막 범주는 내 환자가 해준 가슴 아픈 말에서 잘 표현될 것 같다. "제 엄마요? 나는 엄마 생각을 절대 하지 않아요. 이제 성인이니까 엄마에게 반응할 수 있지만, 절대 먼저 말을 걸지 않아요. 선생님은 제가 무슨 말을 하는지 이해하지 못하실 거예요."

성인애착검사

메인은 1980년대에 자신의 관심을 연구하고 있던 아이들의 부모들에게로 돌리고 성인애착면담(Adult Attachment Interview: AAI)을 만들어 냈다(Main, 2000; Siegel & Hartzell, 2003). 그녀는 임상가들과 대중 정책 수립자들이 모든 수준의 아이들을 도울 수 있도록 하기 위해 장기간의 영향에 대한 연구를 계속하였다. 그녀는 처음에 부모들의 부모, 즉 아이들의 조부모와 부모 사이의 애착 유형을 조사하기 위해 이 검사를 사용하였다. 참여한 부모들에게는 자신들의 애착 경험을 설명하고, 부모로서 어떻게 하고 있는지를 포함한 현재 삶의 측면들을 평가하기 위해 몇 가지 다른 방식의 질문들을 한다(Main, 2000).

성인애착면담은 성인의 애착 유형을 이해하는 데 매우 강력하고도 효과적인 검사이다(Siegel & Hartzell, 2003; Siegel, 2008). 숙련된 검사자는 구조화된 면담을 하는데, 참여자들에게 자신들 부모와의 관계를 설명할 수 있는 5개의 형용사를 말하도록 요구하고 왜 이러한 형용사를 사용했는지 설명할 수 있는 개인적인 이야기를 해달라고 요구한다. 불안전한 애착 유형을 가진 모든 사람에게 이러한 작업은 매우 힘든 것이다. 메인의 연구는 애착이 더 안전할수록 자신의 내적인 세상을 논리적으로 표현하고 공유하는 것이 더 쉬우며 이것은 신뢰와 안전함을 나타내는 것임을 증명하였다. 안전한 애착은 또한 직접적으로 말하는 능력 및 자기를 성찰하는 능력과 매우 높은 상관관계를 보였다. 안전한 애착은 순응이나 경쟁심과는 전혀 관계가 없었다. 대신 높은 자존감, 다른 사람에 의해 제공되는 돌봄을 가치 있게 생각하는 능력, 자율적으로 행동하는 것과 상관관계가 있었다.

메인은 아동기의 애착 유형 중 양가감정형을 성인기의 '집착형(preoccupied)'으로, 회피형을 '무시형(dismissive)'으로 이름 붙였다(Main, 1995; Karen, 1994; Siegel & Hartzell, 2003). 내 경험에 의하면, 이러한 단어들은 불안전한 애착 유형을 가진 성인들 및 연결과 관계에 대한 그들의 욕구를 어떻게 다루는지에 대해 정확하게 설명해 준다. 집착형 유형의 사람들은 많은 안심시킴과 밀접함을 필요로 한다. 이러한 환자들은 정신치료를 하는 동안에 거울반사를 해주기를 원하고, 자신들이 가치 있고 이해받고 있다는 것을 말해 주기를 바란다. 이들은 애정관계에서 계속적인 신체적·성적 접촉을 요구하는데, 이것은 쾌락과 흥분을 위해서뿐만 아니라 자신이 가치가 있고 더 중요하게는 버림받지 않을 것이라는 확인을 하기 위해서이다. 이들은 흔히 갑자기 변하는 순간이 있는데, 자신들이 침범당하거나 통제되고 있다고 느낄 때이다. 이런 순간에 이들은 다른 사람을 신체적으로나 언어적으로 밀쳐낸다. 무시형 유형의 사람들은 다른 사람들과의 관계에서 거리감과 자유를 필요로 한다. 이들은 치료자와 감정적인 연결은 적게 하지만 자신의 일에는 헌신적인 경우가 많다. 이들은 사랑하는 관계에서 흔히 평등한 생활과 자신만의 시간을 즐기며 안전하고 좋다고 느낄 수 있는 공간과 자유를 필요로 한다. 이들은 의존과 약함을 의미하는 다른 사람에 대한 필요성을 무시하는 경향이 있다.

메인의 연구는 에인즈워스에 의해 제안된 이론을 한 발짝 더 나아가게 해 주었다. 부모의 애착 유형은 최소한 안전한-불안전한 수준 두 가지로 자신의 아이들의 애착 유형과 매우 밀접하게 연관되어 있다. 안전하게 애착된 사람은 안전하게 애착된 아이를 길러내며 불안전하게 애착된 부모는 덜 안전하게 애착된 아이를 길러내게 된다.

물론 실제 사람들은 이 네 가지의 유형에 정확하게 들어맞지는 않지만, 이들 애착 유형은 어떤 한 사람이 하고 있고 앞으로 하게 될 대인관계를 이해하는 데 매우 유용한 지침이 된다. 그것은 또한 다른 유형의 환자들에게 어떻게 접근할 수 있는지를 제안해 준다. 양가감정형 유형의 환자를 안심시켜 주는 어떤 것이 회피형 유형의 환자에게는 힘들게 하는 것이 될 수도 있다.

댄은 회피형 애착 유형의 좋은 예이다. 그는 불규칙하게 만나는 몇몇의 친구가 있지만 치료시간에는 거의 이와 관련된 이야기를 하지 않았다. 부모님을 만나고 돌아왔을 때, 그는 부모님들과 있었던 일에 대해 거의 이야기하지 않았다. 그는 부모님을 사랑하고 부모님이 좋은 사람이라는 이야기만 하였다. 하지만 어떠한 친근한 대화나 문제 해결을 위한 논의 같은 것은 없었다. 그는 아버지와 운동경기에 대한 이야기를 하고 어머니에게 자신이 쓰고 있는 글에 대해 이야기했지만, 일요일 저녁에 집으로 돌아왔을 때 약간 안도감을 느꼈다.

획득한 안전

메인의 연구는 '획득한 안전(earned secure)'이라는 새로운 범주의 애착 유형을 만들어 내었다. 일부의 경우, 원래 부모에 의해 형성된 아이의 애착 유형이 덜 안전한 것일 때 이웃 사람, 선생님, 정신적 조언자, 정신치료자와 같은 다른 사람과의 긍정적인 경험이 성인이 되어 나타나서 보다 안전한 자기감에 필요한 신뢰를 만들어 낼 수 있다. 이는 편안하고 창의적이며 다른 사람에 대한 신뢰가 증가된 특징을 나타낸다. 물론 이것은 좋은 정신치료나 어떤 개별화 과정을 위해 추구할 만한 좋은 목표가 될 수 있다. 신뢰, 연결, 안전함은 개인의 안녕을 위해 필요한 것인데, 세 가지의 불안전한 애착 유형은 이러한 가능성들을 방해한다. 외로움의 고통과 심각한 정신병리는 불안전한 애착 유형과 매우 높은 상관관계가 있다(Roisman et al., 2002; Siegel & Hartzell, 2003).

오늘날 대부분의 고전적인 형태의 정신분석도 비록 자체의 이론적인 관점으로 다르게 해석하고 있기는 하지만 애착의 중요성을 인식하고 있다. 볼비의 계보는 초기 아동기의 발달에 대한 대니얼 스턴 및 베아트리스 비브의 연구와 함께 정신분석 및 일반적인 정신치료의 이론과 실제 모두에 엄청난 영향을 미쳤다. 정신치료자 및 아이들과 함께하고 있는 어떠한 사람이라도 토머스 루이스(Thomas Lewis)가 한 다음과 같은 생각에 동의할 것이다. '안정감은 당신을 잘 조절해 주고 당신 가까이 머물러 주는 사람을 발견하는 것을 의미한다.'(Lewis et al., 2000)

피터 포나기

피터 포나기(Peter Fonagy)는 정신분석과 애착이론을 통합하면서 현재 가장 칭송을 받고 있는 임상가이자 학자이다. 헝가리 출신인 그는 런던에 있는 아동과 가족을 위한 안나 프로이트 센터의 센터장이다. 그는 안전한 애착이 인간 발달의 기본이며, 그것을 자기 및 다른 사람이 발달하게 해 준다고 기술하였다. 그는 안전한 애착이 현실검증력, 상징화, 도덕적 발달 같은 정신분석 전통에 의해 설명된 능력들보다 우선하는 것이라는 주장을 유지하고 있다(Fonagy et al., 2004).

포나기는 정신분석과 애착이론을 통합시킨 것 이외에 모든 정신치료는 확실한 연구를 통해 증명되어야 한다는 주장을 하고 있다. 어떤 형태의 치료가 효과가 있는가? 우리는 어떻게 그 결과를 평가할 수 있는가? 그가 하는 연구의 특별한 분야는 경계인격장애, 초기 애착관계, 폭력이다.

정신이해(mentalization)

포나기와 그의 공동 연구자들은 임상과 연구를 통해 '정신이해'라는 개념을 만들어 내었다. 우리 각자는 안전한 애착을 통해 우리의 느낌과 생리를 조절하고 이해하는 법을 배우게 된다. 이것은 우리와 다른 사람들의 감정적인 상태에 대한 정신적 표상을 만들어 내고 사용할 수 있다는 것을 의미한다. 다양한 불안전한 애착 유형은 아이들로 하여금 특히 스트레스 상황에서 자신들을 조절하지 못하게 만들고, 흔히 다른 사람들의 마음을 '읽고' 공감하지 못하게 만든다. 이러한 결핍의 결과는 매우 심각한데, 고립과 외로움을 유발할 뿐만 아니라 심한 경우에는 심각한 정신병리를 유발한다. 포나기의 해결책은 정신이해에 기초를 둔 치료(mentalization-based treatment or therapy)라고 불린다. 환자들은 병원 환경이나 진료실에서 자신들의 감정적인 삶에 대한 적절한 거울반사를 받을 뿐만 아니라 다른 사람들과의 실제적인 관계를 만들어 내는 데 명확한 안내를 받게 된다(Fonagy et al., 2004).

포나기는 다양한 양육 방식에 대한 비교, 그 결과로 나타나는 애착 문제, 치유의 견본에 대한 많은 연구와 책들을 발간하였다. 그는 고전적 정신분석에 기초를 두고 있기는 하지만 분명히 애착이론을 주장하는 쪽에 서 있다. 어린 시절의 애착이 더 좋으면 좋을수록 사람은 자신뿐만 아니라 다른 사람의 정신적 상태를 더 잘 알 수 있게 된다. 더욱이 자기는 다른 사람들과의 관계 속에서만 존재할 수 있으며 아동기의 자기 발달은 대인관계 속에서 아기가 했던 경험들이 축적되어 이루어지는 것이다. 이렇게 살면서 했던 경험들은 그 이후에 내적 표상이나 내적 작동 모델을 이루게 된다. 그의 말에 따르면, 가장 중요한 것은 양육자가 아기의 독특한 욕구, 감정, 의도를 이해하며 관심을 가지고 있다는 점을 아기에게 전달해 줄 수 있는 능력이라고 하였다. 이러한 전달은 비언어적인 것이지만 명확하게 이해될 수 있는 것이며, 그 과정에서 아기는 신호를 보내고 엄마는 해석을 하는데 대개 언어를 추가적으로 사용한다. 이러한 과정의 결과로 생기게 되는 '마음이론'은 자기조직화의 중요한 결정인자이며 나중의 안녕에 영향을 미친다(Fonagy et al., 2004).

애착 유형과 마음이론

포나기의 많은 연구 결과 중의 하나는 아기가 태어나기 전 엄마의 애착 유형(attachment style)이 엄마-아기 애착 양상에 대한 훌륭한 예측인자가 된다는 것이다(Fonagy et al., 1991). 어떤 것이라도 예측을 할 수 있다는 것은 임상적인 사회와 공중보건 사회 모두에 매우 흥분되는 일이다. 아기에 대한 부모의 전반적인 세심함—심지어 자신의 아기가 태어나기 전에도 아기를 한 명의 독립된, 지각이 있는 존재로 생각하는 능력—은 아기의 애착 유형과 아기의 정신이해 능력 모두를 예측할 수 있게 해 준다. 위니컷은 이것이 사실이라는 점을 알고 있었으며 이에 대해서 다른 방식으로 기술해 놓았다. 포나기와 그의 팀은 세심한 엄마가 자신의 아기에 대해서 어떻게 생각하는지를 설명하는 많은 연구 결과를 출판하였다. 엄마의 생각은 자신의 행동을 형성하며, 아기는 엄마의 행동을 자신의 자기감으로 내재화시킨다. 세심한 엄마의 아기는 '나는 가치가 있고 나의 욕구들은 다 이해되고 있어.'라는 결론을 내린다. 이러한 것들은 엄마가 아기와 있을 때 엄마의 행동에 의해 전달되는 건강한 메시지(위니컷의 보듬어 주고 다루어 주는)이다. 엄마가 아기와 같이 있지 않을 때에도, 엄마는 자신의 생각과 상상 속에서 아기를 계속 보듬어 준다. 시간이 지나면서 아기는 자신의 상상 속에서 엄마를 보듬어 줄 수 있게 된다. 따라서 안전한 애착 관계 속에서 아기는 과도한 스트레스 없이 엄마가 시야에서 사라지도록 내버려 둘 수 있게 된다. 그리하여 아기는 이제 엄마를 마음속에 간직하는 법을 배우고 마음속에서 기억하는 법을 배운 것이다(Fonagy et al., 2004).

표시하기(marking)

포나기가 기여한 또 다른 생각은 '표시하기'이다. 여기서 양육자는 얼굴 표정, 목소리, 자세를 통해 영아의 정동을 적극적으로 흉내 내고 조율해 준다. 그러나 양육자는 약간은 과장된 형식으로 자신의 거울반사를 '표시'하는데, 이것은 영아에게 조율을 받고 있다는 경험과 함께 거울반사가 외부의 다른 사람에게서 온다는 것을 알려 주는 것이 된다. 양육자는 영아의 정동 표현에 반응함과 동시에 자신이 다른 사람이라는 것을 표시함으로써 조절해 주는 조율(나는 너를 보고 있어)과 분리된 다른 사람이라는 인식(나는 네가 아니야)을 하나의 상호작용 안에서 보여 준다(Fonagy et al., 2004).

포나기(2004)는 안전한 애착과 약간 불완전한 조율 사이의 관계에 대해 설명하였다. 이것은 코헛의 단절과 회복의 치료적 고리(비브에 의해 연구된 것처럼) 개념을 지지해 준다. 조율을 하는 데 있어 작고 다룰 수 있는 실패는 재빨리 회복될 수 있으며, 신뢰 및 보다 안전한 애착의 가능성을 만들어 낼 수 있다. 포나기의 연구는 약간의 차이가 있는 정동에 대한 추적과 표시하기가 상호 조율과 조절의 맥락에서 발생하는 한 성장을 촉진시킬 수 있다고 결론을 내렸다. 우리는 이것을 전후관계를 고려한 돌봄 또는 사랑이라고 부를 수 있을 것이다.

대인관계 신경생물학

우리는 정신분석을 현대적 세계로 불러오기 위해서 새로운 지식 분야인 대인관계 신경생물학(interpersonal neurobiology)에 대해서 이해하고 있어야 한다. 나는 대인관계적 · 신경생물학적 상호작용에 대한 연구와 내용들을 제공함으로써 모든 형태의 정신분석에 영향을 미쳤던 세 사람에 대해 설명할 것이다.

앨런 쇼어

현재 가장 중요한 기여를 한 사람들 중의 한 사람은 미국 정신건강의학과 의사이자 연구자인 앨런 쇼어(Allan Schore)로서, 새로운 지식 분야인 신경생리학과 대인관계 신경생물학의 선구자이다. 그는 정신분석 및 외상 학회에서 정동조절에 대한 자신의 연구를 정기적으로 발표하고 있으며, 모든 형태의 정신치료를 보다 과학적인 입장에서 보도록 노력하고 있다. 쇼어는 생물학적 수준에서 뇌에 대한 연구를 하고 있으며, 모든 자료를 통합하면서 애착이론에 대한 연구에도 전념하고 있다.

뇌의 발달

우리의 현대 지식에 의하면, 우리의 현대적 뇌는 100억 년 동안 단계를 거치면서 발달하였다. 우리는 우리의 마름뇌(hindbrain)를 대부분의 다른 동물들과 공유하고 있는데, 그것은 우리의 생리, 지각, 신체적 상태를 조절하는 부분이다. 그것은 또한 우리의 가장 원시적인 방어들인 위험에 대한 자동적인 검색, 생명을 위협하는 것으로 인식되는 위협에 대한 얼어붙거나 기절하는 반응을 조절한다. 우리는 우리의 둘레뇌(limbic brain)—우리 뇌의 중간에 있는 작은 구조물들—를 모든 포유류와 공유하고 있다. 이 부분은 우리의 애착과 놀이에 대한 욕구, 싸울 것인지와 도망갈 것인지 사이를 결정하는 우리의 능력을 조절한다. 다른 포유류들과 비교해 볼 때, 우리의 새겉질(neocortex) 또는 새뇌(new brain)는 매우 크다. 이 부분은 추상적인 생각, 미래에 대한 계획, 도덕적 발달에 대한 우리의 능력을 담당한다. 마름뇌 및 중간뇌(midbrain)와는 달리, 새겉질은 태어날 때 완전히 형성되어 있지 않다. 새겉질이 어떻게 형성될지는 인간이 환경과 어떻게 상호작용하는지에 달려 있다.

새겉질은 우반구와 좌반구로 나뉘어 있다. 이들은 각각 다른 기능을 가지고 있으며 세상을 다르게 인식한다. 쇼어와 시걸(Siegel)에 따르면, 우반구는 좌반구보다 빨리 성숙하며 감정적 처리 과정 및 내적 현실과 외적 현실의 전체적인 장면에 대한 근원이다. 좌반구는 언어 및 직선적 · 논리적 생각을 조절한다. 좌반구는 대개 성인들에게서 더 우세하게 나타난다(Schore, 2012; Siegel, 2008).

쇼어(2012)는 우반구와 좌반구의 똑같지 않은 발달에 대한 광범위한 내용의 책을 저술하였다. 그는 우반구가 좌반구보다 빨리 발달하며, 우반구가 감정적 처리 과정 및 전체적인 대인관계 장면을 '신체적으로 느껴지는 감각(bodily felt sense)'을 통해 바라보는 역할을 담당한다고 기술하였다. 쇼어에게 있어서 우뇌는 프로이트의 무의식을 담당하는 생물학적 부분인데, 그는 프로이트처럼 무의식의 힘을 강조했지만 조금은 다른 방식으로 강조하였다. 우반구가 좌반구보다 먼저 발달하기 때문에, 쇼어는 좌뇌의 단어와 논리보다 감정이 자기감과 안녕에 더 기본적인 것이라고 결론을 내렸다. 그의 연구와 논리는 우리의 자기감, 대인관계를 하는 세상에서의 우리의 암묵적 처리 과정(implicit processing)은 더 빨리 발달한 우뇌에서 처리된다는 결론을 내렸다. 그의 연구는 새겉질의 발달은 경험에 의존하며 전후 사정의 맥락에 따라 발달하게 된다는 것을 입증하였다(Schore, 2012; Gerhardt, 2004). 물론 유전적 요소들이 여전히 중요하지만, 쇼어는 타고난 것과 양육 사이의 논쟁은 잘못된 이분법적 생각이라고 주장했는데, 유전자와 환경은 생명이 수정되는 순간부터 서로 상호작용하고 있기 때문이다.

쇼어(2012)의 치료 모델에 따르면, 조율된 의사소통은 우뇌에서 우뇌로 이루어진다. 즉, 우리 모두는 비언어적이고 무의식적인 수준에서 안전함과 다른 사람과의 연결을 발견하기 위해서 인간의 환경, 특히 사람의 얼굴을 검색한다(Porges, 2004). 에크먼(Ekman, 2003)에 따르면, 우리는 얼굴을 비의식적으로 0.001초 이내에 읽으며 항상 이 정보에 따라 비의식적으로 행동한다. 이러한 관점에서 볼 때, 정신치료는 대화와 해석보다는 연결 및 안전함을 만들어 내는 것과 연관되어 있다. 쇼어에 따르면, 자신의 신체적 느낌과 정동을 조절하는 한 사람의 능력은 어린 시절 조율해 주는 양육자와 상호작용을 하는 동안에 시작한다. 시간이 지나면서 아이는 더 넓은 세상을 인식하게 되고, 집단과 문화는 지속적으로 무의식적인 심리생물학적 수준에 영향을 미치게 된다.

쇼어의 자세하고도 학문적인 작업은 정동조절의 세상에 대한 개요를 설명해 주었는데, 정동조절은 주변 환경이 어린아이에게 영향을 주면서 시작되고 성인의 발달에까지 지속된다. 그는 어떻게 어린 시절의 애착외상이 평생에 걸쳐 우반구와 둘레계통(limbic system)에 영향을 미치는지를 설명하였다. 그는 이러한 이론을 뇌영상을 통해 증명하였는데, 뇌영상은 이러한 상호작용이 뇌에서 일어나는 신체적이고 관찰 가능한 영향들을 보여 주었다. 그에게 있어서 모든 형태의 정신병리는 정동조절장애로 나타나는 것이며 모든 형태의 정신치료는 정동조절을 해 주는 것이었다. 그는 부정적인 상태를 없애는 것만으로는 충분하지 않다는 주장을 유지하였다. '충분히 좋은 엄마'—안전한 애착을 만들어 주는 엄마—가 아기의 긍정적인 상태를 증가시켜 주고, 아기에게 생동감을 불어넣어 주며, 아기의 흥분과 호기심을 격려해 주는 것과 마찬가지로, 좋은 치료는 삶의 긍정적인 측면을 강화시키고 지지해 주어야 한다(Schore, 2012). 21세기 초반까지 연구자들과 임상가들은 모두 인간이 행복해지려면 자신을 잘 조절해 주는 사람을 발견하고 그들을 가까이에 두는 것이 필요함을 명확하게 인식하고 있다.

대니얼 시걸

이 계보에 있어서 나의 다음 선택은 미국 정신건강의학과 의사이자 연구자인 대니얼 시걸(Daniel Siegel)이다. 그는 지난 20년 동안 많은 책과 논문을 통해 인간 발달과 정신치료에 대한 명쾌한 이론을 제시하였다. 그의 오디오북 『'우리'의 신경생물학(The Neurobiology of 'We')』은 신경생물학, 애착이론, 명상의 영적 전통에서 유래한 마음챙김(mindfulness)에 기초를 둔 그의 임상적 이론과 실제를 가장 명확하게 정리한 것이다. 그는 또한 한 사람, 부모, 정신건강의학과 의사로서의 자신에 대해 밝히는 글을 썼다. 그는 자신의 글과 자신의 환자들에게 모두 열정을 가지고 있다. 시걸은 쇼어와 마찬가지로 우리를 현대 신경과학의 세계로 안내하였는데, 여기서는 뇌와 마음이 객관적이면서도 주관적으로 연구되고 있다. 쇼어와 시걸은 모두 뇌는 신경형성력(neuroplastic)이 있기 때문에 평생을 통해 변화하고 성장할 수 있다고 주장한다(Schore, 2012; Siegel, 2010).

현대적 마음챙김

현대적 마음챙김(modern mindfulness)은 깨달음을 얻기 위해 또는 '모든 것과 하나가 되기' 위해 옛날에 동양의 신비주의자들이 만들었던 영적 수행을 현대식으로 바꾼 것이다. 수행자는 처음에는 조용히 앉아서 호흡에 집중하다가 그 이후에는 떠오르는 생각과 느낌에 집중함으로써 다양한 초월적 상태로 자신을 몰입시킬 수 있다. 현대적 마음챙김에서는 스트레스와 부정적 감정 상태를 진정시키는 데 호흡에 집중하는 것이 사용된다. 시걸은 처음에는 호흡에 집중하다가 나중에는 자기 및 중요한 다른 사람들과 연관된 생각에 집중하는 다양한 마음챙김 수련법을 제공하였다. 마음챙김을 연습하는 것은 건강한 뇌의 발달, 스트레스 감소, 안녕, 동정심의 발달과 상관관계가 있다(Siegel, 2010).

시걸 이전의 스턴과 마찬가지로, 그는 '출현하는(emergent)' 생각에 매우 관심이 있었다. 스턴은 1980년대에 영아가 출현하는 자기감을 가지고 있다고 말하였다(Stern, 1985). 시걸은 마음이 두 명의 분리된 다른 사람 사이에서 출현하는 성향이 있다고 믿었다. 그에게 있어서 마음은 이제 더 이상 머리뼈 속에 위치하고 있는 것이 아니고, 두 명의 다른 사람 사이에서 계속해서 함께 만들어 나가는 것이다. 그의 정의에 따르면, 마음은 한 사람 내부에서 및 두 사람 사이에서 존재하는 에너지와 정보의 흐름이다(Siegel, 2008, 2010). 게다가 마음은 주의를 집중하고, 속도를 늦추며, 내면을 바라봄으로써 개인적으로 학습할 수 있는 것이다. 이것이 그가 말하는 마음챙김이다. 그는 마음챙김이란 당신 자신 및 당신의 마음과 친구관계를 맺는 것과 같다고 이야기하였다.

시걸은 또한 열정적인 과학자이기도 한데, 자신의 생각을 연구하기 위해 실험과 영상 장비들을 사용하였다. 그는 정신치료가 하나의 기술—영적인 기술이기도 한—이라는 점을 결코 부인하지 않았으며 고통받고 있는 사람들을 돕기 위해 시행하는 치료에는 더 좋은 방식이 있고 더 나쁜 방식도 있다고 제안하였다. 그는 연민과 친절함을 믿었다. 그의 이론은 우리의 큰 뇌가 다른 사람들의 마음을 읽기 위해 진화하였으며, 그렇게 함으로써 생물학적으로 연관이 없는 사람들과 협동할 수 있게 해 주었다고 제안하였다. 다른 사람들의 마음을 읽는 뇌의 부분은 중간이마앞겉질(middle prefrontal cortex)이라고 불린다. 이것은 또한 마음챙김 명상을 통해 발달하는 뇌의 부분인데, 위스콘신 대학에서 장기간 명상을 한 사람들을 대상으로 한 기능자기공명영상(functional MRI) 연구에서 밝혀진 결과이다(Goleman & Davidson, 2017).

중간이마앞겉질(middle prefrontal cortex)

중간이마앞겉질에 대한 시걸의 연구는 다음과 같은 사항들을 이해하게 해 주었다. 뇌의 이 부분이 하는 기능은 신체를 조절하고, 감정의 균형을 맞추어 주며, 다른 사람에게 조율하고, 두려움을 조절하며, 상황에 대해 융통성 있게 반응하고, 공감을 연습할 수 있게 해 준다. 이러한 결과들은 안전한 애착의 긍정적인 소견들과 완벽하게 겹친다. 두 가지의 인간적 기술이 마음챙김 문헌에서 매우 중요한 것으로 간주하는데, 최근에서야 애착 관련 문헌에서도 그것이 연구되기 시작하였다. 이 두 가지 기술은 직관(intuition)과 도덕성(morality)이다. 시걸에 따르면, 이러한 것들 또한 애착 연구 결과들과 겹친다(Siegel, 2010).

시걸은 안전한 애착, 마음챙김적 인식, 치료자와 환자 사이의 관계를 매우 유사한 것으로 보았다. 그는 동료들과 함께 부모와 아이 사이의 안전한 애착관계 및 치료자와 환자 사이의 치료적 관계를 밝히는 많은 연구를 실시하였다. 그는 이들 모두가 뇌의 이마앞엽 영역에 있는 신경섬유들의 성장을 촉진시킨다는 것을 발견하였다. 그는 또한 이마앞겉질의 통합시키는 능력을 개발하게 하기 위해 자신의 학생들과 환자들에게 마음챙김을 가르치고 있다(Siegel

& Hartzell, 2003; Siegel, 2010).

스턴과 마찬가지로 시걸의 관심은 조율에도 있었다. 충분히 좋은 엄마는 자신의 아기를 조율하며, 충분히 좋은 치료자 역시 똑같은 일을 해야 한다. 엄마가 조율을 해 줄 때, 아기는 자기 자신에 대해 좋은 느낌을 받을 수 있고, 자신의 욕구를 조절하며, 자신이 원할 때 다른 사람들과 관계를 맺을 수 있다. 안전한 애착이 형성되지 못했을 때는 불안전한 애착의 불안 때문에 방해받은 정상적인 발달과정을 다시 시작시키기 위해 정신치료 작업이 필요하다.

나는 이러한 이론가들과 연구자들에 동조하여 치료를 하나의 성찰하는 과정으로 보는데, 이 과정에서 하나의 초점은 환자에게 두고 다른 하나의 초점은 치료자의 내적인 삶에 두게 된다. 시걸은 마음챙김, 애착 문헌, 현대 신경과학을 통해 후기 자기심리학자들과 관계학파가 내렸던 결론과 똑같은 결론을 내리게 되었다. 치료와 정신분석은 두 사람 사이에 발생하는 사건인데, 치료자와 환자는 현재의 순간에 완전히 참여해야 하며, 각자는 만남을 통해서 자신들의 개인적인 자기감을 드러내어야 한다. 쇼어와 마찬가지로, 시걸은 우리의 감정적인 부분—오른뇌와 둘레계통—이 변화와 성장의 중요한 원동력이라고 명확하게 밝혔다. 직선적이고 논리적인 좌뇌가 하는 이야기는 하나의 마음을 다른 마음에게 전달하는 데 중요한 역할을 한다. 이상적으로는 이것이 마르틴 부버의 '나-당신' 개념과 같다. 두 사람 모두 영향을 받게 될 것이며 두 사람 모두 만나는 사람에 의해 변화될 것이다.

이 모든 정보와 생각은 내가 정신치료를 하는 데 영향을 미쳤다. 내가 이 책의 앞부분에서 이야기했지만, 환자가 진료실에 들어오는 방식은 항상 중요한다. 나는 사람의 얼굴과 그 사람의 신체적인 언어를 읽는 나의 타고난 무의식적 능력에 초점을 맞춘다. 일단 내가 의식적으로 얼굴과 신체를 읽은 다음에는 그 사람의 감정에 대해 교육받았던 추측을 할 수 있다. 동시에 나는 나 자신에 대한 느낌들뿐만 아니라 바로 이순간의 이 환자에 대한 특별한 느낌에 대해서도 읽을 필요가 있다. '나는 이 환자를 환영하고 있는가? 만약 그렇지 않다면 왜 그럴까? 나는 지난 시간에 우리 사이에서 일어났던 어떤 것 때문에 약간 짜증이 나 있나? 이 환자는 실제로 내가 보기 싫어하는 환자인가? 지난번에 내가 짜증이 났고 그것을 적절하게 또는 부적절하게 보여 주었나?' 이러한 것들은 환자에게서 진행되고 있는 어떤 것을 이해하려는 의식적인 의도와 함께 고통스러운 부분을 변화시키거나 치유시키려는 부분이 함께 발생하여 우리 내부에서 일어나는 소용돌이 같은 것이다. 물론 모든 무의식적인 욕구와 바람은 우리 각자와 우리 각자의 내부에서 여전히 발견된다.

나는 흔히 댄과의 치료시간이 기다려지지 않는데, 내가 그의 얼어붙은 성향을 녹이기가 힘들고 그를 치료에 깊이 개입하도록 만들기가 힘들었기 때문이다. 나의 치료적인 과제는 그를 나의 정신적인 공간에 들어오게 하는 것이다. 그에게 호기심을 갖는 것은 쉬웠지만 그를 치료에 개입시키는 것과 우리 모두가 가치 있다고 생각하는 지속적인 관계를 만들어 내는 방법을 찾는 것은 어려웠다. 신경과학적 측면에서 볼 때, 나의 의도와 나의 좌뇌는 환영을 하고 있지만, 문제는 우뇌에서 느끼지는 감각이었다. '내가 내적으로 약간 힘들다는 것을 알고 있으면 그가 편하고, 안전하며, 환영받는다는 느낌을 받을까? 내가 그와

보다 깊이, 감정적으로 함께 있을 수 있도록 나 자신의 마음을 열 수 있을까?' 나는 그가 정규적으로 치료를 받으러 오고 만약 시간을 지키지 못하면 시간을 재조정할 수 있다는 것을 알고 있다. 나는 이것을 좋은 징후라고 생각하는데, 그가 아직은 자신의 내적인 삶에 대해서 풍부하게 말하지는 못하지만 우리가 함께하는 시간에 대해 자신이 원하는 것이 무엇인지는 이해하고 있음을 말해 주기 때문이다.

스티븐 포지스

스티븐 포지스(Stephen Porges)는 또 다른 신경과학자로서 특히 외상에 관심을 두고 있다. 그의 실험실 연구는 우리의 미주신경(vagal nerve)이 3개의 매우 다른 가지를 가지고 있고 그것이 심리적 안전기제에 매우 다른 기능을 한다는 점을 밝혔다(Porges, 2017; Porges & Dana, 2018). 그는 우리가 가장 진화된 미주신경을 사용하여 '사회적 참여(social engagement)'라고 불리는 복잡한 관계를 할 수 있게 되는데, 이것은 최고 수준의 기능으로 얼굴 표정 읽기, 머리 기울이기, 손동작, 심장박동의 조절이 포함된다고 제안하였다. 우리가 위험에 처했을 때 똑같은 미주신경의 다른 가지를 사용하여 타고난 '맞섬 또는 도피(fight or flight)' 반응을 보이게 되는데, 이때 우리는 화가 나고, 논쟁하며, 거짓말을 하고, 부정하게 된다. 우리가 위협을 받게 되면 안전함을 찾게 되고, 심지어 안전한 관계를 다시 만들어 내고 싶어 한다. 우리가 극적이고 외상적인 환경에 처하게 되면, 미주신경의 가장 원시적인 가지를 사용해서 얼어붙거나 기절하는 우리의 신경학적 능력을 불러오게 된다. 이것은 압도적이거나 견딜 수 없는 상황에서 심리적으로 해리를 시키고, 신체적으로는 머무르고 있지만 감정적으로는 '떠나는' 타고난 능력이다(Geller & Porges, 2014; Porges, 2017).

포지스의 연구는 이 세 가지의 선택 사항이 미주신경을 통해 우리의 신경계에 저장되어 있다는 것을 증명하였다. 그중 사회적 참여에는 우리가 태어날 때부터 사람의 얼굴을 바라보는 것을 선호하는 것, 눈 맞춤을 할 수 있는 우리의 능력, 인간 목소리의 높고 낮음을 구별할 수 있도록 되어 있는 것이 포함된다. 맞섬 또는 도피 반응(fight or flight response)은 교감신경계를 활성화시켜 신체적으로 또는 심리적으로 두려움에 의해 유발된 동작을 하는 것이 포함된다. 얼어붙거나 기절하는 반응(freeze or faint response)은 부교감신경계를 통해 여전히 생존해 있으면서 신체 기능을 중단시키는 생리적 능력을 유발한다. 포지스는 이러한 것들이 우리의 심리적 방어들에 대한 근거를 제공해 주는 생물학적 체계라고 밝혔다(Porges, 2015, 2017).

나는 환자와 있을 때 이러한 신경학적 기능들이 도움이 된다는 것을 발견하며, 특히 해리에 대한 신경학적 이해에 관해서 감사하고 있다. 나는 이제 해리가 항상 공포와 외상, 흔히 관계외상이 있었음을 알려 주는 것이라고 이해하고 있다. 얼어붙거나 기절하는 반응은 완전히 자발적이지 않은 것이다. 이런 측면에서 볼 때 부교감신경계에 의해 통제되는 활동 중지는 직접적으로 중재하기 매우 어려운 것이다. 해리가 보호하고 있는 공포를 표현할 수 있는 단어들을 찾기 위해서 신체 속에 들어가 있는 느낌들을 추적하는 것은 매우 천천히 진행되어야 하는 과정이다.

루스는 해리되는 측면들 때문에 힘들어하고 있었다. 그녀는 세 살이 될 때까지 엄마와 함께 지냈다. 그녀의 아버지는 베트남전쟁에서 돌아왔을 때 자신의 딸이 있다는 것을 행복해하지 않았다. 그는 전쟁의 외상으로 인해 공개적이고 지속적으로 수치스러워하였고 루스를 언어적으로 학대하였다. 루스의 어머니는 그녀를 보호해 줄 수가 없었다. 내가 루스를 만났을 때 그녀는 두 번의 학대적 결혼 생활을 경험했고, 현재는 이혼하여 아이들을 혼자 키우고 있었다. 그녀는 함께 있을 때 말을 잘 하지 않았는데, 항상 의자 끝에 앉아 허공을 주시하였다. 때때로 그녀는 몸을 떨기도 하였다. 내 경험에 의하면, 그녀는 지금 현재 진료실에서 어떤 일이 일어나고 있는 것처럼 그 사건을 바라보고 듣고 느끼고 있었다. 그녀가 자신의 신체 감각의 위치를 알아내고 그녀가 경험했던 장면들을 설명할 수 있을 정도로 충분한 안전함이 생기는 데는 많은 시간이 걸렸다. 그녀가 과거의 일들에 대해 설명하기에는 더 많은 시간이 걸렸다. 그녀는 변화된 상태, 해리된 상태로 오랫동안 사라질 수 있었다. 내가 "지금 무엇을 보거나 듣고 있나요?"라고 물으면 그녀는 매우 놀라곤 했다. 그 이후에 그녀가 어린 시절, 결혼 생활, 이전의 치료에 대한 기억들을 표현할 수 있기 전까지 기다려야 했다. 루스는 천천히 자신을 추스르고 과거의 공포를 공유하였으며 자신이 잃어버렸던 아동기와 성인으로서 겪었던 고통들을 애도할 수 있었다.

우리는 정신분석의 애착 모델을 따라오다가 21세기의 신경과학과 현재는 대인관계 신경생물학이라고 불리는 지점에까지 도달하였다. 우리가 이러한 생각들을 통합한다면 우리의 모든 이론과 실제는 변하게 된다. 무의식은 실제로 존재하며 우리가 스스로를 성찰하기 이전에 나타나는 것이다. 즉, 무의식은 언어와 기억이 사용가능해지기 전인 생의 첫해에 발생하는 것이다. 감정이 일차적인 것으로 돌보는 사람에 의해 처음에 조절되어야 한다. 우리 각자는 아기와 양육자 사이의 거의 비언어적인 상호작용을 통해서 자기감—위니컷의 용어에 따르면 계속 진행하는 존재라는 감각, 그리고 스턴의 용어에 따르면 자기지속성—을 형성하게 된다. 우리의 자기감은 대인관계 속에서 형성되기 때문에 이 부분이 치료의 영역이 된다. 관계외상은 불안전한 애착을 유발하며 다른 사람에 의해 조율 및 돌봄을 받는 관계를 통해 애착 유형을 변화시킬 수 있다.

8장의 주요 개념

낯선 상황strange situation 애착 유형을 결정하기 위해 에인즈워스에 의해 고안된 실험

내적 작동 모델internal working model 아기가 자신과 양육자 사이의 관계를 무의식적으로 이해하는 것에 대한 볼비의 용어

마음이론theory of mind 나는 생각과 감정을 가지고 있고 당신도 생각과 감정을 가지고 있으며, 내가 당신 주변에 있을 때 나는 당신의 상태에 대해 어떤 생각을 가지게 된다는 것을 아는 타고난 능력. 처음에는 철학적인 용어였다가 지금은 발달심리학에서 연구되는 개념이 되었다.

마음챙김mindfulness 불안, 스트레스 감소, 인식의 증가를 위해 정신치료에 적용된 수정된 영적 수행으로 시걸이 치료에 사용한 핵심적인 기법이다.

무시형 애착dismissive attachment 감정적인 거리를 유지하는 성인에서의 회피

형 애착

버림받음불안 또는 분리불안abandonment or separation anxiety 엄마와 너무 오래 분리되게 될 때 경험하게 되는 강렬한 공황으로 지금은 성인에서의 많은 심리적 고통의 원인으로 간주되고 있다.

분리불안separation anxiety 안전기지와 안전함에서 떠나게 됨으로써 발생하는 불안으로 모든 불안의 기초가 된다.

불안전한 애착insecure attachment 양육자가 아기의 욕구를 충분히 만족시켜 주지 못할 때 만들어지는 역동으로 아기는 내적인 안전함을 형성하지 못한다.

붕괴형/조절장애형 애착disorganized/dysregulated attachment 양육자가 아기에게 안전함을 제공하기보다 두려움을 자극할 때, 아기가 다른 사람이나 자기 내부에서 안전함을 발견할 수가 없어 두려운 상태에서 살게 되는 애착

사회참여체계social engagement system 인간은 다른 사람의 얼굴을 보는 것, 눈맞춤을 하는 것, 인간의 목소리를 듣는 것, 의사소통을 위해 몸동작을 하는 것을 선호한다는 포지스의 용어

성인애착검사Adult Attachment Inventory 성인의 애착 유형을 결정하기 위해 메인에 의해 개발된 구조화된 면담. 시걸에 의해 정신치료와 마음챙김을 통합하는 작업에 광범위하게 사용되었다.

안전기지secure base 외부의 양육자가 영아에게 안전함 및 발달할 수 있는 능력을 만들어 준다는 애착이론의 내용으로, 시간이 지나면서 이러한 안전함은 내재화되어 내적인 안전기지가 된다.

안전한 애착secure attachment 양육자가 신뢰할 수 있고 의존할 수 있는 사람이라는 것을 아는 것으로 내적인 안전함을 유발한다.

애착 상실detachment 부적절한 분리의 고통을 다루기 위해 방어나 '가짜자기'를 만들어 내는 것으로 분리 과정의 마지막 단계이다.

양가감정형 애착ambivalent attachment 다른 사람에게 매달리고 거절하는 양상을 포함하는 불안전한 애착 유형

우뇌에서 우뇌로right brain to right brain 아기와 성인 모두에서 감정적인 연결

과 의사소통은 뇌의 오른쪽 부분을 통해서 비언어적 · 무의식적으로 발생한다고 쇼어가 이해한 부분. 우뇌는 효과적인 정신치료의 위치가 된다.

절망despair 심각한 애도, 희망이 없음과 도움을 받을 수 없다는 감정 상태. 만약 아기가 양육자로부터의 분리가 오래 지속되면, 영아는 포기를 하고 어두운 기분 상태로 자기 자신에게 물러선다.

정신이해에 기초를 둔 치료mentalization-based treatment 붕괴형 애착 때문에 힘들어하는 사람들이 자신의 감정과 생각을 조절하도록 돕는 포나기의 치료법

집착형 애착preoccupied attachment 성인에 있어서의 양가감정형 애착

표시하기marking 포나기가 처음 설명한 것으로, 아기가 자신의 감정 상태와 양육자의 감정 상태 사이를 구별하는 것을 돕기 위해 양육자가 만들어 내는 얼굴 표정

항의protest 애착과 분리 고리의 필수적인 부분

회피형 애착avoidant attachment 중요한 다른 사람과 큰 감정적 거리감을 유지하는 양상을 포함하는 불안전한 애착 유형

획득한 안전earned secure 일부 성인은 긍정적인 삶의 경험을 통해 불안전한 애착 유형에서 보다 안전한 애착 유형으로 변화한다는 메인의 관찰

참고문헌

Ainsworth, M. D. S. (1967) *Infancy in Uganda: Infant Care and the Growth of Love*. Baltimore, MD: Johns Hopkins University Press.

Ainsworth, M., Blehar, M. C., Waters, E., & Wall, S. (Eds.) (1978) *Patterns of Attachment*. Hillsdale, NJ: Lawrence Erlbaum.

Bowlby, J. (1944) Forty four juvenile thieves: Their characters and home lives. *International Journal of Psycho-Analysis*, 25: 19-52.

Bowlby, J. (1951) *Maternal Care and Mental Health*. World Health

Organization Monograph (Serial No. 2).

Bowlby, J. (1969) *Attachment*. London: Pelican.

Bowlby, J. (1980) *Attachment and Loss*, vol 3: *Loss: Sadness and Depression*. London: Hogarth Press.

Bowlby, J. (1980) *A Secure Base*. New York: Basic Books.

Bretherton, I. (1995) The origins of attachment theory: John Bowlby and Mary Ainsworth. In Goldberg, S., Muir, R., & Kerr, J. (Eds.) *Attachment Theory: Social, Developmental, and Clinical Perspectives*. Hillsdale, NJ: Analytic Press.

Bromberg, P. M. (2011) *The Shadow of the Tsunami*. New York: Routledge.

Ekman, P. (2003) *Emotions Revealed*. New York: Henry Holt.

Fonagy, P. (2001) *Attachment Theory and Psychoanalysis*. New York: Other Press.

Fonagy, P., Steele, H., & Steele, M. (1991) Maternal representations of attachment during pregnancy predict the organization of infant-mother attachment at one year of age. *Child Development*, 62: 891-905.

Fonagy, P., Gergely, G., Jurist, E., & Target, M. (2004) *Affect Regulation, Mentalization and the Development of the Self*. New York: Other Press.

Geller, S. M., & Porges, S. W. (2014) Therapeutic presence: Neurophysiological mechanisms mediating feeling safe in therapeutic relationships. *Journal of Psychotherapy Integration*, 24(3): 178-192.

Gerhardt, S. (2004) *Why Love Matters*. New York: Brunner-Routledge.

Goleman, D., & Davidson, R. J. (2017) *Altered Traits: Science Reveals How Meditation Changes Your Mind, Brain, and Body*. New York: Avery, Random House.

Holmes, J. (1995) 'Something there is that doesn't love a wall': John

Bowlby, attachment theory and psychoanalysis. In Goldberg, S., Muir, R., & Kerr, J. (Eds.) *Attachment Theory: Social, Developmental, and Clinical Perspectives*. Hillsdale, NJ: Analytic Press.

Karen, R. (1994) *Becoming Attached*. New York: Warner.

Lewis, T., Amini, F., & Lannon, R. (2004) *A General Theory of Love*. New York: Random House.

Main, M. (1995) Recent studies in attachment: Overview, with selected implications for clinical work. In Goldberg, S., Muir, R., & Kerr, J. (Eds.) *Attachment Theory: Social, Developmental, and Clinical Perspectives*. Hillsdale, NJ: Analytic Press.

Main, M. (2000) The Adult Attachment Interview: Fear, attention, safety and discourse process. *Journal of the American Psychoanalytic Association*, 48: 1055–1096.

Porges, S. W. (2004) Neuroception. *Zero to Three*, 24(5): 19–24.

Porges, S. W. (2015) Making the world safe for our children: Down-regulating defense and up-regulating social engagement to 'optimise' the human experience. *Children Australia*, 40(2): 114–123.

Porges, S. W. (2017) *The Pocket Guide to the Polyvagal Theory*. New York: Norton.

Porges, S. W., & Dana, D. (2018) *Clinical Applications of the Polyvagal Theory*. New York: Norton.

Roisman, G. I., Padron, E., Sroufe, L. A., & Egeland, B. (2002) Earned-secure attachment status in retrospect and prospect. *Child Development*, 73(4): 1204–1219.

Schore, A. N. (2012) *The Science of the Art of Psychotherapy*. New York: Norton.

Siegel, D. J. (2008) *The Neurobiology of 'We'* (audiobook). Boulder, CO: Sounds True.

Siegel, D. J. (2010) *The Mindful Therapist*. New York: Norton.

Siegel, D. J., & Hartzell, M. (2003) *Parenting from the Inside Out*. New York: Tarcher.

Stern, D. N. (1985) *The Interpersonal World of the Infant*. New York: Basic Books.

Winnicott, D. W. (1946) Some psychological aspects of juvenile delinquency. In Winnicott, D. W. *The Child and the Outside World*. London: Tavistock, 1957.

9 Emergent Complexity

모습을 드러낸 복합성

프로이트에서 신경과학까지

프로이트가 서양 문화와 감성에 미친 영향은 의심할 여지가 없다. 블룸(Bloom)이 언급했듯이, 우리는 선망(envy)에서 여성물건애(fetishism)까지, 애도에서 가학증까지, 사랑에서 유머까지 우리를 힘들게 하는 어떠한 것에서도 프로이트를 발견할 수 있으며, 우리는 이러한 프로이트의 탐색으로부터 뭔가를 배울 수 있을 것이다. 그는 우리가 어떻게 역사와 심리학을 바라보고 문학을 비평할 것인지에 영향을 미쳤다. 많은 양의 그의 저서, 비유 그리고 인간이 되는 것이 무엇을 의미하는지에 대한 그의 통찰은 계속적으로 우리를 깨우쳐 주고 정보를 제공해 주고 있다(Bloom, 1986).

따라서 유럽 역사의 상징으로서 프로이트의 위치는 견고하다. 그러나 정신분석의 이론과 기법에 있어서 그의 위치는 훨씬 덜 명확해졌으며 훨씬 더 위험에 처해 있다. 첫째, 그의 이론은 몇몇 다른 방향으로 발전하였다. 이러한 이론들은 우리 인간의 마음과 감정을 더 깊이 이해할 수 있게 해 주었으며 또한 정반대되는 모델도 제시하였다. 둘째, 의뢰인을 일주일에 다섯 번 만나고 전이를 통해 훈습하는 그의 방식은 이제 수련 목적을 제외하고는 거의 사라졌다. 연구들은 수련을 마친 분석가들이 자신들의 환자를 일주일에 한 번 이상 보는 경우는 20% 이하이며, 그중 많은 분석가가 일주일에 한 번 이상 환자를 봤던 것은 수련을 받을 때였다는 사실을 밝혀 주었다(Aron & Starr, 2013). 요약하자면, 최소한 미국에서의 정신분석은 직접적인 치료방법으로 흔히 사용되기보다 인간의 마음에 대한 복합적이고, 유용하며, 상세한, 지적인 이해의 한 방법이라고 간주되고 있다. 다양한 저자와 전통으로부터 유래된 통찰의 측면들을 사용하는 것은 각 임상가의 몫이다. 나는 정신치료가 직접적인 치료방법이라고 보고 있으며, 정신분석적 생각은 지적인 기초를 제공해 준다고 생각한다.

나는 호기심에서뿐만 아니라 실용적인 이유에서 다음과 같은 생각에 관심이 있다. '내가 선택하고 실제로 하고 있는 이 정신치료 방법이 내 인생에도 도움이 될까?' 미국심리학회(American Psychological Association)에서는 현재 200개 이상의 치료 모델이 있지만 단지 몇 개의 치료 모델만이 특정한 문제에 실증적으로 가치가 있는 모델이라고 주장하고 있다. 앞에서도 내가 몇 번 언급했지만, 컨버그(2015)를 제외하고 정신분석과 정신역동적 정신치료는 실증적으로 가치가 있다는 것을 증명할 수 있는 연구를 시행하지 않았다.

대규모 연구에서는 모든 효과적인 치료가 다음과 같은 네 가지 공통적인 요소를 가지고 있다고 제안하였다. 첫째, 의뢰인이 어떤 장점과 지지를 해 주는 체계를 이미 가지고 있는지의 여부이다. 둘째, 치료자와 의뢰인에 의해 함께 만들어지는 관계의 질이다. 셋째, 치료자와 의뢰인 사이에 생길 수 있는 희망 또는 예상이다. 넷째, 치료 모델 및 그에 연관된 기법이다(Hubble et al., 1999). 이 책은 이러한 공통적인 요소들 중 마지막 세 가지—치료 모델과 기법, 관계, 낙관주의, 돌봄, 희망과 관련된 생각—에 초점을 맞추었다. 각각의 의뢰인은 자신의 독특한 성향을 가지고 치료에 참여하며 이러한 성향 역시 밝혀지고 활기를 띨 수 있게 되어야 한다.

정신치료는 수백 가지의 형태가 있으며, 정신분석은 이러한 치료방법들 중 단지 작은 부분만을 차지한다. 모든 현대적 치료는 도움이 됨과 동시에 과학적으로 효과가 있다는 것을 스스로 밝힐 수 있어야 한다. 분석은 그 사람이 살 만한 가치가 있다는 검증된 삶을 나타내 준다. 고전적 및 현대적 정신분석은 증가된 자기인식이 증상의 중단과 보다 높은 삶의 질을 이끈다고 믿고 있다. 분석이나 장기간의 정신치료를 받아 본 사람은 누구나 이러한 치료가 삶을 변화시켰음을 발견한다. 그러나 그것이 증명되었는가? 정신분석은 시간이 많이 걸리고 치료비도 비싸며, 원칙적으로 그 효과를 스스로 증명하지 않았다. 정신분석은 엘리트주의와 고립된 상태를 유지하고 있으며, 전형적으로 그 자체의 연구소는 대학 및 여러 학문 분야와의 상호작용과는 멀리 떨어져서 형성되어 있다.

미국에서의 정신역동적 정신치료는 전형적으로 일주일에 한 번 면대면으로 시행되고 있다. 과학은 인간이 다른 사람의 얼굴 표정에 반응하여 행동과 표현을 한다는 것을 증명하였다(Ekman, 2003). 우리 모두는 우리 자신의 자기감을 형성하기 위해 그리고 안전함이나 위험함을 인지하기 위해 계속적이고 무의식적으로 다른 사람들의 얼굴 표정을 읽는다(Porges, 2004). 우리는 특히 치료적 상황에서 우리의 취약성을 다른 사람에게 노출시키는 것의 위험성을 평가하기를 원한다. 우리가 베개가 딸린 침상에 누워 있으면 다른 외부적인 요소들에 주의를 기울이지 않고 우리의 내적인 자기를 더 잘 관찰할 수 있다. 이러한 자세는 공상을 촉진하고 자신을 발견하는 더 깊은 내면으로 들어갈 수 있도록 해 준다. 이러한 이유로, 치료자는 의뢰인을 볼 수 있지만 의뢰인은 치료자의 얼굴을 바라보지 못하게 의자를 배치하는 분석가들이 있다. 이러한 위치는 특히 지나치게 순응적이고 다른 사람을 해치는 두려움을 넘어서는 행동은 하지 않으려고 하거나 하지 않는—브랜드섀프트의 병적 적응—환자들에게 매우 유용하다(Brandchaft et al., 2010).

내 생각에 오늘날의 정신분석은 한 사람 심리학인지와 두 사람 심리학인지로 거의 명확하게 나누어진다. 영국의 세 가지 분파는 한 사람 심리학의 경향이 많으며 욕동, 내적 세계, 마음의 발달 그리고 우리 마음속에 있는 문제들과 연관된 이론들을 계속 발달시키고 있다. 이러한 유형이 미국에서도 존재하지만, 미국에서는 또 다른 세 가지의 분파—서로 영향 주고받기, 대인관계, 애착에 바탕을 둔—의 기관과 협회들이 더 많이 존재하고 있다. 이들 모두는 두 사람 심리학에 속하며 분석가와 환자 사이의 영역뿐만 아니라 환자의 내적 세계에도 깊은 관심을 두고 있다.

현대의 정신건강의학과는 매우 다르다. 그것은 철저하게 생물학에 기반을 두고 있기 때문에 정동조절장애(우울장애와 불안장애)와 정신병적 장애들(조현병과 양극성장애)을 약물치료로 가장 잘 치료할 수 있는 화학적 문제로 이해하고 있다. 이러한 형태의 장애들을 돕는 데 필요한 약물에 대한 수많은 연구가 그것의 효과를 증명하고 있다. 약물치료가 도움이 되고 어떤 경우에는 절대적인 효과가 있다는 것은 의심의 여지가 없다. 그러나 대부분의 경우에 있어서 현실은 조금 더 복잡하다. 약물치료는 외로움을 돕거나 가치나 희망을 만들어 낼 수 없다. 그러나 약물치료는 가치, 희망, 사회적 연결을 더 가능한 것으로 만드는 데 도움을 줄 수는 있다.

오늘날 고전적 정신분석과 근거에 기반을 둔 연구를 함께 통합하려는 시도를 마크 솜스(Mark Solms)와 캐런 캐플런-솜스(Karen Kaplan-Solms)가 하고 있다. 이들은 프로이트식 정신분석과 신경과학에 관한 많은 지식을 가지고 있다. 이들은 독자적으로 또는 함께 두 영역을 살펴보는 연속된 책들을 출간하였는데, 여기서 이들은 이 둘의 공통점은 무엇인지, 상호 보완되는 부분은 무엇인지, 뇌-마음의 관계를 어떻게 볼 것인지에 대해 설명하고 있다. 이들은 신경학의 고전적인 기법을 사용하여 뇌 손상이 있는 환자들에 대한 신경영상과 정신분석을 통해 연구를 시행하고 있다. 이들은 환상과 꿈이 드러나는 마음의 현상을 관찰 가능한 결손들을 통해 추론하고 있다. 자신들의 증례들을 통해 이들은 마음에 대한 객관적이면서 주관적인 접근법의 타당성을 설명하고 있다.

과학자로서 이들은 뇌가 우리의 생존에 중요하며, 우리의 욕구와 외부 세계의 위험 및 즐거움 사이를 중재한다고 기술하고 있다. 우리의 뇌에 설치되어 있는 것은 감정명령체계(emotion command system)인데(Panksepp & Biven, 2012), 이것은 우리가 중요한 사건에 대해 자동적으로 반응하게 해 준다. 솜스는 판크세프(Panksepp)의 기본체계가 우리의 뇌와 마음을 이해하는 데 핵심적인 부분이라고 반복해서 이야기하였다. 그는 또한 이러한 기본체계들(basic systems)과 내분비계(endocrine systems) 및 생식계(reproductive systems)가 더해진 것이 프로이트의 원본능(id)과 유사하다고 말하였다. 즉, 이들이 신체적인 동기 체계로서 무의식적으로 우리를 움직이게 한다(Solms & Turnbull, 2002).

솜스와 캐플런-솜스는 자아(ego)가 외부 세계의 정보를 척수(spinal cord)를 통해 뇌로 전달하는 신체의 주변에 있는 감각 말단 기관에서 시작된다고 보았다. 이러한 연결들이 서서히 형성되어 기억이 충동, 주의, 생각, 판단을 다룰 수 있도록 해 준다. 이들에게 있어서 프로이트의 자아는 우리의 이마앞겉질(prefrontal cortex)에 해당한다(시걸은 자신의 모든 연구를 통해 이를 강력하게 주장했다). 이들의 신경생물학적 관점에서 볼 때, 모든 형태의 정신치료가 하는 일은 우리 뇌의 이 부분을 강화시키고, 감정명령체계의 무의식적 욕동에 대해 지배권을 부여해 주는 것이다. 이들은 우리가 아직 이러한 부분들이 어떻게 작동하는지 정확하게 알지는 못한다는 점을 인정하면서, 치료적인 효과를 위해서는 언어와 내재화가 필요한데 내재화가 치료적 관계의 안전함에 의해 인위적으로 다시 시작된다고 생각하였다(Solms & Turnbull, 2002).

초자아(superego)는 자아 체계의 한 부분으로 생각되지만 그 위치를 정확하게 지적하기가 힘들다(Kaplan-Solms & Solms, 2000). 따라서 이들은 프로이트의 구조적 모델을 해부학적으로 설명하였다. 이들은 자신들의 이러한 추정에 대해 정신분석 학회에서 겸손하게 발표했는데, 이것은 신경영상과 정신분석을 통합시키는 흥분되는 시작이었다.

내가 앞에서도 언급했듯이, 솜스와 캐플런-솜스는 뇌와 뇌의 기능, 기억, 인지 등을 연구하는 신경과학적인 객관적 지식과 분석에 따른 주관적인 경험으로 연구되는 마음이 조화될 필요가 있다고 주장하였다. 이들은 똑같은 정신적 기관들을 살펴보는 두 가지 렌

즈이다.

자크 판크세프(Jaak Panksepp, 1942~2017)

에스토니아에서 태어난 미국 신경과학자이자 심리학자인 자크 판크세프는 유용하고도 복합적인 정동욕동들(affective drives)—추구하기(seeking), 두려움(fear), 성욕(lust), 분노(rage), 돌봄(care), 공황/애도(panic/grief), 놀이(play)—에 대해 발표하였다. 그는 동물 연구를 통해 이들의 신경경로를 도표로 정리하고 정의 내렸으며, 이러한 연구가 의학적인 해결책과 정신치료적 중재 모두를 위해 인간에 대한 적절한 연구에도 적용될 필요가 있다고 믿었다.

현대의 과학적인 분위기에서는 주관적인 내용들을 무시하기가 쉽다. 그러나 이는 어떤 분석가나 치료자에게도 불가능하다. 감정, 기억, 상상은 보이지 않고 객관적인 연구에 가능하지 않지만 이들은 실제적인 것들이다. 이들은 강력하며, 우리가 하는 모든 선택과 행동에 영향을 미치고, 우리가 실제라는 느낌을 가지게 해 준다. 다시 한번, 비록 연구를 하거나 일반화시키기는 어렵지만 프로이트가 뭔가 중요한 것을 이해하고 있었다는 생각이 든다. 현재 신경과학과 정신분석은 다소 서로에게 적대적이며, 솜스와 캐플런-솜스는 이러한 장벽을 수리하는 데 필요한 대화를 유발하려고 많은 노력을 하였다. 다른 사람들과 함께 이들은 신경정신분석(neuropsychoanalysis)이라는 새로운 지식 분야를 만들었으며, 이제 학회지도 발간하고 매년 모임도 가지고 있다.

비록 나는 뇌해부학에 대한 많은 지식을 가지고 있지 않기 때문에 약간의 어려움이 있기는 하지만 이들의 활동이 매우 매력적이라는 것을 발견하였다. 그러나 다른 대부분의 임상가처럼, 나는 브로카 영역(Broca's area)이 언어를 담당하는 여러 영역 중 중요한 영역임을 이해하고 있다. 캐플런-솜스는 브로카 언어상실증(Broca's aphasia)의 한 증례를 보고하였는데, 뇌졸중(stroke)으로 인해 거의 말을 하지 못했던 한 젊은 남성이 일주일에 두 번 하는 정신분석적 정신치료를 통해 이러한 상실, 자신의 장애에 대한 애도를 할 수 있었다고 보고하였다. 그녀가 내린 결론들 중의 하나는 이 영역이 언어에는 중요하지만 그녀와 치료를 하는 동안 온전했던 그의 전반적인 자아 기능에는 그렇게 중요하지는 않았다는 것이었다. 그녀는 또 다른 증례들을 발표했는데, 뇌의 다른 부분에 손상을 입었던 환자가 언어 기능은 온전하게 남아 있었지만 정신분석은 가능하지 않았다고 보고하였다(Kaplan-Solms & Solms, 2000).

이들은 감정과 생각에 대한 앨런 쇼어의 자세한 이해와 의견을 같이하였다. 그러나 프로이트에 대한 이들의 지식은 자신들의 모든 발견을 프로이트가 한 관찰과 직접적으로 연결시켰다. 이들은 애착이론 또는 보다 현대적인 두 사람 심리학에는 덜 관심이 있었다.

정신분석에 영향을 미친 또 다른 연구는 프로이트의 원본능에 해당할 수도 있는 다양한 호르몬계(hormonal systems)에 대한 것이다. 나는 옥시토신(oxytocin)과 연관된 연구에 가장 많은 관심을 가져왔는데, 이것은 포지스가 언급했듯이 결합 호르몬 또는 친사회적 호르몬이라는 것이 증명되었다. 우리는 미국 생물학자이자 행동 신경생물학자인 수 카터(Sue Carter)와 같은 동물 연구자들을 통해 애착의 신경생물학 지도를 가지고 있다. 그녀와 다른 사람들은 동물 연구를 통해 옥시토신이 엄마와 아기가 결합할 수 있게 만들어 준다고 제안하였으며, 우리는 사람을 대상으로 한 연구를 통해서 옥시토신이 신뢰와 애착을 촉진시킨다는 것을 알고 있다. 우리는 아기가 잘 돌봐졌을 때 '돌봄체계(care system)'가 작동한다는 것을 알고 있다. 아기가 잘 돌봐지지 않으면 '공황/애도체계(panic/grief system)'가 활성화된다(Panksepp & Biven, 2012). 우리는 이러한 신경계를 돌아다니고 있는 많은 화학물질을 알고 있으며 이러한 화학물질이 연민과 같은 뚜렷한 인간적 사회적 감정을 일반화시킨다는 것도 알고 있다(Carter et al., 2017).

정신분석과 정신역동적 정신치료 모두는 우리가 화학적인 것 이상의 존재라고 주장하지만, 이들이 가치 있는 것으로 남아 있기 위해서는 신경과학적 지식들이 주는 내용들을 받아들이는 것을 고려해야만 한다. 예를 들면, 뇌에서 돌봄체계와 공황/애도체계(Panksepp & Biven, 2012)는 우리 임상가들이 애착이라고 부르는 것의 신경생물학적 기본체계를 구성하고 있다. 우리는 이러한 정보를 어떻게 사용할 수 있으며, 발달외상이라고 알려진 것과 어떻게 이러한 정보를 통합시킬 수 있을까?

신경영상 기법들, 동물 연구, 애착이론, 정신역동적 정신치료를 가장 열정적으로 결합시킨 사람은 앨런 쇼어이다. 그의 첫 번째 전제는 신체에 기반을 둔 감정에 영향을 주지 않고 정신치료적으로 생각을 변화시키는 것은 매우 제한적이라는 것이었다. 그는 자신의 치료법을 정동조절치료 또는 ART(Affect Regulation Therapy)라고 불렀는데, 이것은 브롬버그 같은 분석가와 견해를 같이한 것이었다(7장). 그는 영아기와 아동기의 관계외상은 뇌의 발달을 나중에 병리가 발생하는 쪽으로 또는 병리에 대한 회복과 반대되는 방향으로 변화시킨다는 점을 명확히 밝혔다. 그는 정신치료가 뇌뿐만 아니라 마음도 변화시킨다고 주장하였다. 영상 기법을 사용한 몇몇 연구는 많은 형태의 정신치료가 뇌에 물리적인 변화를 유발한다는 것을 보여 주었다(Beauregard, 2014). 쇼어는 정신역동적 정신치료에 매우 열성적이었는데, 이 정신치료가 깊이 있고 지속적인 성장을 가능하게 해 주는 것은 '무의식'에 영향을 주는 것—그에게 있어서 우뇌—을 통해서만 가능하다는 그의 믿음과 일치했기 때문이었다.

조금은 다르지만 흥미롭고 중요한 시각으로, 우리는 오랜 기간 명상을 한 사람들에게서 나타난 뇌의 변화에 대한 데이비드슨(Davidson et al., 2003)의 연구 결과를 알고 있는데, 이러한 결과는 마음챙김과 대니얼 시걸의 연구를 뒷받침해 주었다.

두 사람 사이의 중요한 공간에 대해 연구한 다른 신경과학자로는 포지스와 그의 여러미주신경이론(polyvagal theory)이 있는데, 이것은 코헛과 설리번의 이론을 확인시켜 주었다. 포지스는 특히 안전함—처음에는 생리적 안전, 그 이후에는 심리적 안전—에 관심이 있었다. 그는 우리의 신경계는 사람들 사이의 상호작용을 예상하도록 고안되어 있으며 정신신체 증상들과 인격장애들은 이러한 상호작용을 하지 못한 결과로 나타난다는 가설을 세웠다. 게다가 그는 사람이 아기에 대한 엄마의 조절을 시작으로 해서 서로 함께 조절을 하도록 고안되어 있다고 기술하였다. '얼어붙는 반응이 얼마나 힘든 상황인지를 이해하기 위해 우리는 포지스(Porges & Dana, 2018)의 여러미주신경이론을 어떻게 사용할 수 있을까? 우리는 그 문제를 해결하는 방법을 배울 수 있을까? 우리는 우울과 불안에 대해서도 똑같은 질문을 할 수 있을까? 이러한 증상을 만드는 데 어떤 신경계와 신경화학물들이 관여되어 있는 것일까?' 우리는 아직 잘 모르고 있지만 알 필요가 있다.

나에게 있어서 정신분석의 전통은 여전히 주관적인 자기감, 마음 그리고 정신세계—우리의 열정, 욕구, 어두운 면, 자해적인 습관뿐만 아니라 연결, 전체성, 창의성에 대한 우리의 바람—에 대한 우리의 깊이 있는 이해를 대표적으로 나타내 주고 있는 것이다. 이러한 것들은 결코 생물학이나 진화에 근거한 것으로 국한될 수 없으며, 동시에 이러한 기초들은 치료적 치유라는 이름으로 이해되고 이용되어야 한다. 나는 분석이 계속 진화해 나가야 한다고 믿는 동시에 그렇게 되기를 희망하는데, 이는 새롭게 나타나는 지식들을 받아들이고 가치가 없는 것은 버리는 과정을 통해서 가능할 것이다. 현재 내가 언급한 신경과학자들이 정신분석 학회에서 자주 발표를 하고 있는데, 나는 이것이 매우 희망적인 징후라고 생각하며 이러한 영역의 발전은 프로이트가 우리에게 처음으로 열어 주었던 보이지 않는 세계를 치료하는 우리의 능력을 더 확장시켜 줄 것이다.

나는 인간을 연구해 온 이러한 과정에 대해 마음 깊이 존경하고 있다. 우리 모두는 마음속에 고통, 죄책감, 수치심, 불안, 우울의 공간을 가지고 있다. 치료자들은 다른 사람의 내적 세계를 탐색하기 위해 반드시 겸손함과 호기심을 발달시켜야 한다. 이것은 두 사람 모두에게 용기와 진정성이 필요한 하나의 투쟁이다. 나는 프로이트가 150년 전에 시작한 과정—현대적 영상 장비나 신경과학적 지식 없이—이 우리를 여기까지 오게 한 것에 대해 매우 놀란다. 많은 헌신적인 사람이 우리 자신을 이해하고 다른 사람들의 고통을 해소시키기 위해 이러한 평범하지 않은 작업들을 계속해서 해오고 있다. 정신분석은 계속적인 발전을 통해 이 세상에 긍정적인 가능성을 제공해 주었다. 우리의 이해가 발전해 감에 따라 우리 자신과 다른 사람에 대한 열정을 유발하였고, 우리의 인간중심적인 노력을 증진시켰다.

정신분석의 기법과 과학은 인간의 자기감이나 정신세계가 우리들 내부에 있는 어떤 고정된 것이라기보다는 매우 복합적이고 갈등을 가지고 있으며 항상 변화하는 과정이라는 것을 인식하고 있다. 이것은 알 수 없는 부분과 복제할 수 없는 부분을 포함하고 있다. 주관성에 대한 연구는 자기가 영원히 조직화되고 계속 나타나는 것임을 확인시켜 주었다. 따라서 감정과 행동을 예측할 수 있는 것은 아주 짧은 순간에만 가능하다. 주관적인 자기가 직선적이지 않고 역동적이기 때문에 새로 나타나는 성향들은 주관적인 경험을 재빨리 변화시킨다. 우리는 인생이 설명하기 힘들고 예측할 수 없는 것임을 우리에게 계속 상기시켜 주는 과학자들과 마찬가지로 시인들에게도 많은 빚을 지고 있다. 치료자로서 우리는 우리의 생각을 가볍게 유지하고 우리 바로 앞에 있는 현재에 집중해야 한다.

초기의 정신분석은 정신세계의 직선적인 모델에 기초를 두고 있었다. 초기의 시각은 일단 내면에 있는 고통스러운 죄책감을 유발하는 원인을 발견하고 직면하면 변화가 발생한다는 것이었다. 이러한 방식으로 프로이트와 그의 초기 동료들은 매우 낙관적이었다. 그러나 슬프게도 그것은 어떤 상황에 대한 전체적인 진실이 아니었다. 인생을 거꾸로 검토해 보면, 우리는 실제로 설명이 가능한 일련의 양상을 발견할 수 있다. 뒤돌아 봤을 때, 우리는 도움이 되지 않는 반복적인 양상이나 갇히거나 고착되었던 순간을 볼 수 있으며, 이러한 것을 바탕으로 해서 우리는 이해할 수 있는 직선적인 이야기를 만들어 낼 수 있다.

그러나 우리는 앞을 내다볼 때 무슨 일이 일어날지 예측할 수 없다. 단지 준비를 하고 희망을 가질 수 있을 뿐이다. 정신분석과 정신치료는 현재의 순간에 창의적인 탐색을 할 수 있는 안전한 공간—보듬어 주는 공간, 이행공간—을 만들어 준다. 비록 우리가 자기성찰과 솔직한 공유를 격려해 줄 수 있는 환경을 만들어 주더라도, 우리는 무슨 일이 일어날지에 대해 알지 못한다. 모든 정신치료의 과정은 새로운 성장이 가능하도록 스트레스와 긴장을 담아낸다. 우리는 불확실성, 상실, 감정적 고통을 없애 줄 수는 없지만, 시걸(2010)이 혼돈과 경직성, 압도와 죽음의 양극이라고 불렀던 것 사이를 환자가 이동할 수 있는 공간을 만들어 줄 수 있다. 이러한 과정을 통해서 우리는 새롭고 건강한 균형을 발견할 수 있기를 희망한다.

현대 정신분석은 '자기'와 '자기상태'라는 용어를 '새롭게 나타난다'의 의미로 사용한다. 자기는 하나의 물건이거나 하나의 구조물이 아니다. 자기는 만들어지고 다시 만들어지며 지속적인 에너지의 흐름을 필요로 한다. 치료자로서 우리는 이렇게 진행되는 조직적이고 창조적인 과정을 촉진시키고, 생각과 정보, 연결, 다른 측면들을 제공하려고 노력한다. 우리는 자기 또는 정신세계가 항상 우리 자신의 자기, 다른 사람, 가족뿐만 아니라 문화—과거, 현재, 미래—의 다른 측면들과 관계를 맺고 있다는 점을 인정한다.

맥락이라는 개념이 매우 중요하다는 점은 이제 명확해졌는데, 특히 관계에 의해 만들어지는 전후 사정이 중요하다. 현대 정신분석가 또는 정신치료자는 안전함—그러나 치료를 위해서 너무 안전한 것은 아닌—을 만들어 냄으로써 자기실현을 가능하게 해 주려고 노력한다(Bromberg, 2011). 치료자들은 자신들의 의뢰인 또는 환자가 가장 순수하고도 진정한 자기의 바람이 무엇인지를 발견하기를 원한다. 이것은 자기가 분석가와의 관계에서 믿고 믿지 않는 방식으로 표현된다. 가치는 항상 환자와 분석가 사이에서 함께 만들어진다고 생각된다. 우리가 할 일은 우리가 아닌 다른 사람을 위해서 함께 있어 주는 것이다.

현대 정신분석의 일차적인 관심은 지금 이 순간의 느낌인 정동에 있지만, 우리는 여전히 하나의 이야기를 필요로 한다. 메리 메인의 연구는 우리에게 획득한 안전이 하나의 일관된 이야기를 통해 드러날 수 있음을 가르쳐 주었다(Main, 2000). 쇼어(2012)와 시걸(2010)은 모두 우뇌의 알려지지 않고 표현되지 않은 감정은 좌뇌에 의한 언어로 번역되어야 한다는 점을 가르쳐 주었다. 그들은 솜스 및 턴불(Turnbull)과 함께 뇌의 형성뿐만 아니라 마음의 복합성에 대해 존경하였다. 새겉질(neocortex)을 강화하고 우리 스스로를 표현할 수 있는 단어를 발견함으로써, 우리는 우리의 감정적인 자기들을 조절할 수 있는 능력을 갖게 된다. 특별한 인간의 행동을 설명하려는 시도를 통해서 우리는 하나의 이야기를 만들어 내지만, 이러한 이야기는 그냥 단순한 것일 리가 없다. '설명하다(explain)'라는 말은 '편평하게 펼치다'라는 뜻의 라틴어에서 유래되었기 때문에 '얇은(thin)' 이야기가 만들어지게 될 가능성이 높다. 우리가 분명히 하나의 이야기, 하나의 줄거리를 필요로 하는 반면, 우리가 하고 있는 이해는 풍부하고 미세한 차이를 가지고 있으며 맥락 속에서 존재하는 것이기 때문에 우리가 '이것이 사실이다'라는 단순한 생각의 렌즈를 끼지 않도록 주의할 필요가 있다.

심리적인 진리는 복합성, 시간, 맥락을 통합하는 다양한 측면을 통해서 가장 잘 밝혀질 수 있다. 우리는 어떤 일을 동시에 다양한 측면에서 성급한 결론을 내리지 않으면서 바라보는 법을 배워야 한다. 우리는 알려지지 않았고 알 수 없다는 역설을 가지고 살아가야 한다. 이것은 흥분, 가능성, 성장 그리고 심지어는 순간적인 즐거움과 놀라움의 근원이 될 수 있지만 한 개인의 고통이 새로운 느낌들을 견딜 수 있을 정도로 충분히 가라앉은 이후에만 가능하다.

내가 앞에서 설명했던 많은 학파와 이론은 현재 미국과 영국에서 다양한 형태로 존재하며 매우 다른 기관과 학파에서 가르쳐지고 있다. 이들 사이의 연결은 매우 약한 편이다. 자기심리학과 관계학파는 특히 미국 치료자들 사이에서는 많이 중복되는 편이다. 이러한 기관과 학회들 대부분은 신뢰할 만한 관계, 내적인 응집성과 조율, 관계의 단절과 회복 고리의 치유에 대한 필요성을 인정하고 있다. 이러한 통합은 마음과 인간적 관계 내에서의 복합성을 받아들이고 있다. 나는 대부분의 다양한 현대 학파가 '최근의 경험(experience-near)' '정동이 고조된 순간(heightened affective moments)'(Beebe & Lachmann, 2002)과 '지금 이 순간(now moment)'(Stern, 2004)을 가장 치료적인 잠재력을 가진 요소로 간주하고 있음을 발견하였다. 이들은 동시에 다양한 시각과 정신이 불안정해지는 반복적인 시기들이 필요하다는 것을 인정하고 있다. 전체성이 가진 착각적 양상을 인정하면서도 전체성에 다가가고 있는 장면은 현대적 정신분석이 가지고 있는 자세를 잘 설명해 준다. 거의 대부분의 가장 고전적인 정신분석도 모든 인간관계의 두 사람 모두에게 양방향으로 영향을 미친다는 점을 인정하면 예측 가능성은 더 떨어지게 된다. 다음 단계를 모른다는 것은 앞으로 발생할 혼돈을 알려 주는 것일 수도 있고, 새로운 가능성에 대한 예상치 못했던 문을 열어 주는 것일 수도 있다.

스톨로로우와 애트우드(1992)는 이론은 처음 창시한 사람의 주관적 관점인 만큼 객관적인 현실을 반영해 주지는 않는다고 기술하였다. 각각의 이론 창시자들은 자신의 시대와 문화뿐만 아니라 그 당시에 논의되고 있었던 문제와 연관되어 있었다. 비록 모두는 아니지만 대부분의 현대 미국 정신분석가는 환자의 현실이 분석가의 객관적인 관찰과 해석에 의해 '발견된' 것이라기보다는 치료적 관계를 통해 '함께 만들어진' 것이라는 점에 동의할 것이다.

상황을 완전히 바꾸어 놓은 게임 체인저인 프로이트로 다시 돌아가 보면, 그의 직관과 관찰은 인간의 주관성에 대해서 많은 부분이 옳았다. 그의 시각, 즉 우리 각자에게는 원초적이고 본능적인 내적 핵심이 있고, 우리는 끊임없는 양가감정과 혼란을 겪고 있으며, 우리는 다른 부분들과 다른 시각을 가지고 있다는 것은 정확하다. 그의 반복강박 개념은 우리 각자에게서 눈에 보이게 남아 있으며 변화를 시도하지만 잘 고쳐지지 않는 힘든 부분이다.

그러나 프로이트의 무의식은 억압이라는 장벽에 의해 분리된 폐쇄된 체계이며 결국 자기성찰과 언어에 의해 접근될 수 있는 것이다. 오늘날 우리는 우리가 무의식을 가지고 있다는 점은 분명히 인정하지만, 무의식이 억압에 의해 만들어진다는 점은 인정하지 않는다. 그보다 지금은 '성찰 이전' 무의식(pre-reflective unconscious) 또는 암묵적 지식(implicit knowledge) 또는 상징에 가까운 지식(sub-symbolic knowing)이라고 불린다. 해부학적으로 이것은 우리의 우뇌, 마름뇌(hindbrain), 둘레뇌(limbic brain)—의식적인 생각 없이 중요한 다른 사람들과 감정적으로 연결하고 생존할 수 있게 만들어 주는 우리 뇌의 부분들—에 해당한다(Siegel, 2010). 우리는 이제 말로는 이러한 체계의 모든 부분에 접근할 수 없다는 것을 인식하고 있다. 정동적 경험은 대부분 우반구와 둘레계통에 저장된다(Schore, 2012). 이러한 부분들 중 어떤 부분에도 좌뇌의 자기성찰과 논리를 통해서는 직접적으로 접근할 수 없다.

그럼에도 불구하고 무엇이 정신병리를 유발하는지에 대해 프로이트가 한 첫 번째 설명은 옳았다. 인격장애가 있는 환자들은 일종의 외상을 경험하였다(정서적 · 성적 · 신체적 학대의 희생자였다). 약한 정도의 병리 역시 관계외상에 의해 유발되는데, 관계외상은 영아의 실제적인 욕구를 충족시켜 주지 못한 돌봄 때문에 발생한다. 오늘날 대부분의 현대 분석가는 비록 환자들을 돕는 데 다른 방법들을 사용하고는 있지만 병리가 아기의 순수한 욕구를 만성적으로 충족시켜 주지 못한 가족 체계에 의해 만들어진다는 점에 동의하고 있다.

프로이트는 그 이후에 영아의 내적 공상 세계가 더 문제일 가능성이 많다고 믿었다. 이것은 중요하고도 잘못된 변화였다. 실제로 프로이트와 많은 그의 추종자는 심리적 문제들이 전적으로 내적인 근원을 가지고 있다고 믿었다. 그들은 이러한 문제들이 너무 많은 내적인 공격성 및 선망, 미움과 같은 파생물에서 유발되거나 다룰 수 없는 내적 갈등을 유발하는 너무 많은 삶의 좌절에서 유래된다고 믿었다. 이러한 생각들은 여전히 약간의 신빙성을 가지고 있다. 일부 영아는 공격성이 너무 지나치고 또 다른 영아들은 회복력이 덜하다는 사실에는 의심의 여지가 없다. 현대의 고전적 프로이트 학파의 분석가들은 실제 외상을 예전보다는 더 고려하고 있지만, 왜 이러한 사건이 일부 사람에게는 외상이 되고 다른 사람들에게는 그렇지 않은지에 대해 타고난 공격성 및 취약성과 같은 개인적인 성향으로 설명하고 있다. 이런 학파들은 치료가 여전히 공상과 충동을 직면하고 통합하는 능력에서 나온다고 믿고 있다.

그러나 여전히 의문점은 남아 있다. '우리는 왜 이렇게 우리의 증상들과 우리의 관계들 때문에 여전히 힘들어하고 있는가?' 각각의 이론과 모든 임상가는 이러한 개인적인 감정적 고통에 반응하기 위해 특별한 해결책을 찾아야만 한다.

우리의 첫 번째 논의는 우리의 정신세계가 화합하지 못하고 있다는 프로이트의 갈등이론이었다. 이 이론 속에서 우리는 욕동과 충동 그리고 이들의 억제에 대해서 생각해 봤으며, 죄책감과 불안에 대한 치료를 하였다. 우리는 내면에 있는 갈등이 에너지를 고갈시키기 때문에 발달이 중단된다고 가정하였다. 우리는 이러한 갈등을 인식하고 그것을 더 잘 다룰 수 있게 되면서 자유를 얻게 된다고 믿었다. 반면에 우리는 억압을 해제하는 것만으로는 성장을 다시 시작할 수 없다는 것을 알게 되었다. 프로이트는 반복강박에 대해 자세하게 설명하였고, 이러한 변화의 어려움을 설명하기 위해 죽음의 본능을 제시하였다. 갈등이론에서 중심이 되는 방어기제는 억압인데, 억압은 수평적인 분리(horizontal split)를 만들어 낸다. 나는 나의 이런 부분들을 알고 싶지 않은데, 그것이 너무 고통스럽고, 수치스러우며, 불안정하게 만들 것이기 때문이다.

현재는 자기심리학 계보와 애착 계보에서 말하는 발달의 정지가 주로 논의되고 있다. 정상적인 심리적 성장은 어떤 가족 및 환경적 문제에 의해 방해를 받는다. 이것을 현재는 '관계(relational)' 또는 '긴장(strain)' 외상이나 '환경(environmental)' 또는 '발달(developmental)' 외상이라고 불린다. 아동기에 없었거나 좌절된 뭔가가 성인기의 결핍을 유발한다. 우리가 이런 생각을 가지고 치료를 할 때면, 통찰 그 자체는 고통을 해결하지 못한다는 것을 알게일과 있을 때 나는 그녀가 무의식적으로 자신의 성인이 된 딸을 질투하고 있다는 것을 알게 되었다. 그녀는 자신의 딸과 사이좋게 지내기를 원했는데, 이것이 우리가 하는 면담에서 자주 거론되던 주제였다. 게일은 자신의 딸이 무례하고 자신과 거리가 있다고 하였다. 게일은 자신의 딸에게 비판받고 있다는 느낌을 받았고 자신이 희생양 같다고 말했지만, 우리가 이야기하는 동안 자신의 몸에서 느꼈던 감정을 인식하지는 못했다. 우리 모두는 잠깐 동안 그녀의 얼굴에 나타났던 슬픔과 분노를 추적하고 탐색하기가 힘들었다. 일주일에 한 번씩 수개월간 면담을 진행한 후, 게일은 현재 순간에 자신의 딸에 대한 분노를 알 수 있게 되었으며 자신이 딸의 젊음, 기회, 결혼에 대해 얼마나 질투하고 있는지를 발견하게 되었다. 게일은 자신이 친절하지 않다고 비판받는 것을 직면하기 어려워하였다. 그녀의 수치심은 매우 큰 것이었다. 그녀는 자신이 질투를 하는 것은 딸에 대한 순수한 사랑을 없애는 것이라고 믿었다. 나는 그녀가 이 두 가지가 모두 사실이라는 점을 담아낼 수 있도록 도와주었다. 그녀는 질투도 하고 있으며 또한 사랑도 하고 있었다. 질투심에 대해 좀 더 의식적으로 알게 되면서, 게일은 자신의 딸이 존중하지 않는 자신의 부분에 대해 볼 수 있었다. 자신과 딸이 어떻게 서로를 자극하는지에 대해 이해하게 되면서, 그녀는 단순한 원인-결과적 이야기—'나의 딸은 나를 멸시한다'—에서 벗어나 두 사람 사이에서 계속 나타나고 있는 말, 얼굴 표정, 목소리 높이를 포함하는 보다 복합적인 장면을 바라볼 수 있었다.

고 있다. 의뢰인은 치료 내에서 뭔가 다른 살아 있는 경험인 감정적인 경험을 해 보아야 한다. 건트립(1969)은 심리적인 고통의 이러한 관점에 대해 처음으로 깨닫고 논문을 발표했던 사람들 중의 한 명이다. 치료는 이러한 믿음에 따라서 정지된 발달을 다시 시작될 수 있도록 도와주어야 하며 자신이 결코 해 보지 못했던 것에 대한 애도 반응을 격려하여야 한다.

발달 정지이론에서의 주요한 방어기제는 해리 또는 수직적인 분리(vertical split)인데, 이것은 접근할 수 없고 차갑게 냉동되어 있는 자기의 부분들이 존재한다는 것을 의미한다. 이것은 여러 개의 자기조직과 여러 개의 자기상태가 존재하며 서로서로가 알지 못하는 상태라는 것을 암시해 준다(Bromberg, 2011). 수직적인 분리를 회복시키고 분리된 부분들을 연결시키는 것은 결코 쉽지 않으며 항상 '실제적인' 관계뿐만 아니라 전이관계 역시 필요하다.

세 번째로 유용한 이론은 최근에 출현한 정동조절에 대한 것이다. 이 이론에서 문제를 유발시키는 것은 공포—분리와 버림받음에 대한 공포—이며, 이것은 에너지의 흐름을 중단시키고 다른 사람들과의 연결을 어렵게 만든다. 판크세프는 공포(terror)가 증가된 두려움(fear)이 아니라는 점을 명확하게 하였다. 두려움은 맞섬-도피 반응을 활성화시킨다. 우리는 동물 실험을 통해 두려움과 공황이 다른 신경경로로 진행된다는 것을 알고 있다. 공포는 극도의 공황 상태를 말한다. 공포는 어떠한 어린 포유류도 자신들의 중요한 다른 대상과 분리되거나 그 대상에게 위협을 받을 때 나타나는 공황 상태이다. 공포는 얼어붙는 반응을 활성화시키는데, 이것은 맞섬-도피 반응보다 신경계의 더 깊은 곳에 위치하고 있는 생물학적-심리적 체계이다. 얼어붙는 것은 항상 선택을 할 수 없는 상황에서 나타나며 항상 어떠한 수준의 학습도 방해한다. 공황이나 공포의 상태에 있을 때, 어떤 새로운 것—학습, 미세한 차이,

가능성—은 불가능하다(Panksepp & Biven, 2012).

공포에 대한 반응으로 나타나는 해리는 내재화되고, 극단적으로 힘들게 하는 외상의 핵심을 형성하는 대인관계적 사건을 나타낸다. 내가 앞에서 제시했던 루스의 이야기는 정지된 발달—그녀는 성인이었지만 집에서나 직장에서 학대받은 아이처럼 행동하였다—과 공포감에 압도되어 실제적이고 돌봐 주는 다른 사람과 함께할 수 없게 만든 경우 모두를 보여 주고 있다. 이러한 경우에 현재는 사라지고 무의식적으로 과거의 관계로 빠져들게 된다. 잭의 경우도 마찬가지인데, 자신의 부모가 보였던 예측 불가능한 분노가 바로 지금의 진료실에서 나타난 것처럼 분노와 공포 사이로 빠져드는 경우이다.

이 모든 이론은 복잡하고 주관적인 현실을 바라보는 렌즈들이다. 대부분의 임상가는 경험이 쌓이게 되면 언제 환자의 어떤 측면을 도와야 할지, 언제 외상적 해리의 공포를 인정해야 할지, 언제 과거에 대해 이해하는 것에 초점을 맞추어야 할지, 언제 현재의 순간—분석가와 환자 사이—에 계속 머물러야 할지를 직관적으로 알게 되고 이 순간들 사이를 부드럽게 이동할 수 있게 된다.

많은 연구는 분석가의 병리와 변화에 대한 이론보다 분석가가 자신의 환자와 연결하는 능력(애착)이 더 중요하다고 제안하고 있다(Hubble et al., 1999). 무엇이 변화를 유발하는가? 고전적인 모델에서는 해석을 하고, 천천히 진행하며, 점점 더 정신적인 세계를 밝혀내고 직면시킨다. 고통의 해결은 자기인식의 증가로 인해 이루어진다. 환자의 이야기를 듣고 감정적으로 이해하는 것 안에 치료가 있고 그 자체가 치료라는 점은 명백한 진리이다. 기독교 신학자인 디트리히 본회퍼(Dietrich Bonhoeffer, 1954)는 "흔히 사람은 자신의 이야기를 진지하게 들어 주는 누군가와 함께 있는 것만으로도 도움을 받을 수 있다. …… 우리는 신의 귀를 가지고 이야기를 들어야 한다."라고 말했다. 어떤 학파의 어떤 치료자에게도 좋은 충고가 되는 말이다.

프로이트는 정신분석이 다양한 실험실 환경에서 시행되는 실증적인 자연과학이기를 바랐다. 분석가는 객관적이고, 조용히 이야기를 들으며, 때때로 올바른 해석을 해 준다. 올바른 해석에 따른 환자의 반응은 억압이 해제되고 계속 진행 중인 자기감이 회복되었다는 증거였다. 이러한 입장은 이제 한 사람 심리학이라고 불리는데, 여기서 분석가는 명백히 분리된 위치에서 환자에게 지혜와 좋은 의미를 전달해 줄 수 있다고 믿는다.

이러한 고전적인 형태에서의 만남은 환자의 내면에 있는 정신적인 내용이 밝혀지는 수단이 된다. 모든 문제는 환자와 환자의 과거 때문에 발생하는 것이 된다. 이런 관점에서 전이를 통해 치료를 하는 것은 '그때 거기서(there and then)' 받아들일 수 없었던 느낌들—살인, 부당한 착취, 합쳐지기를 원하는—은 현재의 분석적 상황에서 분석가와의 사이에서 느끼게 되는 것을 의미한다. 객관적인 분석가가 하는 일은 이렇게 억압되고 받아들일 수 없는 느낌들이 드러날 수 있도록 해 주고 이러한 느낌을 환자가 현재 진행 중인 자기감에 통합할 수 있도록 도와주는 것이다.

치료가 잘 진행되었을 때, 이러한 고전적인 형태는 실제로 많은 장점을 가지고 있다. 대부분의 분석가는 자신들의 환자에게 헌신하고, 그들의 내적인 세계를 마음 깊이 돌보며, 다른 사람이 가지고 있는 주관성을 존중하고, 우리 모두가 똑같은 기본적인 인간성을 가지고 있다는 점을 인정한다. 이들은 환자에게 집중하고 진지하게 이야기를 듣는 것에 치유의 힘이 있다는 점을 이해하고 있다. 치료의 틀—똑같은 시간에 똑같은 장소에 오고 합의된 경계 내에서 치료를 하는—을 만드는 것은 참여하고 받아들여졌다는 느낌을 제공한다. 비록 이들은 이러한 비유를 사용하지 않겠지만, 이러한 작업은 깊은 개인적인 연결을 만들어 내는 우뇌 대 우뇌의 연결 과정이다. 반면에 고전적인 정신분석의 엄격하게 중립적인 자세는 일부 분석가로 하여금 거리를 유지하고, 덜 참여하며, '베개가 딸린 침상 뒤에 숨어 버리는' 것을 가능하게 하여 환자가 매우 외롭고 고립되었다는 느낌을 받게 할 수도 있다.

현재 많은 분석가와 치료자는 두 사람 심리학 모델 내에서 치료를 하고 있다. 여기서 변화를 유발하는 것은 두 사람 사이의 안전함뿐만 아니라 마음 깊이 느껴지는 감정에 의해 제공되는 활기를 불어넣어 주는 참여와 격려이다. 이러한 느낌들은 분석가/치료자가 환자만큼 그 상황에 몰입하고 있음을 인정할 때 생기게 되며, 환자들의 갈등과 욕구가 치료자에게 전달되었음을 인식할 수 있도록 만들어 준다. 이러한 분석가/치료자는 최소한 내적으로라도 자신들 역시 인정받고 연결되기를 원한다는 점을 인정한다. 비록 다르기는 하지만, 이러한 상호작용은 두 사람 모두에게 의미를 만들어 낸다. 치료자/분석가가 자신들의 과거를 진료실에 가져온다는 것을 인정하는 것은 중립적인 관찰자가 더 이상 가능한 것이 아님을 의미한다.

이러한 상호작용 모델은 두 사람 모두 가능한 한 두 사람이 함께 만들어 낸 현재의 상황에 머무르는 것을 필요로 한다. 이러한 분석가는 두 사람 모두 각자가 과거에 배웠던 것들을 지금 현재의 독특한 관계에서 사용하고 있다는 것을 가정한다. 이 모델 역시 해석과 질문을 하고 환자의 과거에서 유래된 느낌과 태도들을 제시해 준다. 그러나 분석가에 대한 환자의 경험이 과거에서 유래된 완전하고도 유일한 대체물이라는 전제는 더 이상 옳은 전제가 아니게 되었지만, 여기에는 여전히 일부 진실이 포함되어 있다. 환자가 과거에 위험에 처했거나, 이해되지 못했거나, 무시당했거나, 가치 있게 받아들여지지 않았다는 것을 알려 주는 뭔가가 현재에서 발생했다는 것이다. 분석가는 두 사람 모두 현재의 순간에 영향을 주고 있다는 자세를 취함으로써 현실을 바라보는 환자의 시각을 이해하는 동시에 이 관계에서 자신이 담당하고 있는 부분도 인정할 수 있게 된다.

그러나 분석가가 과거의 인물과는 다르다는 암묵적인 메시지 역시 존재한다. 이러한 변화된 모델에서는 환자가 새로운 다른 사람과 함께 다른 경험을 할 때 성장과 변화가 가능하다는 점을 암시하는데, 이러한 새로운 경험을 통해 환자는 자신, 자신에게 중요한 다른 사람, 자신의 전반적인 삶에 대해 새롭고 더 나은 태도를 발달시킬 수 있게 된다. 분석가는 환자가 과거에 받지 못했던 기본적인 부모의 반응을 제공하고(Bacall, 1985), 부정적인 느낌, 수치심, '갇혀 있는' 느낌들을 완화시켜 주며, 보다 창의적이고 융통성 있는 방식으로 발달할 수 있도록 해 준다.

현재 일부 학파에서는 치료자가 믿음이 가는 집중, 주의 깊은 청취 그리고 명상과도 같은 상태에서 나오는 사려 깊은 해석을 해 주어야 한다고 주장하고 있다. 이러한 부분들은 발달을 다시 시작하게 해 주기에 충분하다고 믿어지고 있다. 다른 이론가들은 치료자가 환자의 부모들보다 더 사용 가능하고, 더 긍정적으로 반응해 주어야 한다고 생각하고 있다. 이런 학파에서는 분석가가 필요한 애착을 만들어 내고 다시 외상을 입는 것을 피하기 위해 실제적인 돌봄과 미세한 방식으로 환자의 욕구를 만족시켜 주어야 한다는 자세를 유지하고 있다. 대부분의 학파에서는 항상 진행되고 있는 두 가지 수준이 있다고 가정하고 있는데, 이것은 과거의 부모-아기 수준과 현재의 어른-어른 수준이다(Bacall, 1985).

분석가의 내적인 세계는 한때 '특수한 역전이(specific counter-transference)'라고 불렸으며, 프로이트와 그의 추종자들에게 있어서 이것은 각각의 환자에 대한 자신의 느낌을 발견하고 이를 중화시키는 것이 중요하였다. 분석가 자신의 느낌은 적절한 개인분석을 통해 제거될 수 있다고 믿었다. 균등하게 떠 있는 집중(evenly hovering attention)을 유지하는 것이 환자의 문제만 떠오르게 할 수 있다고 믿었는데, 이것은 분석가를 동등한 상황에서 배제하는 것이었다. 만약 분석가가 치료시간에 감정적인 반응을 하게 된다면 이것은 치료의 과정에서 벗어난 것으로 간주되었다. 그것은 분석가의 과거가 현재에 침범한 것을 의미하였다.

그러나 그 이후의 설리번과 프롬, 그리고 현대의 스턴, 쇼어, 시걸을 포함한 대부분의 분석가는 마음이 두 사람 사이의 상호작용 영역에 있다고 믿고 있다. 우리는 항상 서로에게 다른 반응을 유발시킬 수 있고, 분석가는 자신의 개인적인 반응을 환자와 자신 그리고 상호작용에 대한 유용한 정보로 평가할 필요가 있다. 현대의 이론가들에 따르면, 환자의 반복적인 대인관계에서의 어려움은 분석가에게도 영향을 미칠 수 있다. 그리고 한 사람으로서의 분석가 역시 환자에게 직접적인 영향을 미칠 수 있다. 이렇게 치료자/분석가에게서 느껴지는 반응들은 이제 환자의 이익을 위해 치료 과정을 앞으로 진행시킬 수 있는 하나의 수단으로 간주되고 있다.

완전한 두 사람 체계에서 분석가와 치료자들은 자신들 역시 취약성을 가지고 있다는 것을 알고 있으며 결국 모든 환자가 어떤 방식으로든 개인적인 반응을 유발시킬 것이라는 것을 이해하고 있다(Mitchell, 1997). 우리가 환자를 돌보고 깊이 관여하게 되면, 우리는 결국 영향을 받게 될 것이다. 대부분의 분석가는 이제 자신들을 객관적인 관찰자나 반사해 주는 거울보다는 취약성을 가진 한 명의 인간으로 본다. 우리 각자는 우리의 수련과 개인적인 성격에 따라 다른 직업적인 자세를 가지고 있다. 우리 모두는 우리가 어떻게 옷을 입고, 진료실을 어떻게 꾸미며, 우리가 어떤 사람인지를 밝힐지 말지를 결정한다. 예를 들면, 환자가 대기실에서 기다리고 있는데 분석가가 바깥에서 막 도착하여 대기실로 들어오는 것을 본 환자의 경험을 상상해 보라. 이러한 경험을 환자가 대기실에 도착했을 때 분석가가 대기실에서 환자를 기다리고 있는 상황과 그 느낌이 어떻게 다른지 비교해 보라. 이런 이야기는 결코 하지 않겠지만 이러한 경험은 환자의 마음속 어딘가에 기록될 것이다.

일부 분석가는 자신의 환자들에게 분석가에게서 무엇을 보고 무엇을 경험했는지에 대해 이야기하도록 권장하는데, 이것은 환자 자신의 지각에 대한 신뢰를 부여해 준다. 동시에 '마음이론' 생각을 자극시켜 주는데, 마음이론은 두 사람 각각은 각자의 마음을 가지고 있으며 다른 사람의 마음속에서 무슨 일이 일어나고 있는지에 대해 추측을 할 수 있다는 것이다. 다른 분석가들은 이러한 정보에 대한 질문을 직접적으로 하지 않는데, 중요한 것은 시간이 지나면서 대화를 하는 동안에 나타날 것이라고 가정하기 때문이다.

한 가지 골치 아픈 문제는 개인적인 정보에 대한 노출 문제이다. 고전적인 모델에서 이 문제는 명확하다. 당신에 대한 어떠한 것도 노출해서는 안 되며, 진료실에서 보이는 모든 것은 환자 쪽에 속해 있다고 간주한다. 현대의 컨버그는 분석가가 전혀 노출을 하지 않는 것이 환자가 자신의 공상들을 충분히 탐색할 수 있는 자유를 느끼게 해 주기 위해서 반드시 필요하다고 보았다(Mitchell & Black, 1995). 컨버그의 생각에 따르면, 만약 분석가가 자신을 노출하게 된다면 환자의 깊은 자기성찰을 방해할 것이라고 하였다. 다른 학파에서는 주제가 현재의 순간에 있고 환자의 경험과 관련된 것—이러한 노출이 환자에게 무엇을 의미하는 것일까?—이라면 일부 노출을 사용한다(Aron, 1996; Bromberg, 2011). 브롬버그는 현재의 순간에 환자 및 환자와의 상호작용에 대해 자신이 생각하고 있는 것을 흔히 밝힌다고 이야기하였다. 그는 물론 자신이 고백을 하거나 또는 분노나 오해를 차단하기 위해 방어적으로 설명을 하지는 않는다고 하였다. 자기노출을 잘 사용했을 때, 많은 사람은 그것의 일부 형태는 도움이 될 수 있으며 진실성을 증가시키고 서로의 협력을 증진시킨다는 점을 발견하였다. 일부 노출에 대한 이론적인 근거는 그것이 새로운 대상관계를 만들도록 해 준다는 것이다. 분석가는 얼어붙고 해리된 외상 환자들에게 인간적인 느낌을 주기 위해 매우 적극적일 필요가 있다. "만약 당신이 나에 대한 감정을 가지고 있다면, 내가 당신에게 중요한 사람인 것입니다! 만약 당신이 나에 대한 감정을 가지고 있다면, 아마도 나는 실제로 존재하는 사람입니다."

애런(1996)은 『마음의 만남(A Meeting of Minds)』에서 자기노출이라는 혼란스러운 문제에 대해 아주 길게 논의하고 있다. 그는 자기노출이 불가피한 것이기 때문에, 실제적인 문제는 분석가가 언제 그리고 어떻게 자신을 노출할 것인지를 결정하는 것이라고 하였다. 치료적인 관계는 모든 인간관계와 마찬가지로 계속되는 협상의 과정이다. 나는 치료적인 관계의 역설적인 측면에 대한 그의 관찰에 매우 관심이 있다. 치료적인 관계는 친밀하면서도 자발적인 것이지만, 전문적인 것이며 심지어는 기법적인 것이다. 치료적인 관계는 진실된 것이어야 하지만 환자에게 초점을 맞추어야 한다. 치료비가 서로 교환된다. 이것이 어떻게 힘과 책임감에 영향을 미칠까? 애런은 우리에게 답을 하면서 많은 질문을 던지고 있다.

각각의 분석가-환자 관계는 환자가 가치 있다는 느낌을 받게 하기 위해 적절한 유대를 만들어야 하고, 어느 정도의 노출을 해야 한다. 나는 심리학자로서 내가 생각하기에 약물치료가 환자에게 도움이 된다고 생각하면 정신건강의학과 의사에게 진료를 의뢰한다. 나는 다른 전문가의 어떤 성질이 나의 환자와의 유대를 만들어내는 데 도움이 될지에 대해서 생각한다. 한 치료자는 환자와 약속을 잡을 때 자신의 가족 이야기를 밝혔다. "저는 목요일에는 늦게까지 진료를 하지 않습니다. 제 딸을 발레 학원에 데려다 줘야 하거든요." 내 환자들 중의 일부는 이런 이야기에 안심을 한다. 왜냐하면 이것이 치료자 역시 하나의 삶과 바쁜 일이 있는 '나와 같은 사람'이라는 것을 보여 주는 것이기 때문이다. 다른 사람들에게 이것은 치료자가 '전문적이지 못하며' 아마도 자신의 아이에게 너무 초점을 맞추고 있기 때문에 자신의 환자에게는 그다지 많은 관심을 가지고 있지 않다는 생각을 하게 만들 수도 있다. 이것은 옳고 그름의 문제라기보다 실제로 환자에게 어떤 도움이 되느냐의 문제이며 이런 것은 환자와 이야기하고 감정적인 부분에 대해 탐색하는 데 사용될 수도 있다.

오늘날의 정신분석은 하나의 기법으로서는 시들해지는 중이기도 하지만 지적으로는 여전히 활기 있게 살아 있는 분야이기도 하다. 많은 정신분석 기관은 깊이 있는 고전적 수련에서부터 정신치료 수료증을 위한 온라인 과정까지 모든 것을 제공하고 있다. 정신분석학회는 흔히 대단한 지적 흥분의 원천이 되는데, 여기서는 성별 문제에서 노화, 개인적인 증례에서 전쟁의 일반적인 내용, 정치적 정신병리, 연민까지 다양한 주제를 발표하고 있다. 정신분석의 세계를 탐색하는 것은 연민과 우리의 가장 골치 아픈 문제에 대한 개념적 분석을 포함하는 세계로 들어가는 것이다. 현대의 자기에 대한 개념과 마찬가지로, 정신분석은 모든 학파의 정신치료자들을 위해 끊임없이 새롭게 변화하고 있다.

9장의 주요 개념

갈등이론conflict theory 우리의 정신세계는 그 자체가 부조화 상태에 있다는 관찰을 통해 인간의 동기를 이해한 프로이트의 첫 이론

개인적 노출personal disclosure 치료를 위해 치료자 자신에 대한 것을 환자에게 드러내는 것

공포terror 두려움과 선택을 넘어서는 신경계에 깊이 자리하고 있는 생물학적-심리적 반응

두 사람 심리학two-person psychology 치료적인 변화를 유발하는 것은 치료적 관계의 안전함과 양쪽 방향으로 나타나는 감정적인 흐름이라는 생각. 활기를 불어넣고 변화를 제공하기 위해서는 실제적인 돌봄이 필요하다.

무의식unconscious 오늘날에는 프로이트의 억압된 무의식보다는 성찰 전 무의식이라고 불리며 암묵적이고 비언어적인 우뇌와 뇌의 겉질밑 영역

(subcortical regions)에 존재하는 것으로 생각되고 있다.

심리적 진실psychological truth 단순한 하나의 이야기가 아니라 복합성, 시간, 맥락을 통합하는 여러 개의 관점에 의해 가장 잘 설명된다.

안전한 공간safe space 담아 주는 공간, 이행공간으로 여기서 창의적인 탐색이 발생하고 치료가 가능해진다.

역전이countertransference 분석가가 환자에 대해 가지는 감정. 한 사람 심리학에서 역전이는 분석가의 개인분석을 통해 다루어져야 하고, 분석가는 중립을 유지해야 한다. 두 사람 심리학에서 역전이 감정은 이러한 특별한 관계에 대한 자료로 이용된다.

자기self 새롭게 나타나는 성향에 대한 현대적인 생각으로 자기는 하나의 물건이나 구조물이 아니며 맥락을 통해서 나타나는 진행 과정이다.

정동조절이론affect regulation theory 우리의 정상적인 인간적 욕구는 다른 사람들과 연결되고 우리의 감정을 조절하려는 것이다. 이러한 욕구는 공포에 의해 붕괴될 수 있으며, 에너지의 흐름을 차단하고, 다른 사람들과의 연결을 어렵게 만들 수 있다.

정지된 발달arrested development 정상적인 생물학적 및 심리적 성장은 환경적인 실패에 의해 방해를 받을 수 있다.

최신 정신분석postmodern psychoanalysis 인간의 자기감이나 정신세계는 매우 복잡하고 모순된 면들을 가지고 있음을 인식하고 치료 역시 이론적인 지식과 함께 강력한 대인관계적 연결이 필요하다는 것

치유순환healing cycle 관계의 단절과 회복을 포함한다.

한 사람 심리학one-person psychology 치료 상황에서 환자가 경험하는 것은 환자의 마음 상태에서 유발된 것이며, 치료자는 어떠한 영향도 미치지 않는다는 관점의 심리학. 이와는 대조적으로 두 사람 심리학에서는 우리 모두는 항상 서로에게 영향을 미친다고 제안한다.

해리dissociation '수직적 분리'를 통해 발생하는 것으로 의식에 접근하지 못하는 자기의 부분들이 있다는 것을 의미한다. 이것은 어떠한 종류의 공포나 외상의 결과로 발생한다.

참고문헌

Aron, L. (1996) *A Meeting of Minds*. Hillsdale, NJ: Analytic Press.

Aron, L., & Starr, K. (2013) *A Psychotherapy for the People*. New York: Routledge.

Bacall, H. (1985) Optimal responsiveness and the therapeutic process. In Bacall, H. (Ed.) *Optimal Responsiveness*. Northvale, NJ: Jason Aronson, 1988.

Beauregard, M. (2014) Functional neuroimaging studies of the effect of psychotherapy. *Dialogues in Clinical Neuroscience*, 16(1): 75-81.

Beebe, B., & Lachmann, F. M. (2002) *Infant Research and Adult Treatment*. Hillsdale, NJ: Analytic Press.

Bloom, H. (1986) Freud, the greatest modern writer. *New York Times Book Review*, March 23, pp. 1, 26-27.

Brandchaft, B., Doctors, S., & Sorter, D. (2010) *Towards an Emancipatory Psychoanalysis*. New York: Routledge.

Bromberg, P. M. (2011) *The Shadow of the Tsunami*. New York: Routledge.

Carter, C. S., Bartal, I. B. A., & Porges, E. C. (2017) The roots of compassion: An evolutionary and neurobiological perspective. In Seppala, E.M. et al. (Eds.) *The Oxford Handbook of Compassion Science*. New York: Oxford University Press.

Davidson, R. J., Kabat-Zinn, J., Schumacher, J., Rosenkranz, M., Muller, D., & Santorellie, S. F. (2003) Alternations in brain and immune function produced by mindfulness meditation. *Psychosomatic Medicine*, 65: 564-570.

Ekman, P. (2003) *Emotions Revealed*. New York: Times Books.

Guntrip, H. (1969) *Schizoid Phenomena, Object Relations and the Self*. New York: Basic Books.

Hubble, M. A., Duncan, B. L., & Miller, S. D. (Eds.) (1999) *The Heart and Soul of Change*. Washington, DC: American Psychological Association.

Kaplan-Solms, K., & Solms, M. (2000) *Clinical Studies in Neuro-psychoanalysis: Introduction to a Depth Neuropsychology*. New York: Karnac.

Kernberg, O. (2015) Resistances and progress in developing a research framework in psychoanalytic institutes. *Psychoanalytic Inquiry*, 35: 98-114.

Main, M. (2000) The Adult Attachment Interview: Fear, attention, safety and discourse process. *Journal of the American Psychoanalytic Association*, 48: 1055-1096.

Mitchell, S. A. (1997) *Influence and Autonomy in Psychoanalysis*. Hillsdale, NJ: Analytic Press.

Mitchell, S., & Black, M. (1995) *Freud and Beyond*. New York: Basic Books.

Panksepp, J., & Biven, L. (2012) *The Archaeology of Mind*. New York: Norton.

Porges, S. W. (2004). Neuroception. *Zero to Three*, 24(5): 19-24.

Porges, S. W., & Dana, D. (2018) *Clinical Applications of the Polyvagal Theory*. New York: Norton.

Schore, A. N. (2012) *The Science of the Art of Psychotherapy*. New York: Norton.

Siegel, D. J. (2010) *The Mindful Therapist*. New York: Norton.

Solms, M., & Turnbull, O. (2002) *The Brain and the Inner World*. New York: Other Press.

Stern, D. N. (2004) *The Present Moment in Psychotherapy and Everyday Life*. New York: Norton.

Stolorow, R. D., & Atwood, G. E. (1992) *Contexts of Being: The Intersubjective Foundations of Psychological Life*. Hillsdale, NJ: Analytic Press.

용어설명

ㄱ

갈등이론conflict theory 우리의 정신세계는 그 자체가 부조화 상태에 있다는 관찰을 통해 인간의 동기를 이해한 프로이트의 첫 이론

감정적인 창의성의 자발적 표현spontaneous gestures of emotional creativity 각각의 인간이 내면에 가지고 있는 자연적인 생동감에 대한 위니컷의 표현. 이러한 생동감이 회복될 수 있도록 해 주는 것이 치료의 목표이다.

개별화 과정individuation process 탐색의 흥분이 발달하면서 돌봐 주는 사람에 대한 의존이 감소하는 정상적인 성장 양상

개인적 노출personal disclosure 치료를 위해 치료자 자신에 대한 것을 환자에게 드러내는 것

객관적인 사랑과 미움objective love and hate 환자들에게는 호감과 반감을 불러일으키는 측면들을 가지고 있다는 개념. 이러한 부분은 신중하게 걸러서 해석해 주어야 한다.

거세불안castration anxiety 어린 남자아이가 자신의 엄마와의 독점적인 관계를 가지기 위해 자신의 아빠를 제거하려는 공상으로 인해 느끼는 불안

거울반사mirror 아기의 내적인 삶, 자신의 느낌들이 엄마의 얼굴, 목소리에

의해 거울반사되고 싶어 하는 아기의 첫 번째 기본적인 욕구

거울반사전이mirroring transference 환자의 감정이 분석가에 의해 다시 반향됨으로써 현실을 인정하고 이러한 감정들을 인정받고 싶어 하는 환자의 기본적인 욕구

거절하는 대상rejecting object 너무 많은 시간 동안 아기를 좌절시키는 엄마의 측면에 대한 페어베언의 용어

공감empathy 다른 사람들을 감정적으로 이해함으로써 그들과 연결될 수 있는 타고난 능력. 자기심리학 용어들 중 매우 중요한 치료적 용어이다.

공감적 몰입empathic immersion 분석가에게 환자의 욕구와 느낌을 통해 세상을 바라보도록 권장했던 코헛의 분석 기법

공포terror 두려움과 선택을 넘어서는 신경계에 깊이 자리하고 있는 생물학적-심리적 반응

관계-갈등 모델relational-conflict model 환자는 새로운 관계 및 직면을 받을 의지가 있다는 점에 대한 미첼의 이해

관계외상relational trauma '긴장외상(strain trauma)'이라고도 불린다. 부모가 아기에게 조율해 주지 않고 거울반사를 해 주지 않을 때 아기는 생존하기 위해 일련의 방어기제를 개발하여 자발적이고 즐거운 삶의 가능성을 미리 차단하게 된다.

관계정신분석relational psychoanalysis 설리번이 만든 학파로 감정적인 병리의 원인으로 삶의 초기의 실제적 및 상상적 관계 모두가 중요하다는 점을 강조한다.

구조적 모델structural model 프로이트가 분석가로서 경험했던 것을 설명하기 위해 만든 정신적 구조들인 원본능, 자아, 초자아 사이의 상호작용

근본적인 결함basic fault 아기가 돌봄을 받거나 받지 못하여 자연스럽게 세상이 좋은 순간들과 나쁜 순간들로 분리되는 생애 초기의 기간을 나타내는 발린트의 용어

긍정적 전이positive transference 자동적으로 분석가/치료자를 긍정적으로, 심지어는 이상화하여 경험하는 것

ㄴ

나-당신I-thou 우리는 다른 사람을 신성하고 중요한 존재로 다루어야 한다는 부버의 권고. 그는 이것이 이상적이라는 것도 깨닫고 있었다.

낯선 상황strange situation 애착 유형을 결정하기 위해 에인즈워스에 의해 고안된 실험

내부파괴자 또는 반리비도 자아internal saboteur or anti-libidinal ego 거절하는 대상과의 관계에서 만들어지는 자기의 한 부분

내적 작동 모델internal working model 아기가 자신과 양육자 사이의 관계를 무의식적으로 이해하는 것에 대한 볼비의 용어

놀이play 위니컷에 따르면, 놀이는 아이에게는 자신의 내적인 삶을 즐기고 극적으로 표현할 수 있는 단순한 능력이며, 성인에게 놀이는 경직성이나 불안 없이 진짜자기를 표현하기 위해 언어와 다른 상징들을 사용할 수 있는 능력을 말한다.

누적된 부딪힘 collecting impingements 다른 사람들이 자신을 잘 대해 주지 않을 것이라고 가정하고 맺게 되는 관계 양상. 따라서 이것은 그 예상과 같은 경험을 만들어 내게 된다.

ㄷ

단절과 회복의 순환cycle of rupture and repair 엄마와 아기 사이에서 발생하는 조율, 잘못된 조율, 스트레스, 이러한 스트레스의 회복 양상에 대한 비브와 래치먼의 설명

담겨지는 것contained 아기의 감정적/생리적 욕구들이 베타상태의 불편함에서 알파상태의 편안함으로 변화되는 것을 설명하는 바이언의 비유

담아내는 것container 아기의 불편함을 다루는 엄마의 능력에 대한 바이언의 비유

대리 자기성찰vicarious introspection 코헛이 믿었던 공감의 형태. 이것은 환자가 이해를 받았고 가치가 있다고 느끼도록 해 준다.

대상object 자신이나 자신의 부분들이 아기의 자기감에 통합될 수 있도록 해 주는 아기를 돌보는 사람

대상관계이론object-relations theory 어린아이의 다른 사람들, 특히 가족과의 첫 번째 경험에 기초를 두고 정신적 삶을 깊게 이해하려는 이론

대상엄마objcet mother 아기를 돌봐 주는 '실제' 또는 개인적인 엄마

대인 간의 공간interpersonal space 다른 사람의 내면보다는 두 사람 사이에 있는 공간에 더 초점을 맞추는 설리번의 치료적 초점

두 사람 심리학two-person psychology 치료적인 변화를 유발하는 것은 치료적 관계의 안전함과 양쪽 방향으로 나타나는 감정적인 흐름이라는 생각으로 활기를 불어넣고 변화를 제공하기 위해서는 실제적인 돌봄이 필요하다.

ㄹ

리비도libido 에로스와 성적인 것의 에너지이며 긍정적인 삶의 힘

리비도 대상libidinal object 각각의 아기가 자신을 돌봐 주는 사람에게서 만들어 내고 발견하는 좋은 대상

리비도 자아libidinal ego 흥분시키는 대상과의 관계에서 만들어지는 자기의 한 부분

ㅁ

마음이론theory of mind 나는 생각과 감정을 가지고 있고 당신도 생각과 감정을 가지고 있으며, 내가 당신 주변에 있을 때 나는 당신의 상태에 대해 어떤 생각을 가지게 된다는 것을 아는 타고난 능력. 처음에는 철학적인 용어

였다가 지금은 발달심리학에 의해 연구되는 개념이 되었다.

마음챙김mindfulness 불안, 스트레스 감소, 인식의 증가를 위해 정신치료에 적용된 수정된 영적 수행으로 시걸이 치료에 사용한 핵심적인 기법이다.

명상reverie 자신의 내적인 삶을 사용하여 다른 사람의 마음속에 어떤 일이 일어나고 있는지를 이해할 수 있는 엄마 또는 치료자의 능력을 말한다.

무시형 애착dismissive attachment 감정적인 거리를 유지하는 성인에서의 회피형 애착

무의식unconscious 오늘날에는 프로이트의 억압된 무의식보다는 성찰 전 무의식이라고 불리며 암묵적이고 비언어적인 우뇌와 뇌의 겉질밑 영역(subcortical regions)에 존재하는 것으로 생각되고 있다.

ㅂ

바이언의 생각이론Bion's theory of thinking 초기의 아기들이 하는 생각 방식인 베타요소들은 보다 성숙한 다른 마음과의 상호작용을 통해 알파요소들로 점차적으로 변형된다. '실제적인' 생각이라기보다는 생각에 대해 생각하는 방식으로 간주하였다.

반복강박repetition compulsion 꿈이나 행동을 통해 정신적 충격이나 스트레스를 주는 행동 양상을 끊임없이 반복하는 우리의 능력

발달 결핍developmental deficits 어린 시절에 돌봄을 잘 받지 못한 결과로 발생한 발달적 지연이 회복탄력성이나 자아 강도를 약화시킨다는 것

발달에 대한 지나친 강조developmental tilt 흔히 분석이 현재의 상호작용보다는 어린 시절의 역사에 초점을 너무 많이 두기 때문에 자기의 책임감과 성장에 손상을 준다는 미첼의 견해

발달외상 또는 긴장외상developmental or strain trauma 부모가 아기의 욕구를 시기적절하고 적절한 방식으로 충족시켜 주지 않을 때 아기는 고통을 받게 된다. 이런 일이 많이 발생했을 때, 영아의 자기감은 돌봄을 받지 못한 자

기 주변으로 형성되기 때문에 외상을 입게 된다.

발달 정지developmental arrest 자기심리학에서의 병리는 발달하는 영아의 기본적인 욕구들이 충족되지 않을 때 발생하며 성장이 중단된다.

발생영역area of creation 아기가 필요한 것을 다 가지고 있고 잠재력으로 충만되어 있는 출생 후 첫 몇 개월을 나타내는 발린트의 용어

발현 내용manifest content 꿈을 꾸고 나서 기억나는 장면과 이야기들

방어defenses 정신적인 고통과 취약성을 회피하기 위해 우리 각자가 만들어 내는 양상들

배려하는 능력capacity for concern 위니컷에 따르면, 아기는 발달을 하면서 다른 사람의 존재를 알게 되고, 다른 사람을 배려하고 영향을 미칠 수 있게 된다.

버림받음불안 또는 분리불안abandonment or separation anxiety 엄마와 너무 오래 분리되게 될 때 경험하게 되는 강렬한 공황. 지금은 성인에서의 많은 심리적 고통의 원인으로 간주되고 있다.

변형 대상transformational object 엄마는 아기의 정신신체적 욕구를 조절함으로써 아기의 내적 및 외적 환경을 변형시키는 사람이라는 볼라스의 개념

병원증hospitalism 아기가 필요로 하고 의존하던 사람에게서 너무 오래 분리되면 빠지게 되는 무감동(apathy) 또는 성장장애(failure to thrive)

병적 적응pathological accommodation 무의식적인 순종적 애착이 병리와 고통의 주요 원인이라는 브랜드섀프트의 이론

부딪힘impingements 진행하는 존재를 방해하는 어떤 것

부정적 전이negative transference 자동적으로 분석가/치료자를 부정적으로 경험하는 것

분리splitting 출생 초기에 아기가 세상을 좋은 순간과 나쁜 순간으로 분리하여 경험하는 것은 정상적인 것이지만, 만약 너무 많은 박탈로 인해 건강한 양가감정이 발생하지 않게 되면 병적인 것이 된다.

분리-개별화기separation-individuation phase 유아가 걸을 수 있게 되면서 자신

의 세계를 탐색하기 시작함과 동시에 엄마의 안전기지(secure base)도 필요로 하는 시기

분리-개별화이론separation-individuation theory 엄마-아기의 구성 단위를 직접 관찰한 결과에 기초를 둔 말러의 발달이론

분리된 세상split world 아기는 처음에 연속적인 시간에서 살지 않기 때문에 각각의 경험은 분리되고 개별적인 것이 된다. 따라서 '나를 돌봐 주는 좋은 엄마'와 '편안한 나', '나를 돌봐 주지 않는 나쁜 엄마'와 '좌절하는 나'의 분리된 세상을 경험한다.

분리불안separation anxiety 안전기지와 안전함에서 떠나게 됨으로써 발생하는 불안. 모든 불안의 기초가 된다.

분열성 요소schizoid factors 아기의 욕구가 충족되지 않고, 자신의 실제적인 욕구를 충족시키기 위해 내적인 공상에 지나치게 의존할 때 발생하는 정신적인 상태에 대한 페어베언의 용어

불안전한 애착insecure attachment 양육자가 아기의 욕구를 충분히 만족시켜 주지 못할 때 만들어지는 역동으로 아기는 내적인 안전함을 형성하지 못한다.

붕괴형/조절장애형 애착disorganized/dysregulated attachment 양육자가 아기에게 안전함을 제공하기보다 두려움을 자극할 때, 아기는 다른 사람이나 자기 내부에서 안전함을 발견할 수가 없어서 두려운 상태에서 살게 되는 애착

비극적인 사람tragic man 코헛이 정신분석이 죄책감의 고통으로부터 회복시킬 필요가 있다는 것을 발견한 프로이트와 구별하기 위해 발견한 정신분석의 의미

ㅅ

사랑이 화나게 만들기와 사랑이 굶주리게 만들기love made angry and love made hungry 아기의 욕구가 충족되지 않았을 때 아기가 보일 가능성이 높은 반

응에 대한 건트립의 설명

사회참여체계social engagement system 인간은 다른 사람의 얼굴을 보는 것, 눈맞춤을 하는 것, 인간의 목소리를 듣는 것, 의사소통을 위해 몸동작을 하는 것을 선호한다는 포지스의 용어

살아 있는 감정적 경험lived emotional experience 발린트와 건트립 모두는 환자가 새로운 감정적 경험을 가지기 위해서는 실제로 존재하는 다른 사람과의 실제적인 관계가 필요하다는 것을 강조하였다.

생각하지 않고 아는 것unthought known 행동과 활동의 무의식적인 근원에 대한 볼라스의 표현. 이것은 생의 초기에 다른 사람들과의 상호작용에 의해 발생하며 결코 생각해 보지 않은 것이다.

생산성generativity 최상의 성인 발달에 대한 에릭슨의 용어로, 의미를 발견하고 만들어 내며 돌려주는 능력

생존survival 아기를 대하는 엄마와 환자를 대하는 치료자는 부정적인 경험에도 보복이나 위축됨 없이 '생존'해야 할 필요가 있으며, 각자가 분리된 두 명의 개별적인 사람임을 경험할 수 있어야 한다.

서로 영향 주고받기intersubjectivity 환자와 분석가를 한 사람의 주체와 한 사람의 객체로 보는 것과 반대되는 것으로, 환자와 분석가 사이의 상호작용의 복잡한 영역이 감정적인 연결을 만들어 낸다는 개념

서로 영향 주고받기 영역intersubjective field 분석관계가 환자를 위해 함께 작업하는 두 사람 사이의 공간으로 이루어져 있다고 생각하는 더 발전된 자기심리학

서로 영향을 주고받는 것reciprocal mutual influence 아기와 엄마는 서로에게 영향을 미치며 서로가 계속 필요하다는 스톨로로우와 애트우드의 생각으로, 자기심리학과 관계심리학 모두에서 중요한 개념이다.

선택적 부주의selective inattention 엄마의 불안에 대해 아기가 스스로를 분리시키는 것에 대한 설리번의 표현

성인애착검사Adult Attachment Inventory 성인의 애착 유형을 결정하기 위해 메인에 의해 개발된 구조화된 면담. 시걸에 의해 정신치료와 마음챙김을 통

합하는 작업에 광범위하게 사용되었다.

소원 성취wish fulfillment 꿈은 꿈꾸는 사람이 실제로 원하는 것을 나타내 준다는 생각에서 유래된 것

수치shame 축소되고 결함이 있는 것으로 느껴지는 감각, 우아함과 전체감으로부터 멀어지는 감각. 점차 임상에서 관심이 점차 증가하고 있다.

신경증 수준neurotic level 정신병 수준 다음의 발달 수준. 이 수준에서의 불안은 다양한 방어에 의해 조절된다.

신뢰의 해석학hermeneutics of trust 환자들과 있을 때 인본주의적 심리학과 일부 치료자가 적용하는 시각에 대한 오렌지의 용어로, 환자는 안전함과 돌봄이 제공될 때 자신만의 시간을 가지면서 속마음을 드러낸다는 것

신프로이트 학파neo-Freudian 프로이트에서 유래되었지만 이론과 기법을 수정한 학파

실제관계real relationship 전이관계와 구별하기 위해 사용되는 용어. 두 관계 모두 계속 진행되는 것이지만 실제관계는 오이디푸스 이전 시기의 문제를 다룰 때 특히 더 중요하다.

심리적 진실psychological truth 단순한 하나의 이야기가 아니라 복합성, 시간, 맥락을 통합하는 여러 개의 관점에 의해 가장 잘 설명된다.

쌍둥이 되기twinning 힘 있는 다른 사람과 합치거나 그런 사람처럼 되려는 또 다른 아기의 기본적인 욕구

쌍둥이전이twinship transference 일부 환자는 자신들을 분석가와 같다고 봄으로써 긍정적이게 될 필요가 있다는 코헛의 믿음

ㅇ

악성퇴행malignant regression 일부 환자는 의존하는 것에 고착되어 애도와 새로운 시작을 하지 못한다는 발린트의 관찰

안전기지secure base 외부의 양육자가 영아에게 안전함 및 발달할 수 있는

능력을 만들어 준다는 애착이론의 내용으로, 시간이 지나면서 이러한 안전함은 내재화되어 내적인 안전기지가 된다.

안전한 공간safe space 담아 주는 공간, 이행공간. 여기서 창의적인 탐색이 발생하고 치료가 가능해진다.

안전한 놀람safe surprise 새롭지만 도전적일 수 있는 생각이나 통찰을 환자가 인식할 수 있게 해 주는 최선의 방법에 대한 브롬버그의 표현

안전한 애착secure attachment 양육자가 신뢰할 수 있고 의존할 수 있는 사람이라는 것을 아는 것으로 내적인 안전함을 유발한다.

애도mourning 상실을 슬퍼하고 자신의 정신적 구조에 통합하는 과정

애착 상실detachment 부적절한 분리의 고통을 다루기 위해 방어나 '가짜자기'를 만들어 내는 것. 분리 과정의 마지막 단계이다.

애착이론attachment theory 어린아이가 신체적 · 심리적으로 발달하기 위해서는 지속적인 돌봄이 필요하다는 볼비의 주장

양가감정형 애착ambivalent attachment 다른 사람에게 매달리고 거절하는 양상을 포함하는 불안전한 애착 유형

양성퇴행benign regression 환자가 다시 시작하기 위해 분석가를 신뢰하는 의존 상태로 퇴행할 필요가 있다는 발린트의 믿음

억압repression 프로이트가 말한 기본적인 방어들 중의 하나로 고통스러운 감정이나 경험을 알지 못하게 하는 우리 인간의 능력

얼굴face 레비나스에게 있어서 얼굴은 다른 사람에게 무한한 연민과 돌봄을 제공하도록 해 주는 도덕적 요청을 나타낸다.

에로스Eros 성적인 것과 감각적인 것을 포함하는 긍정적인 삶의 원동력에 대해 프로이트가 정의한 용어

역전이countertransference 분석가가 환자에 대해 가지는 감정. 한 사람 심리학에서 역전이는 분석가의 개인분석을 통해 다루어져야 하고, 분석가는 중립을 유지해야 한다. 두 사람 심리학에서 역전이 감정은 이러한 특별한 관계에 대한 자료로 이용된다.

오이디푸스 이전 문제pre-Oedipal issues 대상관계 이론가들에 의해 설명된 생후 첫 5년 동안 형성되는 정신적 삶의 내적인 역동. 이 시기에 아이는 자신과 엄마가 모두 좋고 훌륭하거나 아니면 모두 나쁘고 끔찍하다고 경험한다.

오이디푸스 콤플렉스Oedipal complex 발달단계에서 어린아이가 반대쪽 성별의 부모와 독점적인 관계를 갖기를 원하면서 같은 성별의 부모에게 보복을 당하게 될까 봐 두려워하는 것

욕동-갈등 모델drive-conflict model 프로이트에 따르면, 성적인 욕동과 공격적인 욕동은 본능적인 삶의 기본적인 요소이며 공상이나 실제를 통해 방출될 필요가 있는데, 이것이 다른 사람들과의 갈등을 유발하게 된다.

우뇌에서 우뇌로right brain to right brain 아기와 성인 모두에서 감정적인 연결과 의사소통은 뇌의 오른쪽 부분을 통해서 비언어적 · 무의식적으로 발생한다고 쇼어가 이해한 부분. 우뇌는 효과적인 정신치료의 위치가 된다.

운명욕동destiny drive 우리 각자는 잘 성장하기를 원하며 우리의 개인적인 본질을 경험할 수 있게 해 주는 최고의 환경을 발견하기를 원한다는 볼라스의 믿음

원본능id 원본능, 자아, 초자아로 이루어진 구조적 모델에서 원본능은 무의식적이고 본능적인 삶의 기본적인 원동력이다

의심의 해석학hermeneutics of suspicion 전통적인 프로이트 학파의 시각에 대한 오렌지의 용어로, 모든 것은 보이는 것과 같지 않다는 것

의존우울증anaclitic depression 자신을 돌봐 주던 사람과 3개월 또는 그 이하로 분리된 아기의 정상적인 감정적 애도 반응과 분노 반응

이상적 대상ideal object 아기가 의존하고 있는 사람에 대한 내적인 평가로 중심 자아와 짝을 이룬다.

이상화전이idealizing transference 많은 환자는 새로운 긍정적인 측면들을 함입하기 위해 자신의 분석가를 이상화하는 것이 매우 중요하다는 코헛의 믿음

이상화하다idealize 매우 존경하는 것. 특히 코헛에게 있어서 아이는 자신의 부모를 아주 훌륭한 사람으로 볼 필요가 있으며 그렇게 함으로써 아이는

부모의 강함과 능력을 내재화할 수 있다.

이행공간transitional space 엄마와 아기, 분석가와 환자에 의해 함께 만들어지는 공간으로 여기에서 변화가 가능해진다. 이곳은 외적이면서도 내적이기도 한 삶의 영역이다.

이행대상transitional objects 자신의 엄마와 엄마의 돌봄을 떠올리게 하고, 아기를 달래 주는 부드러운 물건들. 이행대상은 아기를 엄마에게 연결시켜 주기도 하고 분리되는 과정도 일어날 수 있게 해 준다.

인정 있는-인정사정없는ruth-ruthless 아기는 출생 초기에 자신의 욕구가 즉각적으로 충족되어야 한다고 요구하는데, 위니캇은 이 단계를 인정사정없는 단계라고 불렀다. 시간이 지나면서 아기는 인정이 생기게 된다.

일차모성몰두primary maternal preoccupation 자신의 신생아에게 일차적으로 관심을 두는 '일반적인' 엄마의 상태

ㅈ

자기self 새롭게 나타나는 성향에 대한 현대적인 생각으로 자기는 하나의 물건이나 구조물이 아니며 맥락을 통해서 나타나는 진행 과정

자기-대상self-object 자기감을 만드는 데 사용되는 어떤 사람에 대한 코헛의 용어. 자기-대상은 잘 성장하기 위해서 평생 동안 필요하다.

자기상태self-states 우리 각자의 내부에는 많은 다른 '자기'가 존재하며 때때로 이러한 내적 자기들은 겹쳐지지 않거나 서로를 인식하지 못한다는 브롬버그의 생각

자기심리학self psychology 코헛이 만든 학파로 처음에는 가족에게, 그다음에는 다른 사람들에게 감정적으로 가치가 있다고 평가받고 이해받으려고 하는 투쟁에 중점을 두고 있으며, 이러한 인정은 평생 동안의 삶의 의미와 성장을 만들어 낸다.

자기애narcissism 건강한 형태에서 병적으로 자기중심적인 것까지를 포함하

는 연속선상의 성격적 특성을 설명하는 용어

자기애적 분노narcissistic rage 강한 수치심을 느끼는 상황에서 나오는 분노로, 이러한 수치심을 유발한 원인을 파괴하고 싶은 욕구를 포함한다.

자아ego 원본능, 자아, 초자아의 구조적 모델에서 자아는 원본능의 욕동과 가족 및 문화의 초자아 이상 사이에서 중재자 역할을 한다.

자아 강도ego strength 내적 충동과 욕구뿐만 아니라 외적인 스트레스를 다룰 수 있는 자아 또는 자기(정신분석 학파에 따라)의 능력

자아심리학ego psychology 프로이트의 원래 이론에서 원초적인 욕동들보다 자아와 자아 강도에 더 중점을 두면서 발달한 한 정신분석 학파

자아 이상ego ideal 내가 어떻게 행동해야 하거나 어떤 사람이 되고 싶은지에 대해 성장하는 자아가 만들어 내는 공상. 항상 비현실적이기는 하지만 인간의 생활에는 중요한 것이다.

자유에 대한 두려움fear of freedom 우리는 완전히 우리 자신이 되는 것에 대해 두려워하며 대신에 다른 사람들의 사랑 및 다른 사람들과의 연결된 관계를 유지하기 위해 다른 사람들의 바람과 요구에 순응한다는 프롬의 입장

자유연상free association 마음속에 떠오르는 것을 검열하지 않고 자유롭게 이야기하는 것

자폐-접촉방식autistic-contiguous mode 오그던이 클라인의 위치들에 추가한 것으로 클라인의 두 가지 경험 방식의 기초가 되는 감각적이고 신체적인 존재 방식을 말한다.

잠재내용latent content 자유연상과 해석을 통해 더 깊이 이해하고 나서야 꿈이 알려 주는 내용

재연enactments 분석가와 환자 사이에 발생하는 피할 수 없는 행동으로 무의식적인 얼어붙은 양상에 의해 유발된다. 이것은 말과 통찰로 번역될 필요가 있다.

적극적으로 질문하기active questioning 환자를 이해하고 돕기 위한 설리번의 기법으로 고전적인 '비어 있는 화면(blank screen)' 분석가와 구별된다.

전도덕적pre-moral 아기는 삶의 초기에 옳고 그른 것에 신경을 쓰지 않고

생존에만 신경을 쓴다. 배려와 도덕성은 돌봄을 받는 과정에서 얻게 되는 발달적인 성취물이다.

전이transference 우리가 어린아이였을 때 했던 경험이 미래의 다른 사람들, 특히 중요한 사람이나 권위적인 인물과 관계를 맺는 방식을 무의식적으로 결정한다는 것을 프로이트가 발견하고 사용한 용어

절망despair 심각한 애도, 희망이 없음과 도움을 받을 수 없다는 감정 상태. 만약 아기가 양육자로부터 오래 분리되면, 영아는 포기를 하고 어두운 기분 상태로 자기 자신에게서 물러선다.

정동조절affect regulation 내적 연속성을 유지하기 위해 느낌과 생각을 다루려는 보편적인 욕구

정동조절기affect regulator 각자의 감정적 안녕을 유지하기 위해 달래 주고 생동감을 주는 다른 사람들이 얼마나 중요한지를 말해 주는 현대적 용어

정동조절이론affect regulation theory 우리의 정상적인 인간적 욕구는 다른 사람들과 연결되고 우리의 감정을 조절하려는 것이다. 이러한 욕구는 공포에 의해 붕괴될 수 있으며, 에너지의 흐름을 차단하고, 다른 사람들과의 연결을 어렵게 만들 수 있다.

정반대negation 실제와 정반대의 것을 이야기하는 것으로 프로이트식 방어기제라고 한다.

정상공생기normal symbiotic phase 말러의 두 번째 발달단계. 이 시기 동안에 아기는 엄마나 다른 돌봐 주는 사람과 자신이 합쳐져 있다고 경험한다.

정상자폐기normal autistic phase 말러의 첫 발달단계. 나중에 연구를 통해 신생아는 항상 관계가 필요하며 결코 독립적이지 않다는 것이 증명됨으로써 수정하였다.

정신병 수준psychotic level 합리적인 생각과 감정적인 스트레스를 다루는 능력이 존재하기 이전의 인간의 마음 상태

정신이해에 기초를 둔 치료mentalization-based treatment 붕괴형 애착 때문에 힘들어하는 사람이 자신들의 감정과 생각을 조절하도록 돕는 포나기의 치료법

정지된 발달arrested development 정상적인 생물학적 및 심리적 성장은 환경적인 실패에 의해 방해를 받을 수 있다.

조절장애dysregulation 생각과 느낌들이 통제를 벗어났을 때 전체적이지 않고, 통합되지 않았거나 좋지 않다고 느끼는 인간의 능력. 흔히 이것을 조절하고 안전과 달래 줌을 제공하는 다른 사람이 필요하게 된다.

조증방어manic defense 클라인과 위니컷에 의해 매우 자세히 논의된 내용으로 행동을 통해 고통스러운 느낌을 무시하기 위해 발달된 능력

조화롭게 스며드는 혼합harmonious interpenetrating mix-up 엄마와 아기 사이의 이상적인 관계에 대해서 발린트가 한 표현으로, 이것은 힘들지 않고 상호적인 것이다.

죄책감guilt 죄책감은 오이디푸스 이론에 의해서도 설명되고, 초자아 이상과 초자아 이상에 맞추어 살 수 있는 자아의 능력 사이에 존재하는 차이에 의해서도 설명된다.

주관적 자기감subjective sense of self 영아는 발달이 진행되면서 자기와 다른 사람이 다르거나 분리되어 있다는 것을 인지하기 위해 충분한 자기를 모으게 된다.

중간학파 또는 독립학파middle or independent school 안나 프로이트나 멜라니 클라인의 편에 속하지 않았던 분석가들의 단체로서 어린아이는 대상을 찾는 것이지 욕동이 방출되는 것을 찾는 것이 아니며 분석가와의 관계에서도 돌봄이 필요하다고 주장한 학파

중년우울증mid-life depression 에릭슨은 많은 사람이 자신들의 물질적인 또는 의식적인 목표를 달성했을 때 의미의 상실과 우울한 감정으로 힘들어한다고 언급하였다.

중심 자아central ego 활기를 빼앗긴 원래 자아의 의식적인 측면에 대한 페어베언의 용어

중요한 다른 사람significant other 우리의 첫 번째 양육자를 시작으로 우리는 우리의 삶에 있어서 특별한 사람을 필요로 한다는 설리번의 관찰

중화neutralization 프로이트가 제안한 것처럼 자아는 원본능 욕동의 힘을 승

화시키거나 방향을 전환시키는 것보다는 원본능 욕동의 힘을 감소시킬 수 있다고 보는 하트만의 개념

지형학적 모델topographical model 의식은 우리의 정신적 구조에서 아주 작은 부분이며, 무의식이 우리가 상상하는 것보다 더 크고 우리를 통제한다는 생각

진짜자기/가짜자기true self/false self 각 개인은 진짜자기를 가지고 있는데 이것이 억압되거나 하나 이상의 가짜자기에 의해 가려진다고 하더라도 결코 사라지지 않는다는 위니컷의 파격적인 제안

진행하는 존재going-on-being 보살핌을 잘 받은 아기는 최소한의 부딪힘만 경험하게 되고 자신을 생동감 있고 지속적이며 만족스럽게 느끼게 된다는 위니컷의 생각

집착형 애착preoccupied attachment 성인에 있어서의 양가감정형 애착

ㅊ

참여적 관찰participant observation 분석가가 관계에 영향을 미친다는 점을 인정한 분석적 자세이며, 동시에 분석가와 환자는 동등한 위치에 있는 것이 아니고 분석가는 상태를 적절한 거리를 두고 관찰하는 것을 유지한다.

초자아superego 원본능, 자아, 초자아의 구조적 모델에서 초자아는 부모와 문화로부터 유래된 이상과 명령을 가지고 있다.

최신 정신분석postmodern psychoanalysis 인간의 자기감이나 정신세계는 매우 복잡하고 모순된 면들을 가지고 있음을 인식하고 치료 역시 이론적인 지식과 함께 강력한 대인관계적 연결이 필요하다는 것

최초의 사랑primary love 아기와 엄마 사이의 첫 번째 대상관계

출현하는 자기감emergent sense of self 각각의 영아는 기관, 정동성, 응집, 자기역사를 가지고 있다는 스턴의 연구를 통한 관찰

충분히 좋은 엄마good enough mother 완벽하거나 엄격하지도 않지만 대부분

의 시간을 자신의 아기의 욕구를 마음속으로 받아 주고 이러한 욕구를 충족시켜 주려고 노력하는 엄마

치료동맹working alliance 분석가와 환자 사이의 관계를 설명하기 위해 자아심리학자들이 사용한 용어

치유순환healing cycle 관계의 단절과 회복을 포함한다.

ㅋ

클라인의 위치Kleinian positions 아기는 처음부터 세상을 좋은 것과 나쁜 것으로 '분리'할 수도 있고 담아내는 엄마 안에서 보다 전체적인 너와 나로 통합할 수도 있다는 생각

ㅌ

타나토스Thanatos 우리의 자기파괴적인 성향을 포함하는 죽음의 본능

탐욕greed 다른 사람이 줄 수 있는 것보다 더 많은 것을 원하는 것. 클라인이 말한 신생아의 핵심적 성향들 중의 하나이다.

투사동일시projective identification 원시적인 신체적 의사소통에 대한 첫 번째 이해로, 언어를 사용하기 전에 어떻게 느낌이 한 사람에게서 다른 사람에게로 전달되는지를 설명해 준다.

틀frame 치료시간과 치료비를 포함해서 분석가/치료자와 환자 사이에 의식적으로 합의하는 것

ㅍ

표시하기marking 포나기가 처음 설명한 것으로 아기가 자신의 감정 상태와 양육자의 감정 상태 사이를 구별하도록 돕기 위해 양육자가 만들어 내는 얼굴 표정

ㅎ

한 사람 심리학one-person psychology 치료 상황에서 환자가 경험하는 것은 환자의 마음 상태에서 유발된 것이며, 치료자는 어떠한 영향도 미치지 않는다는 관점의 심리학. 이와는 대조적으로 두 사람 심리학에서는 우리 모두는 항상 서로에게 영향을 미치고 있다고 제안한다.

함께 결정한co-determined 분석관계를 포함한 모든 관계는 모든 참여자에게서 나오는 감정적 및 비언어적 · 언어적 자료를 포함한다는 현대적 가정

항의protest 애착과 분리 고리의 필수적인 부분

해리dissociation '수직적 분리'를 통해 발생하는 것으로 의식에 접근하지 못하는 자기의 부분들이 있다는 것을 의미한다. 이것은 어떠한 종류의 공포나 외상의 결과로 발생한다.

해방시키는 치료emancipatory therapy 병적 적응과 존재적 자유를 강조하는 브랜드섀프트 분석의 이론과 실제

해석학hermeneutics 철학적 용어였다가 나중에 해석의 과학에 대해 설명하는 정신분석적 용어가 된 것으로 우리가 다른 사람들에게 해석을 할 때 사용하는 우리의 시각이 그다음에 일어나는 일을 결정한다고 설명하고 있다.

핵심 자기감core sense of self 아기의 출현하는 자기감이 거울반사가 되고 잘 성장할 수 있도록 허락될 때 형성되는 아기의 자기감에 대한 스턴의 용어

화해기rapprochement phase 두 살 난 아기가 분리되고 싶은 욕구와 연결되고 싶은 욕구 사이의 갈등을 발견했을 때를 나타내는 말러의 용어

환경엄마environmental mother 아기는 삶의 초기에 어떤 사람이 자신을 돌봐주는 것이 아니라 환경이 자신의 욕구를 충족시켜 준다고 경험한다

환경치료milieu therapy 입원 병동을 이용하여 삶의 모든 측면을 포함하는 치료적 환경을 만들어 낸 설리번의 치료법

환상phantasy 아기의 타고난 욕동이 삶의 초기의 무의식적 경험에 의해 어떻게 다듬어지는지를 설명하기 위해 클라인이 도입한 개념

회피형 애착avoidant attachment 중요한 다른 사람과 큰 감정적 거리감을 유지하는 양상을 포함하는 불안전한 애착 유형

획득한 안전earned secure 일부 성인은 긍정적인 삶의 경험을 통해 불안전한 애착 유형에서 보다 안전한 애착 유형으로 변화한다는 메인의 관찰

흥분시키는 대상exciting object 아기를 흥분시키면서 좌절시키는 엄마의 측면에 대한 페어베언의 용어. 때때로 좌절시키면서 흥분시키는 대상이라고 불리기도 한다.

히스테리hysteria 흔히 여성들에게서 발견되는데 지나치게 감정적이 되는 것, 관심을 요구하는 행동, 기억 상실과 같은 애매모호하고 설명할 수 없는 증상들로 이루어진 현상

찾아보기

인명

내용

저자 소개

알렉시스 A. 존슨(Alexis A. Johnson)

뉴욕에서 거의 50년 동안 임상심리사로서 일해 왔으며, 현재는 '계획적인 삶을 위한 센터'의 공동책임자이다.

역자 소개

강철민(Kang Cheolmin)

인제대학교 의과대학을 졸업하고 동 대학원에서 석사학위를 취득하였으며, 서울백병원에서 전공의 과정을 거쳐 정신건강의학과 전문의 자격을 취득하였다. 보스턴 정신분석연구소에서 정신분석적 정신치료 펠로우십 과정과 뉴잉글랜드 감정중심 부부치료센터에서 감정중심 부부치료 과정을 수료하였고, 현재는 벡 인지행동치료연구소의 불안장애 인지행동치료와 마음챙김 과정을 수련 중에 있다.

〈역서〉

정신치료의 신경과학: 사회적인 뇌 치유하기(원서 3판/2판, 공역, 학지사, 2018/2014)

쉽게 쓴 대인관계 신경생물학 지침서: 마음에 대한 통합 안내서(공역, 학지사, 2016)

EMDR(눈 운동 민감소실 및 재처리): 불안, 스트레스, 충격적 사건을 극복하기 위한 치료법(하나의학사, 2008)

정신과 의사들을 위한 임상신경학(하나의학사, 2003)

한 권으로 읽는 정신분석
프로이트에서 신경과학까지
Introduction to Key Concepts
and Evolutions in Psychoanalysis
From Freud to Neuroscience

2020년 8월 20일 1판 1쇄 인쇄
2020년 8월 25일 1판 1쇄 발행

지은이 • Alexis A. Johnson
옮긴이 • 강철민
펴낸이 • 김진환
펴낸곳 • (주) 학지사
04031 서울특별시 마포구 양화로 15길 20 마인드월드빌딩
대표전화 • 02)330-5114 팩스 • 02)324-2345
등록번호 • 제313-2006-000265호

홈페이지 • http://www.hakjisa.co.kr
페이스북 • https://www.facebook.com/hakjisa

ISBN 978-89-997-2145-8 93180

정가 17,000원

이 도서의 국립중앙도서관 출판시도서목록(CIP)은 서지정보유통지원시스템 홈페이지(http://seoji.nl.go.kr)와 국가자료공동목록시스템(http://www.nl.go.kr/kolisnet)에서 이용하실 수 있습니다.
(CIP 제어번호: CIP2020030989)